Acercarse a la generación Z

AF276264

Familia

Isa Duque, La Psico Woman

Acercarse a la generación Z

*Una guía práctica para entender
a la juventud actual sin prejuicios*

zenith

La lectura abre horizontes, iguala oportunidades y construye una sociedad mejor.
La propiedad intelectual es clave en la creación de contenidos culturales porque
sostiene el ecosistema de quienes escriben y de nuestras librerías.
Al comprar este libro estarás contribuyendo a mantener dicho ecosistema vivo y
en crecimiento.
En **Grupo Planeta** agradecemos que nos ayudes a apoyar así la autonomía creativa
de autoras y autores para que puedan seguir desempeñando su labor.
Dirígete a CEDRO (Centro Español de Derechos Reprográficos) si necesitas fotocopiar
o escanear algún fragmento de esta obra. Puedes contactar con CEDRO a través de la
web www.conlicencia.com o por teléfono en el 91 702 19 70 / 93 272 04 47.
Queda expresamente prohibida la utilización o reproducción de este libro o de
cualquiera de sus partes con el propósito de entrenar o alimentar sistemas
o tecnologías de inteligencia artificial.

Adaptación de la cubierta: Booket / Área Editorial Grupo Planeta a partir de la idea original
   de © Toni Cabré
Ilustración de la cubierta: © Syuzann / Shutterstock
Primera edición en Colección Booket: abril de 2025

Depósito legal: B. 5.773-2025
ISBN: 978-84-08-30114-1
Impresión y encuadernación: Liberduplex
Impreso en España

Biografía

Isa Duque (@lapsicowoman en redes sociales) es psicóloga, sexóloga y terapeuta sistémica familiar, y tiene una amplia formación en género, terapias corporales y herramientas educativas. Desde 2006 combina la práctica clínica con la impartición de formaciones sobre coeducación, educación sexual integral, vínculos amorosos, buen uso de las redes sociales, bienestar emocional... En 2015 da el salto al entorno virtual creando el canal de YouTube «Psico Woman». Este canal, premiado en varias ocasiones, y las redes sociales del proyecto le han permitido estar más cerca de la población joven y generar contenido en formato vídeo para abordar las dudas más recurrentes. Es autora de un extenso material educativo, así como de los libros *Sexualidades: guía inclusiva sobre sexo, placer, diversidad y consentimiento* y *Acompañando a las nuevas generaciones en la era de las pantallas: bienvenidos a Tecnotopia*.

*A todos los zoomers que me acompañan
en las formaciones. Gracias por conectarme
con la esperanza en medio de tanta distopía*

SUMARIO

Prólogo 9

INTRODUCCIÓN. Tendiendo puentes con la generación Z 13
1. ¿Todo tiempo pasado fue mejor...? 23

2. Generación Z 33
   Boomers 34
   Generación X 35
   Milenials 36
   Alphas 38
   Generación silenciosa 40
   Generación Z 41
   Escáner de la generación Z española 49
   Una juventud más diversa, concienciada y activa 57

3. Necesito más datos antes de saber quién es Bad Bunny 59
   Orfandad digital 60
   Adultismo y juvenofobia 62
   Alarma: los y las jóvenes solo van de botellón 66
   Reconociendo nuestros adultismos 69
   Nos proyectamos todo el tiempo 69
   Recupera tu yo adolescente 70
   Me ha quedado claro lo del adultismo, pero aún no sé quién
      es Bad Bunny 72

4. ¿Tengo que hacer tiktoks si no quiero parecer un *boomer*? 77
   Teconologías de la información, relación y comunicación 79
   Pero ¿qué es eso de las redes sociales? 80
   Sexismo y TRIC 83
   Onlife 86
   Tendencia en las TRIC 87
   Guía rápida para no perderte en las *apps* de moda 90
   Cuidados digitales 92
   ¿Quién se encarga de la tecnoética? 97
   Uso, abuso y adicción comportamental 100
   Adicción al juego 102
   Las redes sociales como espacios de transformación social 106
   Y tú, ¿qué uso haces de las TRIC? 111

5. Postureo y obsesión por la imagen 115
   Deseabilidad social 117
   Salud mental y TRIC 119
   Gordofobia 125
   Violencia estética 129
   Trastornos alimentarios 131
   Autoamor radical 136
   Autoconocimiento y fortalezas 137
   Autoamabilidad 140
   #AmoComoSoy 141

6. Ciberviolencias: mucho más que el *grooming* 143
   Violencias en entornos digitales 144
   Grooming 146
   Cibermisoginia 147
   Ciberbullying 149
   Sexting, sextorsión y *sexpreading* 151
   Sexting más seguro 154
   Sociedad de la desinformación 155
   Fake news 156
   Bulos 158
   Burbujas informativas 160
   Discursos de odio 162
   ¿Es posible controlar sus redes? 165
   Procurando el bienestar digital 167
   Buenostratos *onlife* 172
   Manifiesto de la comunicación no hostil 174

7. Violencia de género en jóvenes y cómo abordarla 177
   A qué nos referimos cuando hablamos de violencia de género 181
   Violencias por cuestión de género 186
   Modelo explicativo de la violencia de género 188
   Ciclo de la violencia de género 190
   Manifestación de la violencia por cuestión de género
      a nivel global 193
   Violencia contra las mujeres en España 194
   Violencia de género y juventud española 196
   Indicadores de violencia de género en jóvenes 202
   Cómo actuar ante estos indicadores 206
   Repensando los vínculos amorosos 208
   Celos 209
   Cibercontrol 211
   Red flags 211
   Mitos del amor Disney 213
   Green flags 216
   Violencia intragénero 218
   Denuncias falsas 219
   No monogamias o relaciones no convencionales 220
   Cisheteroalorromanticismo 223
   Violencia cruzada 225
   Agresividad vs. violencia 226
   Terror sexual y la culpabilización de las mujeres 227
   ¿Y qué pasa con los hombres jóvenes? 230
   Viva el #AmorDelBueno 233

8. Hablemos de porno 237
   ¿A qué me refiero cuando hablo de pornografía mainstream? 239
   Consumo global de porno 244
   Consumo de porno y jóvenes 248
   Sobre el consentimiento 254
   ¿Somos lo que fantaseamos? 259
   Más allá del porno mainstream 262
   Sugerencias para iniciar una conversación sobre el porno 265
   Mensajes que deben ser claros 267
   ¿Se puede eliminar el porno mainstream? 270
   Necesitamos una educación sexual integral, crítica
      y comunitaria 272

9. Todos, todas y todes 277
   Género, mandatos y socialización 278

Sexo, identidad y expresión 279
Orientación sexoafectiva 281
No binaries 283
LGTBQIA+... 286
Entonces, ¿son necesarias tantas etiquetas? 295
Diversidad y juventud.. 297
Disputando las fronteras del género 298
Diversofobia 301
Cómo abrazar la diversidad.................................. 304
Qué demandan les zoomers 308
Derecho a existir.. 310

10. Este no es solo un glosario 317

Agradecimientos... 355
Para ampliar información 359

PRÓLOGO

Conocí a Isa (la Psico Woman) a través de las redes sociales y pasó más de un año hasta que nos vimos en persona; toda una metáfora del momento en el que vivimos y de la complejidad de materializar las oportunidades que nos brinda. Esto sucedió en el año 2016. Una amiga me pasó un *link* a uno de sus vídeos y me quedé fascinada. Era un momento complejo para encontrar referentes en este ámbito y de repente sentí que una profesional estaba entendiendo los códigos adolescentes actuales desde una perspectiva cargada de valores y a la vez didáctica, próxima y respetuosa y que, al mismo tiempo, tenía la capacidad camaleónica de conectar con jóvenes y también con personas adultas. Por aquel entonces yo ya colaboraba con diversos medios de comunicación escritos y radiofónicos analizando algunas de las cuestiones que Isa abordaba en sus vídeos y me decidí a utilizarla a ella y a su trabajo como «excusa» para escribir un artículo sobre cómo aproximarnos a la adolescencia y a la juventud en nuestra tarea de acompañar esa gran aventura que significa entrar en la vida adulta con espíritu autocrítico y también analítico con el mundo adulto. Todo un reto. Le mandé el artículo por Facebook (red que ya en el 2016 solo utilizábamos las personas adultas), puesto que no tenía su contacto personal. Lo hice porque me pareció importante reconocer en público su trabajo y también agregar a mi red personal a una mujer con la que me sentía en sintonía profesional. Hay que decir que Isa agradeció mi iniciativa y gracias a su amabilidad se dio entre nosotras ese agradecimiento que genera conexión entre dos personas que se reconocen mutuamente en su valía, algo mágico y también poco habitual. Desde ese momento establecimos una complicidad *granadinabarcelonesa* que llega hasta hoy; más regada de encuentros virtuales que físicos, pero no por ello menos sólida.

Esta es nuestra historia común. Os la cuento porque creo que es bonita y, sobre todo, porque habla de los lazos de sororidad y reconocimiento mutuo, que son imprescindibles para abordar temáticas tan complejas como la que estudia esta joya de libro que tenéis entre las manos. Reconozco en él esta perspectiva valiente y cercana propia de Isa intentando traducir esos códigos —de los que hablaba al principio del texto— en el entorno adulto. Y aquí viene mi siguiente reflexión en otro de mis roles en la vida como madre de dos chicas adolescentes: validar la capacidad de Isa para entender y llegar a la población adolescente no tiene que ver únicamente con mi visión profesional al respecto; que mis hijas la entiendan y que les gusten sus vídeos fue clave en ese momento para empezar a creer que este enfoque era posible. Me refiero a introducir una perspectiva de género en los contenidos sobre sexualidades, violencias, entornos virtuales, etc., sin caer en academicismos incomprensibles para la mayoría, paternalismos trasnochados y sin sentar cátedra sobre una determinada forma de ver el mundo. Me explico. Isa consigue en esta obra —y en su trabajo en general— mirar a la adolescencia sin esos prejuicios desde los que a menudo nos aproximamos las personas adultas (sobre todo si somos padres o madres) a la adolescencia al pensar que «todo tiempo pasado fue mejor». Extraer aprendizajes de las generaciones más jóvenes que sin duda pueden enriquecer nuestra visión del mundo y, por supuesto, aproximarnos a nuestros hijos o hijas requiere de importantes conocimientos, pero sobre todo de una posición vital: observar y explicar sin juzgar. Este es, desde mi punto de vista, uno de los principales valores añadidos de este libro. Todo el texto está trufado de los relatos de la juventud, así como de preguntas que nos interpelan a nosotros y nosotras, los lectores, como personas adultas. Así, no pretende ser un libro cómodo. Busca un lector proactivo que se cuestiona, pero, a su vez —y aquí viene el segundo aspecto del equilibrio que consigue Isa en su trabajo—, proporciona herramientas básicas y muy concretas para entender y afrontar estas nuevas realidades sin dar lecciones sobre las últimas tendencias sociológicas.

Irremediablemente, debo trasladar también mi reflexión sobre el libro a mi profesión como psicóloga social feminista. Una de mis obsesiones profesionales (compartida en algunas ocasiones con Isa) es cómo trasladar el feminismo al trabajo psicológico y terapéutico. Cómo ayudar a identificar las estructuras patriarcales que han hecho mella en la construcción de nuestra subjetividad, la de todas y todos. Cómo traducir el feminismo más allá de los eslóganes y las políticas, cómo llegar a lo más hondo de nuestras creencias, miedos, inseguridades... Un reto pocas veces intentado y muchas menos conseguido. Sin embargo, el texto que tenéis entre las manos consigue ilustrar las vulnerabilidades personales, las más íntimas, de chicos y chicas, y ese es el principio de un enfoque feminista tal como reza el texto: «Necesitan mucho autoconocimiento, de sus luces, sus sombras, sus vulnerabilidades y sus fortalezas». Nos habla también de autoestima y de autocompasión, dos conceptos clave para romper con el arquetipo de la prepotencia de la juventud y que nos permitirán entender, por ejemplo, qué impacto tiene el universo de la pornografía en la construcción de la sexualidad adolescente, dimensionando sus consecuencias de no recibir una educación sexual reglada, pero sin caer en moralismos.

Pero el libro va más allá. Otra herramienta básica para entender a las nuevas generaciones —que es transversal en todo el libro— es justamente la conexión emocional con nuestra propia adolescencia; olvidarnos por un momento de nuestro rol como madres o padres y recordar que gran parte de las posibles angustias o miedos e inseguridades (como comentábamos antes) estaban en nosotros y nosotras, pero, a la vez, también estaban ahí las ganas de experimentar, de transgredir y de comernos el mundo. De hecho, el libro consigue acercarnos a nuestras «luces y sombras» como adultos y adultas. Por ejemplo, en estas páginas hablaremos sobre nuestra propia sexualidad o sobre las violencias sufridas o ejercidas. Esta conexión —hilada con mucha habilidad a lo largo del texto— es la que realmente nos permitirá EMPATIZAR con los y las jóvenes y esta será, necesariamente, una de las herramientas psicológicas básicas para empezar a comprender sus inquietudes, así como para identificar y estimular la resiliencia —capacidad para enfrentarnos y superar las dificultades— que está en ellas y ellos.

Finalmente, querría remitirme al inicio. La Psico Woman consigue en este libro dar un paso de gigante en cuanto a nombrar y referenciar a aquellas personas, proyectos, organizaciones, instituciones, movimientos, etc., que están/estamos trabajando para «llegar» a la juventud de una forma cercana y sin prejuicios. Así pues, es un gran acto de generosidad en general y de sororidad en particular no solo compartir su conocimiento, sino también visibilizar de forma ordenada el conocimiento y las oportunidades que nos abren otras, otros y otres referentes. Por consiguiente, no puedo más que dar las gracias por haber tenido la oportunidad de prologar este libro, que me permite reflexionar sobre toda la riqueza que aporta y mantenerme actualizada. Os invito a una lectura con ojos atentos y mente curiosa de aprendices. Así he intentado aproximarme yo a su lectura: como mujer, como feminista, como psicóloga y como madre.

Gemma Altell Albajes
Psicóloga social. Socia fundadora G-360:
cartografías humanas y sociales

TENDIENDO PUENTES CON LA GENERACIÓN Z

¿Sientes que no conectas o comprendes del todo a las nuevas generaciones? ¿Piensas que no tienes nada en común con ellas? ¿Crees que comprender a las adolescencias actuales es un desafío complicado que no puedes superar? No te negaré que entre generaciones siempre suelen existir diferencias sustanciales; sin embargo, quiero ayudarte a comprender a aquellas que han venido detrás de ti para que entiendas su forma de pensar, el porqué de sus acciones, qué es aquello que les importa y con qué ambicionan. El libro que tienes en tus manos te ayudará a tender puentes con la juventud y el mundo actual. Desde un lenguaje cercano, intentaré que comprendas a la generación de jóvenes actual, la llamada «generación Z» (personas nacidas entre 1994-2010). Para ello, en estas páginas revisaremos los retos que supone acercarnos a la manera de pensar y actuar de esta generación, pero también todas las oportunidades que nos brinda hacerlo. Mi función será la de allanarte mucho el camino y darte algunos truquitos para que te actualices sin demasiado esfuerzo y, sobre todo, con mucha comprensión. Porque, como decía una profesora que tuve en una formación, quizá tú también te preguntes: «¿Cómo puedo ponerme al día del mundo de las nuevas generaciones si no estoy dispuesta a escuchar los 40 Principales todo el día?». Este es un ejemplo exagerado, pero seguro que tú también te has sentido así en alguna ocasión, o puede que te hayas hecho otras preguntas como «¿Cómo puedo ponerme al día con las nuevas generaciones si no quiero abrirme una cuenta en Instagram?», o, quizá, «¿Cómo actualizarme si no quiero cantar trap ni bailar en TikTok?». No te preocupes, no hace falta que hagas nada de esto. Lo que sí me gustaría es que, al menos, te intereses por saber qué música escuchan las nuevas generaciones, por qué, para qué y cómo usan las redes sociales, cuáles son sus formas de actuar, etc. Yo te ayudaré a conseguirlo, solo tienes que seguir leyendo.

Desde la llegada de Internet a nuestras casas todo ha ido muy rápido. Tan rápido que muchas veces podemos sentir, por ejemplo, que cuando al fin hemos conseguido ponernos las pilas con la aplicación de moda y se lo contamos con ilusión a alguna persona joven de nuestro alrededor, nos dice que eso ya está *out*[1] o pasado de moda. Vaya, que a las nuevas generaciones les parece que llegamos tarde a todo y... ¡probablemente así sea! Recuerdo que una vez en un instituto hice un *dab*[2] en un momento de subidón de la actividad pensando que estaba siendo muy *cool* y un alumno me dijo: «¡Maestra, eso es del 2018!». Yo lo miré con cara de sorpresa... ¡porque estábamos en 2018! Pero me sirvió para empezar a comprender cómo funcionaban los tiempos en el mundo posmilenial y a averiguar que en este mundo «ahora» ya es prácticamente el pasado.

De hecho, ser milenial también es el pasado. Bueno, no voy a exagerar, no es tan tan el pasado, ya que la generación milenial es la nacida entre los años 1981 y 1993, personas que ahora rondan la treintena como media. Es cierto que a veces aún utilizamos el concepto milenial para referirnos a la juventud actual, pero resulta que más allá de «lo milenial» hay todo un mundo. ¿Y quién habita este

---

1   Todos los términos del libro que están destacados aparecen explicados en el capítulo 10. No te quedes con dudas sobre ninguno.

2   El *dab* es un movimiento en el que se agacha la cabeza y se esconde tras un brazo flexionado, mientras el otro se estira en la dirección contraria a la cabeza, con actitud de triunfo o chulería. Surgió de los bailes urbanos estadounidenses en 2015 y lo popularizaron más adelante los futbolistas.

mundo?: los y las zoomers o las personas de la siguiente generación a la milenial: la generación Z o centenials. El de la generación Z es, sin duda, un mundo fascinante, pero muchas veces nuestra visión del mismo es sesgada por causa de nuestro desconocimiento. Cuando nos acercamos al universo centenial y empezamos a escuchar cosas como *mood*, *shippeo*, *crush*, *yass*, *unfollow*, **todes**, *breakdown*, *facts*, *boomer*, *cringe*, *issues*, y a ver noticias que nos alertan del *grooming*, *sextorsión*, *doxing* o *happy slapping*[3] es natural que nos desconcertemos y que sintamos que se nos está hablando en un idioma totalmente desconocido. El desconcierto es aceptable, debemos aprender y adaptarnos a la novedad; sin embargo, el problema está en que, en ocasiones, este desconcierto viene acompañado de cierto miedo y juicio y hace que miremos para otro lado. Y mirar para otro lado (siempre) es una opción, pero entonces estaremos dando de lado a las personas que ya están cambiando el mundo, a nuestro futuro, a lo que yo llamo la **#GeneraciónEncontrada.**[4]

Yo misma acompaño a través de talleres y formaciones a la #GeneraciónEncontrada desde hace veinte años. Si a mí me hubieran dicho (antes de ser una apasionada del trabajo con adolescentes) que iba a elegir por voluntad propia trabajar con la juventud o que iba a ser **youtuber**, habría dicho «¡Ja!, ni de broma...». Pero la vida te da sorpresas...Y me gustaría compartir esta vuelta que me ha dado la vida en concreto. Esta ha sido mi andadura, la que sitúa desde qué lugares hablo en este libro y la que explica por qué quiero acompañarte como educadora, formadora y **ciberactivista** a que comprendas mejor a tus hijos, sobrinas, adolescentes a los que acompañar[5] y, en general, a las nuevas generaciones que vienen a explicarnos nuevos modos de comprender la sociedad.

---

3 Si no entiendes la mitad de las palabras o si cuando has leído «*boomer*» se te ha venido a la cabeza ese chicle de fresa con un superhéroe entallado en una malla azul... 1: no estás solo o sola y 2: este libro es para ti.

4 En contraposición a la «generación perdida», término con el que injustamente se ha calificado a las personas posmilenials.

5 Esta guía está escrita en lenguaje inclusivo para contribuir a la eliminación de estereotipos de género y sesgos sexistas. He intentado ser lo más respetuosa posible con la diversidad de las personas sin tener que repetir expresiones o desdoblar palabras. Una de las estrategias que he utiliza-

Estudié Psicología por vocación; leía a Anna Freud con quince años y tenía claro que quería dedicarme a la práctica clínica. Terminé la carrera con una gran desmotivación y pensando que nunca pasaría consulta, que eso no era para mí. Pero en ese momento me especialicé en Sexología y en Terapia Familiar Sistémica y me di cuenta de que ambas disciplinas incluían una parte práctica obligatoria en la que debía dar formaciones y pasar consulta. Así que me puse a ello, no sin mucho esfuerzo y dudas de por medio y, al fin, cuando mi síndrome de la impostora me lo permitió, encontré dos grandes pasiones que me acompañan a día de hoy: la psicoterapia y el trabajo como formadora.

Como supondrás, la rama de educación sexual es uno de mis fuertes y fue por ahí por donde empecé a dar formaciones en la universidad siendo aún estudiante. Esto sucedió en 2005 —si le preguntamos a un centenial nos dirá que esto sucedió en la Prehistoria—. En aquel entonces las formaciones estaban ligadas a una beca de investigación acerca de la reproducción de **sexismo** en la sexualidad, y me llevé una no grata sorpresa al comprobar la cantidad de **sexismo benevolente** que reproducíamos en los encuentros sexuales. Luego pasé a impartir talleres de salud sexual con perspectiva de género con personas de más de sesenta y cinco años. Como ves, entre ambos grupos había una diferencia generacional y, para mi sorpresa y a pesar de la diferencia de edad, los valores sexistas de base que operaban en la construcción de la sexualidad no distaban tanto entre los grupos. Por supuesto, sí encontraba grandes diferencias a la hora de hablar claramente sobre el sexo. Con los grupos de más edad aprendí muchísimo acerca de cómo reflexionar conjuntamente sobre todo lo que tiene que ver con la sexualidad humana haciendo símiles con la huerta o la música y sin nombrar la palabra «sexo». Todo un arte...

Claro que ambas eran dos franjas de edad entre las que me sentía cómoda porque las consideraba edades de la adultez. Así que sabía

---

do es evitar las generalizaciones en masculino, y por eso aquí hablo de «hijos», «sobrinas» y «adolescentes».

que en mis talleres y formaciones de ese 2005 me encontraría ante personas formadas y con ganas de aprender. Vamos, que sabía que tampoco se iba a liar mucho allí dentro y que no tendría que echarle la bronca a nadie o pedirle que se fuese de clase. Allí estaba cómoda y nunca me imaginé dar clase a personas adolescentes, me parecía muy complicado y me daba miedo por todas las cosas que escuchaba sobre ellas: que eran insubordinadas, que se comportaban mal, que no respetaban al profesorado, que había un abismo entre su generación y la mía... ¡Hasta que no quedó otra!

Comencé a trabajar con una asociación que realizaba talleres de **coeducación** y a pasar por muchas (muchas muchísimas) aulas de la ESO en la provincia de Granada. No recuerdo cuándo fue exactamente, pero hubo un momento en el que algo hizo «clic». Desde ese momento empecé a fascinarme con el acompañamiento a la chavalería y decidí que, siempre que pudiera, estaría cerca de las nuevas generaciones para seguir aprendiendo con todo lo que me enseñaban. Es cierto que antes de empezar tenía muchos prejuicios y mucho miedo, pero al poco tiempo de tratar con adolescentes solo pude sentirme muy afortunada por poder contagiarme de su frescura y creatividad. Así que, si estos prejuicios o este miedo a la incomprensión te suenan, mi consejo es que olvides estas malas sensaciones y empieces desde cero. Te aseguro que las personas adolescentes solo pueden aportarte y sorprenderte si te acercas a ellas desde su misma altura y no mirándolas por encima del hombro.

Mi forma de acercarme desde una altura adecuada al alumnado con el que trabajaba fue muy sencilla: comenzar todos los talleres con una presentación grupal en círculo en la que me decían su nombre, sus aficiones y a quién admiraban. Recuerdo que a partir de 2012 la gente famosa a la que admiraban tenían nombres muy pero que muy raros. Nombres difíciles de pronunciar que al principio desconocía y de los que luego supe que correspondían a **youtubers**: personas jóvenes que creaban contenido en formato de vídeo sobre videojuegos, rutinas, trucos de belleza, retos, *unboxing* (desempaquetar productos en directo)... y lo subían a YouTube.

Empecé a analizar el contenido que más veían y me sorprendía como en muchos de los vídeos y en clave de humor se colaban grandes mensajes cargados de violencia hacia grupos oprimidos y de exaltación de la violencia en general. Recuerdo, por ejemplo, un vídeo en el que un famoso *gamer* le regalaba a su mujer en el video-juego una plancha con la que la acababa matando a planchazos mientras había muchas risas y efectos sonoros. Se me viene a la cabeza otro youtuber que para ligar buscaba a la mujer más borracha para que así no se opusiera o, como decían en muchos vídeos, la expresión «¡Te pega el sida!» aludiendo a todo el contenido que no les gustaba. No sé a ti, pero a mí, que crecí con los estragos de la pandemia del VIH en nuestro país, estos mensajes **serófobos** me dejaban perpleja. Este tema de la normalización de las violencias, como es natural, me preocupaba y empecé a impartir varios programas llamados: «¿Qué veo en YouTube» y «Youtubers por la igualdad». Con estos programas pretendíamos que en el aula se generase una mirada crítica hacia estos mensajes violentos que se filtraban en los vídeos de los creadores de contenido que cada vez se hacían más y más famosos en nuestro país.

Por desgracia, con eso no era suficiente. Decir que algunos mensajes de esos *influencers* eran incorrectos no valía para desmontar a los youtubers que admiraban sin, desde lo positivo, propiciar otros referentes. Y no me parece extraño. Seguramente muchos mensajes en la música que nuestra generación escuchaba, sin ir más lejos, hacían que nuestros familiares se echasen las manos a la cabeza y que nos pidieran que apagásemos la radio. Nosotros y nosotras, claro, haríamos caso omiso porque nos encantaba todo aquello. No somos tan diferentes, ¿lo ves?

Los mensajes de odio siguen propagándose por diferentes canales de YouTube, pero cada vez se han creado más espacios de contrainformación positivos que contrarrestan mucho de ese odio y desinformación. Sin embargo, hace diez años no era tan fácil encontrar estos canales enfocados a adolescentes, y eso produjo que mis inseguridades tecnológicas y yo nos animásemos a crear un proyecto ciberactivista en redes, la Psico Woman (@lapsicowoman).

Y todo ello fue gracias al alumnado. De hecho, el nombre del proyecto se le ocurrió a un chico de 2.º de la ESO que se acercó en el recreo hacia mí con un papel muy doblado y me dijo: «Si te haces youtuber, podrías llamarte así». En el papel salía escrito: Psico Woman. También, en las aulas, me animaban con la idea siempre: «Maestra, ¡hazte youtuber!», cada vez que les preguntaba al respecto. No pasaba lo mismo con mi círculo de amistades. En mi entorno me decían más bien cosas como «Tía, a tu edad... ¿Adónde vas?», «Isa, mucho cuidado con los **haters** y los **trolls**, a ti te van a atacar muchísimo» y demás frases «motivadoras». Menos mal que supe a quién hacer caso y que dejé que la generación encontrada fuese mi inspiración. Ahora tengo mi propio canal divulgativo e incluso puedo ayudar a quien desee entender más a las nuevas generaciones en este libro. ¡Y todo gracias a las nuevas generaciones! Para que luego las veamos con desconfianza, ¡son pura vanguardia!

Eso sí, no te voy a engañar... esto no ha sido un camino de rosas. Y más teniendo en cuenta que nunca había estado ni delante ni detrás de una cámara, que mis conocimientos de informática eran ínfimos y que lo más artístico que había hecho con el ordenador hasta la fecha era usar el WordArt. Pero me empeñé en sacarlo adelante usando sus códigos y sus herramientas, solo así podría acercarme a su mundo realmente. Estaba claro que las formaciones presenciales surtían efecto, pero acercarme a la chavalería desde un canal de YouTube invitaba directamente a la confianza, a cerrar la pestaña si les aburría o a ver todos mis vídeos si consideraban que mi contenido era interesante. Usar sus formas de comunicarse a través de las redes sociales e Internet me abrió un mundo inmenso y al fin pude observar cómo se relacionan, qué anhelan, con qué sueñan y qué demandan. Y todo esto, más la experiencia en las aulas, más el trabajo con familias, agentes educativos y la experiencia clínica en consulta es justo lo que he querido plasmar en este libro. En estas páginas te invitaré a cambiar tu mirada para que puedas observar a la generación Z desde sus realidades y, para ello, trataré de explicarte estos códigos para que puedas comprenderlos y, por qué no, usarlos en tu día a día.

Además, en el libro, vas a encontrar muchos datos lo más actualizados posible que nos ayudarán a realizar un acercamiento más empírico sobre lo que supone ser joven en España hoy en día. Para que no sea la mía la única opinión, he querido acompañarla de testimonios de personas zoomers[6] que nos acercarán a sus realidades y que, más allá de homogeneizar a una generación tan diversa como la Z, nos invitarán a repensar muchas de las concepciones que tenemos sobre ellas. Hablamos mucho de la juventud, pero casi siempre lo hacemos sin las personas jóvenes. ¿Qué sentido tiene hablar de una realidad en la que no estamos inmersos sin conceder la palabra a las personas que sí viven día a día esa realidad? Lo cierto es que nos parece que nuestra opinión es la que cuenta porque hemos vivido más y tenemos más experiencia, pensamos que nuestro punto de vista es el que determina su mundo, pero no es así. Por eso considero imprescindible que su voz aparezca a lo largo de este libro de forma directa a través de estos testimonios que he recogido a lo largo de los años en los talleres, entrevistas, mensajería privada de Instagram o cuestionarios anónimos.

A tener en cuenta

Debemos tener cuidado con el «determinismo generacional» o la idea de que todas las personas de la misma generación comparten los mismos aspectos psicosociales. Obviamente, el contexto cultural va a inferir en nuestra forma de comprender la vida, pero con tantos matices y subjetividades como personas. Cuando hablo de la generación Z la entiendo como un todo, pero dentro de ese todo hay muchas personas que pueden tener creencias radicalmente distintas. Tengamos esto siempre en mente.

---

6 Encontrarás repetidamente este término en el libro, así como el de «centenials» o «posmilenials». Todos ellos hacen referencia a la juventud nacida entre 1994 y 2010, la generación Z.

A lo largo del libro me posicionaré respecto al entorno digital desde un optimismo crítico no utópico. Es decir, desde la idea de que son obvios los beneficios que ha traído el avance del entorno virtual a nuestras vidas, pero no por ello este está exento de ser cuestionado. Al igual que en el mundo *offline*, el espacio *online* no está libre de **sexismo**, **xenofobia**, **clasismo**, **capacitismo**, **colonialismo**, **cuerdismo**, **LGTBQIA+-fobia** o intereses capitalistas y políticos. No es un mundo paralelo en el que todo está mejor o peor, sino que es un reflejo del mundo físico en el que vivimos, y, por tanto, replica muchos de sus patrones. No todos ellos positivos.

Pero al igual que sucede cuando hablamos de la juventud actual, en ocasiones también nos referimos al entorno digital desde un abordaje demonizador que ha provocado que nos alejemos, aún más, del universo que rodea a las nuevas generaciones y que lo veamos como algo desconocido, negativo y lleno de peligros, abriendo así aún más la brecha intergeneracional.

Tienes entre tus manos un libro que te va ayudar a tender puentes con la juventud actual, y seguramente con la persona joven que sigue habitando en ti, o con la que fuiste.

Te animo a que me acompañes en este viaje por el fascinante universo posmilenial. Además, te propongo que, antes de ponernos en marcha, valoremos tus conocimientos previos con un test. No te preocupes, ¡si suspendes, habrá repesca!

Test: NO TE AGOBIES SI NO DAS NI UNA

1. Las personas centenials hacen referencia a...
   a) la generación de la *tablet*
   b) las personas que forman parte de la generación Z
   c) un tipo de molusco característico de las costas australianas

2. La expresión «*OK boomer*» tiene que ver con:
   a) un chicle en el que en el envoltorio salía un superhéroe vestido con una malla azul

b) una expresión de júbilo usada en las redes sociales

c) ninguna de las dos

3. La generación milenial (1981-1993) se caracteriza por:
   a) la frustración, al ser una generación sobrecualificada y pre-carizada
   b) el *boom* de la natalidad
   c) vivir en un momento de bonanza económica

4. Las personas zoomers destacan como elementos sociales relevantes en los últimos treinta años:
   a) el conflicto catalán, el 11-S y el cambio climático
   b) el Grammy que ganó Rosalía, las movilizaciones a favor de los derechos de las mujeres y el 11-M
   c) los logros asociados a sus equipos de fútbol, la elección del presidente Trump y el movimiento #BlackLivesMatter

5. Algunas de las dificultades estructurales con las que se está enfrentando la generación Z española tienen que ver con:
   a) un mercado laboral inaccesible y cargado de incertidumbre con un 40,2 % de paro juvenil
   b) unos alquileres desorbitados que suponen alrededor del 70% de los ingresos
   c) ambas respuestas son correctas

Respuestas: 1 b), 2 c), 3 a), 4 a), 5 c)

No ha sido tan difícil, ¿verdad? Tanto si las has acertado todas como ninguna, creo que disfrutarás y aprenderás con lo que tengo que contarte en las siguientes páginas, en las que intentaremos comprender cómo es la juventud de hoy en día, en qué nos diferenciamos y qué nos une como generación. ¡Empecemos el viaje!

CAPÍTULO 1

¿TODO TIEMPO PASADO FUE MEJOR...?

Cuando doy formaciones a familias sobre las herramientas que utiliza la juventud actual para relacionarse, proyecto una imagen de un grupo de jóvenes pasando el rato mirando su móvil, cada cual el suyo, y les pregunto qué ven en ella. La sala se empieza a llenar de caras de desaprobación y se suelen escuchar comentarios del tipo: «Antes sí que nos relacionábamos», «Antes jugábamos en la calle», «Antes sí sabíamos lo que era el respeto», «Antes...».

Básicamente, lo que suele suceder cuando enseño esta imagen es que se crea entre el grupo de personas adultas un clima general de nostalgia compartida no exenta de peligro, puesto que, a veces, cuando hacemos comparaciones entre grupos que sentimos diferentes al nuestro se tiende a incrementar también la negatividad hacia dichos grupos, hacia lo «otro» que no es tan bueno como lo «nuestro». Esta negatividad, a su vez, aleja lo «otro» de nosotros. Y, oye, tú habrás sido adolescente, ¿no? Lo digo porque muchas veces hablamos de ellos como seres que vienen de otro planeta y que nada tienen que ver con nosotros o nosotras... Y si nada tiene que ver conmigo, es más fácil **objetivizar** a las personas e incluso ejercer violencias sobre ellas. No te olvides de que, no hace tantísimo, tú eras adolescente y eran tus padres los que no te entendían. Igual te habría gustado algo más de comprensión por parte de las personas más adultas que te rodeaban, ¿no? O un poco más de interés. No repitas patrones que no sirvieron contigo como adolescente, no tiene ningún sentido. Deshazte de prejuicios y atrévete a entender.

La generación Z tiene que ver mucho más contigo de lo que crees, entre otras cosas porque ha sido modelada por personas de más edad (como tú que me lees) que han sido sus referentes, porque forman parte de un sistema que hemos construido entre toda la ciudadanía y del que tú también formas parte, y porque se habrán digitalizado ciertos escenarios de interacción, pero sus deseos, miedos y preocupaciones están mucho más cerca de tu yo adolescente de lo que piensas.

Puede suceder que tu yo adolescente, o la representación internalizada de quién eras con 14-18 años, esté distorsionada, debido a que el psiquismo tiene sus mecanismos de defensa[1] respecto a los recuerdos. Y muchos de los recuerdos que tenemos del pasado han atravesado un proceso de filtraje inconsciente dejando atrás las partes negativas y provocando así una idealización de lo que fue. Y no quiero alarmarte, pero te aseguro que cuando en la consulta de psicoterapia escucho a alguien decir «de mi infancia nada destacable, fue toda muy feliz...» ¡tiemblo!

Abordar a las nuevas generaciones desde la superioridad y desde el pensamiento de que en nuestra adolescencia fuimos mejores, o personas más maduras y espabiladas, o había más respeto... es un error. Y es, además, mentira en la mayoría de los casos. Un tutor de 4.º de ESO me decía en una ocasión: «Yo a su edad solo pensaba en el botellón del fin de semana, y ahora les pregunto el lunes qué han hecho el finde y me hablan de sus competiciones deportivas, sus espacios de ocio alternativo, de la familia y hasta de excursiones.

---

1 Término psicoanalítico imposible de explicar en un pie de página. Pero, para que te hagas una idea, sería algo así como que existen ciertos mecanismos que se activan inconscientemente en el plano de la psique y que nos protegen de conectar con ciertas sensaciones o emociones desagradables. Vaya, que si tuviste una edad del pavo terrible, por ejemplo, puede que la veas ahora menos mala. Puedes preguntarles a tus familiares para tener un recuerdo más fidedigno porque... ¡seguro que no opinan lo mismo!

Solía pensar que me engañaban, pero es verdad, hacen eso y más, son mucho más sanos que yo a su edad». Pensar que nuestra generación vivió un tiempo mejor solo por no tener móvil o por vivir en pueblos y no en ciudades o por tener un poder adquisitivo menor es simplificar el asunto demasiado y dejar que la nostalgia nos devore. Escuchemos a la juventud y recordemos con toda la objetividad posible cómo fuimos de jóvenes, veremos que hay paralelismos.

Respecto a esta visión supremacista de cuando fuimos jóvenes, en relación con la imagen que tenemos de la juventud actual, recuerdo también una formación con agentes educativos de diferentes ámbitos y familias en la que, al terminar, nos fuimos de cervezas (en este caso de potes, que estábamos en el País Vasco) y se empezó a hablar sobre los malos hábitos en relación con el consumo de alcohol de la juventud. Fue muy revelador cuando alguien del grupo señaló el hecho de que con tres cervezas encima estuviéramos despotricando de la juventud sin hacer ninguna autocrítica sobre la normalización de la socialización a través del alcohol que existe en nuestra cultura. Un poco de cinismo el nuestro, ¿no?

Tampoco debemos pasar por alto el «negocio de la nostalgia», o cómo el capitalismo juega con nuestras emociones sacando tajada a base de apelar a nuestros recuerdos. Las marcas están utilizando el **neuromarketing** para vender más y saben que cuando, por ejemplo, sentimos amenaza (y se me ocurren unos cuantos acontecimientos amenazantes que hemos vivido en los últimos años: varias crisis económicas sistemáticas desde 2008, los atentados de Barcelona y París, o la epidemia mundial que comenzó en 2019) el cerebro va a buscar sabores, olores, texturas... que te conecten con situaciones y momentos en los que te has sentido a salvo de ese pasado que fue mejor (o que, al menos, así perdura en tus recuerdos). Ese pasado suele ser la infancia, el paso a la adolescencia... por eso tendemos a pensar que nuestra infancia o adolescencia fue mejor que la de nuestros padres y que la de nuestras criaturas. En resumen, caemos en ese negocio de la nostalgia sin que racionalicemos y reflexionemos siquiera en por qué pensamos eso. Este tipo de marketing está dando resultados, así que, como funciona y como vivimos en un mundo capitalista, tengo claro que cada vez más en las empresas cuentan con profesionales de psicología que estudian nuestros comportamientos para bombardearnos con anuncios y publicidad que conecten con esa nostalgia y vender más.

¿Sabías que...?

¿Te pasó que durante el confinamiento volviste a ver esa serie que viste hace años?, ¿o escuchaste esa música que te acompañaba en la infancia?, ¿buscaste quizá esos olores o esos sabores que te recordaban a tu «hogar»? Sin ir más lejos, se ha comprobado que durante el confinamiento se produjo un mayor volumen de venta de las marcas clásicas de galletas. Muchas personas volvían a consumir, después de años, esas galletas con forma de dinosaurios, o las Chiquilín, las Campurrianas o las galletas María. ¿Por qué? Seguramente porque nuestro psiquismo buscaba, de forma inconsciente y en un momento de incertidumbre mundial, conectarnos con aquellos productos asociados a momentos en que nos sentíamos felices y a salvo.

Para que veas estos ejemplos de «negocio de la nostalgia» más claramente, vamos a tirar un poquito de nostalgia y a hacer algún paralelismo con los códigos actuales.

¿Recuerdas esas llamadas al fijo? ¿Y ese sistema de comunicación basado en llamadas perdidas para no gastar saldo del móvil? Yo que siempre he sido de hablar (y hablar y hablar), recuerdo coger el teléfono fijo, alargar el cable lo máximo posible y buscar un espacio de intimidad para charlar con mis compañeras (algo un tanto complicado viniendo de una familia numerosa que vivía en 65 m²). ¿Recuerdas cuando llamaba al fijo la persona que te gustaba?, todos los habitantes del hogar nos dábamos cuenta porque, claro, no podías esconder tu nerviosismo con tu cara roja, ni la otra persona podía avisarte previamente de que cogieras tú el teléfono. Ahora no hay casi llamadas a través del fijo, y, en realidad, si te das cuenta tampoco hay demasiadas llamadas a través del móvil. De hecho, llamar es de **boomers** (explico esto en el siguiente capítulo). Lo que sí que hay son audios, en ocasiones audios tipo *podcast* de 10 minutos, y conversaciones a través de WhatsApp o de la mensajería privada de Instagram y otras redes sociales en las que puede ser que no se intercambie ni una palabra. Es decir, la forma de comunicación entre dos personas o un grupo vía DM (mensajes privados de Instagram) se puede realizar a través de vídeos, fotos, **gifs** o *stickers* sin necesidad de usar ni una letra. Asombroso, ¿no? Las personas milenials y centenials han inventado un idioma nuevo.

«¿Con quién te escribes?», le pregunté una vez a mi sobrina mayor, a lo que me contestó: «No escribo, hablo con mi grupo de amigas». Es curioso cómo muchas veces se habla del entorno digital como algo que nos aísla y nos despersonaliza, que acaba con las relaciones sociales humanas, cuando, en realidad, lo que ha provocado es, desde otros códigos diferentes a los nuestros, que puedas estar en constante interacción y exploración, en un momento en el que, además, la búsqueda de contacto con iguales es clave. Y también ha generado un espacio donde mirarnos y encontrar referentes seamos como seamos, como me decía una vez un profesor homosexual: «Me hubiera salvado mi infancia y adolescencia poder haber tenido los referentes LGTB que tienen ahora los adolescentes... Este nuevo mundo es enriquecedor para **todes**, seas como seas».

¿A qué tribu, estilo o subcultura pertenecías?, ¿te ponías pinchos en la ropa?, ¿llevabas calentadores?, ¿hombreras?, ¿pantalones de campana?, ¿botas altas?, ¿botas Dr. Martens?, ¿llevabas bomber?, ¿chupa de cuero?, ¿cazadora vaquera repleta de chapas?, ¿cómo te gustaba peinarte?, ¿te cardabas el pelo, tenías flequillo, tirabuzones, tupé?, ¿o te lo cortabas a lo *garçon*? ¿Qué importancia le dabas a tu imagen cuando eras joven y quedabas con tus colegas para hacer algún plan o ir a un bar? La moda no ha cambiado tanto, de hecho solo hace falta ver cómo están volviendo prendas que eran tendencia hace años, solo que ahora las llamamos «*vintage*», que parece que queda más sofisticado. Pero los escenarios sí se han transformado, y los espacios de socialización son ahora redes sociales en las que prima la imagen, como TikTok o Instagram. Y que, al igual que para ti seguramente tenía importancia cómo te mostrabas con tus iguales, para la juventud actual también. Y una foto puede representar todo de ti. Profundizaré en esto de la imagen en el capítulo 5, pero seguro que ya se te ha venido a la cabeza esa prenda favorita que no te quitabas de encima cuando eras adolescente, ese corte de pelo rompedor que traía de cabeza a tus padres y esas ganas de comerte el mundo que te invadían cuando te vestías, te maquillabas y te peinabas a la moda. Lo hacías para salir, para ir a la discoteca, al instituto... para ser visto o vista, para mostrarte deseable socialmente y para gustarte. Igual no tenías en la mano un móvil con el que poder, además de mostrarte a pie de calle, subir tus fotos a la red para que las viese más gente, pero, si lo hubieras tenido, ¿no lo habrías hecho? Las intenciones son las mismas, pero el formato ha cambiado. Yo veo bastantes similitudes, ¿no?

Seguimos: ¿jugabas a los videojuegos de Mario Bros, Zelda o Donkey Kong o eras más bien de la televisión en blanco y negro? ¿Eras de la época de la serie de televisión de *Médico de Familia* o más bien de *La casa de los Martínez*? ¿O quizá tenga que irme más para atrás y seas del programa de radio el *Consultorio de Elena Francis*?

Con respecto a este tema, te confesaré que nunca he entendido los videojuegos. La maquinita que más usé en la adolescencia (en concreto en el baño, que era donde estaba ubicada junto al revistero) fue el tetris, y unos años más tarde el juego de la serpiente (el *snake* lo llamábamos) que venía con el móvil Nokia. Los videojuegos me parecían algo lejano, aburrido y asociado principalmente a los chicos (a esta asociación se le llama **«brecha digital de género»**). Pero me tuve que poner las pilas con el mundo *gamer* (personas que juegan habitualmente a videojuegos) porque la chavalería no paraba de hablarme en las aulas de *gamers* que creaban contenido en YouTube a los que admiraban mucho. Recuerdo que en un taller un chico me explicaba lo que le aportaban los videojuegos. Me habló de que cuando él jugaba estaba socializando todo el tiempo. De cómo hacía equipo con más participantes de todo el mundo y se sentía parte de una familia en la que se apoyaban. De lo que aprendía de historia (entre otras cosas) en algunos de los juegos y de cómo le enseñaban a resolver conflictos fuera de la pantalla.[2] Otras *gamers* me han hablado de cómo con los videojuegos estimulaban la cooperación, el trabajo en equipo, las habilidades tecnológicas, la capacidad de reacción, el desarrollo de la coordinación mano-ojo o la toma de decisiones. Sigo sin jugar a videojuegos, pero aprendí una gran lección: no juzgar a la gente que lo hace.

¿Sabías que...?

Casi siempre, los avances tecnológicos se han topado con personas detractoras. Un ejemplo es lo que le sucedió al polifacético británico Chris Stewart. En su libro *Entre limones*,[3] relata cómo al llegar a la Alpujarra granadina con su esquiladora eléctrica y ofrecerse para esquilar ovejas, se lo impedían diciendo que iba a electrocutar al ganado.

La llegada de la radiodifusión a España tampoco estuvo exenta de controversia. Los primeros sistemas de radio aparecieron en el siglo XIX y, además de despertar el recelo por parte de los periódicos, que tenían el monopolio informativo, había personas que alertaban de que escuchar la radio era negativo porque impedía que pudieras escuchar tu propio diálogo interno, alejándote así de la «verdad» y comiéndote la cabeza sin que te dieras cuenta.

Más nostalgia: ¿te acuerdas del diccionario? Ese pequeño ladrillo que nos acompañaba a todas partes y que tanto utilizábamos en la clase... ¿Y de la *Encarta*? La *Encarta* era una enciclopedia multime-

---

2 En el vídeo *Lo que Mateo aprendió con los videojuegos* se muestra lo que el menor de once años ha aprendido sobre historia de los juegos: https://www.youtube.com/watch?v=_4PgSqf3LvM.
3 El libro autobiográfico se publicó en 1999 por una pequeña editorial inglesa y se convirtió en un fenómeno editorial. Al igual que la que escribe, Stewart pisó tierras andaluzas a los veintiún años, enamorándose desde entonces y sintiendo que Andalucía era la tierra en la que tenía que vivir.

dia digital a la que le preguntábamos todo. También recuerdo que en mi centro educativo había un solo ordenador con acceso a Internet. Estábamos en la era de la web 1.0., con sus contenidos estáticos y su web unidireccional. Es decir, no podías interaccionar en ella y lo que decía era como mirar el diccionario. Ahora el ladrillo que nos acompaña solo pesa 170 gramos, se llama *smartphone* y nos permite estar en **hiperconexión**. Además, desde la web 2.0. el entorno virtual se convierte en un espacio colaborativo donde, a través de wikis, blogs, foros..., todas las personas pueden generar y compartir conocimientos y con solo un par de clics pueden acceder a ellos desde cualquier parte del mundo.

Yo era de la generación del Rincón del Vago, un espacio *online* en el que la gente subía sus trabajos escolares y podías descargarte los de otras personas y utilizarlos. Ahora, cuando tenemos dudas sobre algo se lo preguntamos a YouTube (yo la llamo la «YouTupedia»), y en una búsqueda de segundos podemos encontrar cientos de vídeos tutoriales de cómo aprender a hacer todo lo que nos imaginemos. Hasta tutoriales de cómo crear una moto voladora. También podemos buscar en Instagram, donde profesionales nos ofrecen sus conocimientos de forma gratuita a través de atractivos *posts*. O, incluso, buscar las respuestas en TikTok y, por supuesto, en ChatGPT. Un grupo de jóvenes me enseñaban el otro día cómo aprendían lecciones de historia a través de una tiktoker historiadora, o matemáticas con profes tiktokers. Pienso en las horas que gasté intentando comprender las mates y veo ahora esos vídeos ingeniosos en los que, en pocos segundos y de forma atractiva, te explican cómo calcular las raíces cúbicas y se me escapa un suspiro de esos que salen de dentro.

¿Recuerdas la imagen de la que te hablaba al principio del capítulo? Es natural que nos impacte ver una imagen de un grupo de jóvenes que han quedado para mirar sus móviles. Pero si vamos más allá en un ejercicio de más compresión y menos juicio, nos podremos preguntar: ¿qué están haciendo realmente con su móvil? Porque lo mismo están organizando una campaña en redes para concienciar sobre la moda sostenible, o igual se están organizando a través de TikTok para tumbar un mitin de Trump, igual están convocando una huelga estudiantil contra el machismo y sexismo en las aulas,[4] igual se están organizando para «limpiar las búsquedas» de una compañera que ha sido agredida por *sexpreading* (explico este término en el capítulo 6) o quizá estén viendo en ese momento a su cantante preferido a través de Instagram. Recuerdo que en una formación una profesora me dijo: «Si cuando yo era adolescente hubiera podido saber lo que estaba haciendo Alejandro Sanz en cada momento, hubiera estado pegada al móvil todo el día...». ¿No lo hubieses hecho tú con tu ídolo de aquel entonces? Además, debemos tener en cuenta que el fenómeno fan ha cambiado sustancialmente. Ahora puedes escribir personalmente a esa persona que admiras, y puede incluso que te conteste o comparta tus publicaciones. De hecho, hasta puedes mandarle regalos a su dirección postal. Es decir, que si eres de tendencia *groupie* y mandabas cartas de puño y letra a tu cantautor favorito —sí, yo lo hacía—, imagínate cómo serías ahora.

No sé si sigues pensando que cualquier tiempo pasado fue mejor (sinceramente escribo este capítulo en medio de una pandemia mundial y yo tampoco lo tengo claro). Y no sé si tiene sentido que le sigamos dando vueltas a esta pregunta. Porque en nuestro país hay ahora mismo 7.800.000 zoomers a los que no estamos sabiendo acompañar, y mucha de esta falta de acompañamiento pasa por pensar que su realidad vale menos que la nuestra. Además, el entorno virtual, nos guste más o menos, ha llegado para quedarse. Así que quizá sea interesante poner un poquito en pausa esa nostalgia y responsabilizarnos sobre la necesidad de tender puentes intergeneracionales.

---

4 Las acciones que nombro son reales y se han llevado a cabo por la generación Z. En España, el 14 de noviembre de 2018 se realizó una huelga estudiantil bajo el lema «Fuera el machismo de nuestras aulas», en la que reclamaban, entre otras cosas, una asignatura de Educación Sexual «inclusiva, obligatoria y evaluable» en todos los centros educativos.

CAPÍTULO 2

GENERACIÓN Z

Como ya mencionábamos en el capítulo anterior, cuando hablamos de la juventud actual o hacemos alusión a su mundo tendemos a generalizar y a utilizar el concepto «milenial» como si este representara todo el universo adolescente. La palabra «*millennial*» se acuñó en 1987 y en la última década se ha popularizado mucho. Yo soy milenial (nací en el 85) y te aseguro que, por desgracia, hay todo un universo de aspectos que forman parte de mi manera de entender el mundo que tiene poco o nada que ver con lo que rodea a la generación Z. Por ello, quizá deberíamos depurar nuestro léxico y hablar de que actualmente la juventud se engloba en dos generaciones: las personas milenials (nacidas entre el 1981 y el 1993) y las centenials (nacidas entre el 1994 y el 2010), y, como puedes ver, estas dos generaciones pueden llevarse no demasiados años de diferencia —con los cambios estructurales que en esos años se han dado, como la inclusión en nuestras vidas del *smartphone*, por ejemplo— y no comprenderse del todo. Siempre hablamos de «salto generacional» para referirnos a todos esos cambios culturales y de valores que acompañan a cada generación, pero es comprensible que en este caso el salto a veces lo sintamos más bien como un abismo, porque nacer con una prolongación de tu cuerpo (**smartphone**) que hace que te puedas conectar con cualquier parte del planeta en segundos, que puedas encontrar información de todo tipo y que puedas estar en interacción con otras personas 24/7 (24 horas al día los 7 días de la semana) cambia, y mucho, la forma de vivir y comprender el mundo. Así que, como es obvio, habrá grandes diferencias en el modo de pensar, actuar y comunicarse entre las personas que han nacido con el *smartphone* debajo del brazo y las que no.

Para empezar a estrechar este abismo y que no te pierdas con tanta letra, vamos con un mapeo general y una breve descripción de las generaciones predecesoras y sucesora que nos ayudará a contextualizar y comprender mejor a la generación Z. Así también sabrás qué generación es la tuya y de cuántos años se compone ese abismo que pronto pasará a poder cruzarse con solo un salto.

- Generación S o silenciosa: 1930-1948
- Generación *Baby Boom*: 1949-1968
- Generación X: 1969-1980
- Generación Y o milenial: 1981-1993
- Generación Z o posmilenial o centenial: 1994-2010
- Generación T o alfa: 2010-2024
- Generación beta: 2025-2039

BOOMERS

Comencemos por la B, de *boomers*. La generación del *Baby Boom* hace referencia a las personas nacidas entre 1949-1968 en pleno «*boom*» de natalidad en un periodo de tranquilidad bélica después de la Segunda Guerra Mundial. En España hay más de 12 millones de *boomers*. Les define la ambición y la prosperidad, crecen en un momento en el que empieza a activarse y a desarrollarse la economía y se caracterizan por ser una población reacia al entorno virtual. En el contexto de España podríamos nombrar a esta generación como la generación de la transición.

¿Sabías que...?

«Ok boomer» es un término que se populariza en 2019 como respuesta en formato de **meme** (texto, vídeo o imagen modificado con fines humorísticos que se vuelve viral en Internet) a comentarios adultistas realizados por un *boomer*. Te lo explico con una situación real acontecida en el transcurso de escritura de este libro: aparece en un programa de actualidad de la televisión pública española una psicóloga hablando de la juventud actual (en calidad de experta) y dice cosas como «A la última generación se lo hemos puesto más fácil desde el principio. Hemos confundido que el esfuerzo ya no tiene que ser tan grande para conseguir méritos, y ellos se han acostumbrado». A lo que la respuesta podría ser un claro *«ok boomer»* acompañado de algunos de los comentarios a este vídeo en redes realizados por la generación Z, que denunciaban el contexto sociocultural en el que tienen que sobrevivir, en el que, por ejemplo, existe un 40% de paro juvenil, unos alquileres que suponen el 70% de los ingresos que perciben, una emancipación casi imposible por la precariedad que se sitúa en torno a los treinta años, una explotación profesional que vive en un estado eterno de «formación en prácticas» y todas esas crisis económicas que llevan enlazando desde 2008. Ah, y, por cierto, sumémosle ahora también una pandemia. ¿A la nueva generación se le ha puesto más fácil desde el principio? *¡OK BOOMER!*

GENERACIÓN X

La generación X hace referencia a las personas nacidas entre 1969 y 1980. El término surge en 1952 a raíz del título que le otorga Robert Capa a un proyecto de fotografía que reflejaba a la juventud que crece después de la Segunda Guerra Mundial. La X haría referencia al misterio y desconocimiento que suponía esta generación. Se les conoce por la generación de la EGB y de la MTV (canal de televisión estadounidense de vídeos musicales). Es icono de esta generación la película *Reality Bites*, que refleja el estilo de vida de la generación X.

Esta fue la primera generación en familiarizarse con el entorno digital y también la primera que comienza a jugar con las videoconsolas. Vivieron el auge del consumismo de los ochenta y noventa y se definen por querer alcanzar el éxito. Viven un momento de cambios sociales asociados a la emancipación de las mujeres. Forman parte del proceso de europeización y occidentalización de España. También se les conoce como la generación del «milagro económico». En ocasiones se les calificaba como personas vagas, despreocupadas y cínicas.

¿Has escuchado el término de generación Silver? Aúna a las personas que ahora tienen entre cincuenta y setenta años. Es un término globalizado que, más que señalar las características propias de una generación, marca las oportunidades para las empresas. Este grupo diana que representan el 40% de la población española. A raíz del aumento de la esperanza de vida y la calidad de esta, muchas personas de estas edades van a tener unas capacidades económicas y físicas para seguir disfrutando y, por lo tanto, consumiendo. Y ya sabemos que el capitalismo no pierde ninguna oportunidad de mercado.

MILENIALS

La generación milenial o Y abarca a las personas nacidas entre 1981 y 1993. Actualmente en España hay alrededor de 7 millones de milenials y representan cerca del 24% de la población mundial. Su nombre se debe a que alcanzaron la mayoría de edad con el cambio del milenio.

Las personas milenials experimentaron la introducción de la digitalización en todas las esferas de su vida en torno a su adolescencia. Cuando se empezó a hablar de esta generación se hizo desde una óptica muy crítica y cargada de juicios, tildándoles de generación del yo-yo-yo (aludiendo a su egocentrismo), la generación del *selfie*, o de los ni-ni («ni estudian ni trabajan»). En 2013, la portada del semanario *Time* decía de esta generación que eran «perezosos, narcisistas y consentidos» y que básicamente solo les preocupaba tener el móvil cargado y aprovecharse de sus padres. Posteriormente rectificaron esta noticia eliminando el estigma a esta generación.[1]

Es la generación responsable de crear la economía colaborativa y de poner atención en un estilo de vida saludable. Y la generación que comienza a preocuparse por el medioambiente, por la lucha por la democracia y por movilizarse en contra de las guerras.

¿Sabías que...?

La empresa francesa BlaBlaCar surge en las Navidades de 2008, cuando su fundador se queda sin billete de tren para poder viajar y un familiar tiene que ir a recogerlo. Durante el trayecto, Frédéric Mazzella observa que la mayoría de los coches van casi vacíos. De esta manera empezó a gestarse la idea de crear una red social que pusiese en contacto a personas con asientos libres con gente que necesitase hacer el mismo trayecto. Este sería un claro ejemplo de cómo a raíz de observar una necesidad se activa el pensamiento lateral y se pone en marcha una *start-up* (o nueva empresa) basada en la economía colaborativa en su modalidad de movilidad sostenible, con el objetivo de emitir menos gases contaminantes y de realizar viajes más económicos. Además de la parte relacional y afectiva para quien lo desee, ya que la aplicación te permite especificar si eres una persona más o menos habladora. Por si todo lo anterior fuera poco, el portal de BlaBlaCar te permite calcular, en función de los kilómetros y del número de personas que viajan, la cantidad de gases de efecto invernadero que no se emiten, permitiendo a cada persona conocer la huella ecológica de su trayecto. Actualmente este servicio opera en 22 países y tiene 2 millones de usuarios y usuarias mensuales.

---

1 Tanenhaus, Sam. «The Millennials Are Generation Nice», *The New York Times*, 2014.

Son la población más formada académicamente y con mayores tasas de desempleo, les define la frustración. Vivieron el *boom* inmobiliario y algunas personas dejaron de estudiar para ganar dinero en la obra. Se considera a esta generación como la más global, al representarse mundialmente con características comunes debido a que han padecido las mismas crisis. La edad de emprendimiento se situaría en los treinta y cinco años frente a los veinticinco años de la siguiente generación, la Z.

«A mis treinta y dos años he aceptado que mi estabilidad laboral es como un unicornio: algo mitológico casi imposible de alcanzar. Llevo varios años estudiando oposiciones mientras trabajo en diferentes puestos laborales. Tengo una licenciatura y media carrera, dos másteres, un ciclo superior y muchas formaciones complementarias. Ayer le hablaba del unicornio a mi madre para explicarle cómo me siento y hasta para hacer un poco de ironía con esta situación. Pero lo he pasado muy mal con toda la presión con la que vivo esta inestabilidad. De pequeña me contaron que si estudiaba y me esforzaba, todo iría bien y tendría un buen trabajo y una vida en condiciones. Nada ha sido como me esperaba.»
Mujer de 32 años.

ALPHAS

La generación T (de táctil) o Alpha comprende a la población que nace desde el 2010 en adelante. Es la primera generación del siglo XXI y, por tanto, la primera en nacer en un mundo 100% digital alejándose cada vez más de lo analógico, creciendo alrededor de tecnologías que pueden tocar y con las que pueden hablar e interactuar, lo que amplía la funcionalidad de las pantallas. La generación T también hace referencia al uso mayor de la *tablet* frente al **smartphone**.

Se comenzó a nombrar a la generación T o Alpha a raíz de que el periódico neoyorkino *The New York Times* publicara en septiembre de 2015 un artículo en el que el demógrafo Mark McCrindle hablaba de esta nueva generación: «Encuentro con Alpha: La nuevasiguiente generación». En el artículo se hacía referencia a ciertos acontecimientos que se habían dado en esta generación nacida en 2010: año en el que se introduce el iPad, se crea Instagram y «*app*» se convierte en la palabra del año.

La herramienta preferente suele ser la *tablet* y su uso está asociado principalmente a la realización de tareas, búsqueda de información y de música. Desde edades tempranas ya se observa la **brecha digital de género** respecto a la diferencia de uso de videojuegos entre los niños y las niñas (hay un mayor uso por parte de los niños) y se accede a contenidos diferentes (deportes, coches y luchas, en el caso de los niños, frente a juegos de aprendizaje, animales y pintura, en el caso de las niñas), observando así desde edades tempranas una transferencia intergeneracional del aprendizaje de los estereotipos de género. Les define la **hiperconexión** (Internet ahora está por todas partes: televisiones, relojes inteligentes, plataformas de entretenimiento) y la instantaneidad, y representan alrededor del 15% de la población mundial.

A tener en cuenta

El acceso y el uso de las TRIC (tecnologías de la relación, la información y la comunicación) no son los mismos para todas las personas ni en todos los lugares del mundo. Por un lado, hablamos de «brecha digital» para referirnos a las desigualdades a la hora de acceder al entorno digital. Población empobrecida, una parte del mundo rural, lugares sin infraestructuras necesarias, personas mayores a las que se les denomina «analfabetas digitales», mujeres, criaturas de diferentes regiones, algunas personas con **diversidad funcional** y/o discapacidad... pueden tener dificultad para acceder a dispositivos tecnológicos o para disponer de conexión a Internet. El confinamiento por la crisis sanitaria puso aún más de manifiesto las desigualdades que provoca esta brecha digital, y hemos visto entonces que no todas las personas han podido seguir sus estudios de manera telemática o ponerse con el teletrabajo desde casa por no tener las mismas posibilidades de acceso o de uso de los dispositivos necesarios para ello.

Por otro lado, tendríamos las «brechas digitales de género», que hacen referencia al uso diferenciado sistemático que se realiza por cuestión de género. Encontraríamos tres. La primera brecha digital sería transnacional, y hace referencia al propio acceso a los recursos necesarios para navegar por el entorno virtual en relación con la feminización de la pobreza. La segunda brecha digital de género hablaría de la desigualdad entre mujeres y hombres respecto a las habilidades y capacidades en el uso experto de las tecnologías. Y la tercera brecha digital de género nos mostraría las distintas formas de utilización de las TRIC según los géneros.

El avance de la inteligencia artificial nos hace suponer que la mayoría de los trabajos a los que se vayan a dedicar las personas de la generación alpha están por inventarse. Aún no disponemos de datos, pero habrá que observar las secuelas que la crisis sanitaria tenga en esta población especialmente vulnerable y a la que nuestra sociedad adultista no ha priorizado durante los estados de alarma.

GENERACIÓN SILENCIOSA

¿Y no nos hemos dejado una generación antes de adentrarnos en la Z? Correcto. Nos falta una generación, la S de Silenciosa, en general muy poco valorada por nuestra sociedad *viejista* y que son las personas nacidas entre 1930 y 1948. Se les llama así porque padecieron la Depresión del 29. También se les conoce como «analfabetos o migrantes digitales». Como ya iréis leyendo, no soy muy amiga de este tipo de clasificaciones que señalan el mejor o peor uso de las TRIC en función de tu edad. Me gusta mucho escuchar y aprender de las personas que forman parte de esta generación, y creo que como sociedad tendríamos que hacer autocrítica sobre si estamos facilitando lo suficiente su manejo del entorno digital y favorecer recursos de atención directa «sin pantallas» para tramitar gestiones que son complicadísimas de realizar *online*.

En el contexto español se denomina a esta generación como «los niños y las niñas de la posguerra». Los definen la austeridad y el trabajo duro. Una generación que vivió entre guerras y tuvo que ser sumisa y obediente a las normas sociopolíticas. Una «generación de Hierro» marcada por el hambre, el apartamiento y la represión. Una generación que ha sobrevivido a muchas catástrofes en la vida y que nadie se esperaba que para muchas de estas personas la COVID-19 supusiera la tempestad final.

¿Sabías que...?

El 29 de abril se celebra el Día Europeo de la Solidaridad y la Cooperación entre Generaciones. La conmemoración de este día se instauró a partir del año 2009 gracias a organizaciones como la Plataforma Europea de Personas Mayores y el European Youth Forum. El objetivo de celebrar este día es favorecer la retroalimentación entre generaciones y la recuperación de las figuras de las mayores como personas cargadas de sabiduría y que tienen mucho que aportarnos. Quizá este día pueda ser la excusa perfecta para llevar a cabo acciones que luchen contra el **edadismo** y que favorezcan el apoyo, el encuentro y la eliminación de prejuicios entre distintas generaciones.

GENERACIÓN Z

Y ahora que conocemos las características de todas las generaciones anteriores y posteriores, vamos a centrarnos en la que más nos interesa en este libro: la Z. La generación Z, posmilenial o centenial es la generación de Internet y de las redes sociales. Solemos referirnos a las personas que forman parte de esta generación como zoomers o nativas digitales. También es llamada la generación del móvil o *smartphone* (teléfono inteligente con acceso a Internet). Hay alrededor de 2.000 millones de personas a nivel mundial que forman parte de esta generación, y 7.800.000 jóvenes en España. Desde 1950 hasta 2020 la cantidad de jóvenes en España ha disminuido casi en 3 millones, volviendo a alcanzar los mismos datos que en 1960. Para que nos hagamos una idea, las personas con más de cincuenta años en nuestro país representarían el doble de la población joven, siendo la juventud española claramente minoritaria. España está en el *ranking* de Europa con menos población joven. Aproximadamente el 14% de las personas zoomers españolas han nacido en otros países y el 11% tiene progenitores y progenitoras foráneos.

¿Sabías que...?

Entendemos por *smartphone* aquel teléfono móvil inteligente que ha incorporado una tecnología avanzada de transmisión de voz y datos similar a un ordenador y que eleva al cubo las funciones del móvil convencional que teníamos en los noventa, los llamados «ladrillo-móvil». El primer *smartphone* (iPhone) conocido fue lanzado al mercado en 1997 por la empresa Apple. Android sacó un homólogo más económico en 2008, facilitando que más personas pudieran disponer de un *smartphone*. En la actualidad, alrededor del 70% de la población mundial dispone de un teléfono móvil.

A esta generación la define la irreverencia. No ese tipo de irreverencia que se nos puede venir a la cabeza cuando pensamos en la juventud actual (más adelante hablaremos de qué hacer con esa cabeza llena de introyectos negativos sobre las adolescencias y que ya hemos comprobado que nos acompaña desde la generación X), sino más bien esa irreverencia que te moviliza a luchar por un mundo más justo, equitativo y saludable. Esta irreverencia que, con quince años, les lleva a iniciar un movimiento mundial en contra del cambio climático (#fridaysforfuture), a denunciar el sexismo y los estereotipos machistas en los centros educativos (#4denoviembre), a visibilizar la importancia de la salud mental y exigir una atención psicológica de calidad[2] o a denunciar la **gordofobia**, el **racismo**, y las **LGTBQIA+-fobia** (entre otras) organizándose y utilizando sus mejores aliadas: las redes sociales.

La semana pasada, una alumna de quince años me decía: «Hace como 300 años todo el mundo pensaba que la Tierra era plana y llegó Galileo diciendo que la tierra era redonda y lo tomaron por loco porque se salía del paradigma del momento. Y ahora parece que lo que está constatado como ciencia se toma como verdad absoluta y cualquiera que diga algo fuera de ella es también un loco. La ciencia no tiene que ser algo estático y no debemos cerrarnos a las cosas que ahora mismo se salen de ella. El avance en la ciencia se da gracias al movimiento, cambia y evoluciona, pero no podemos tomarla como la única verdad porque siempre debe estar abierta a ampliarse». Confieso que con este testimonio acerca del cientificismo espurio me quedé bastante perpleja sin saber qué decir y me acordé de esta irreverencia de la que hablo, que será seguro el motor de cambio hacia una sociedad más justa, sostenible y equitativa.

Como he comentado al inicio del capítulo, la generación Z abarca a las personas nacidas entre 1994 y 2010. Y 1994 es un año de vital importancia por dos aspectos: se crea el primer navegador abierto y gratuito de Internet y es el año que nace el cantante con más seguidores del mundo en Twitter: Justin Bieber. No sé si te gusta o no Bieber, pero lo que representa nos va a ayudar mucho a comprender a esta generación mejor: viniendo de una familia monomarental con pocos recursos económicos, sin tener contactos en la industria musical, y solo con su talento y subiendo un vídeo casero a la plataforma gratuita de YouTube, Justin llega a ser el joven famoso más rico y conocido del mundo.

2   Te recomiendo las viñetas del psicólogo @occimorons, en las que habla de las reivindicaciones que se están llevando a cabo en pro de la salud mental. Puedes verlas aquí: https://www.instagram .com/p/CTR6FRVDXUB/.

A tener en cuenta

La teoría generacional o el hecho de aglutinar a las personas en el marco de una generación concreta según el momento en el que les ha tocado vivir se remonta a la Antigua Grecia, donde se marcaban los treinta años como espacio entre generaciones, entendiendo los treinta años como la diferencia media entre ascendientes y descendientes. Poco a poco se va recortando hasta llegar a los quince años. En la actualidad, más que tener en cuenta la edad de nacimiento o una cohorte concreta, se pone la atención en los acontecimientos históricos que se suceden en los determinados periodos de tiempo. Encontrarás diferentes fuentes en las que marquen los inicios/finales de cada etapa en diferentes años; por ejemplo, en ocasiones se señala el comienzo de la generación Z en el año 1997. He elegido estos años como orientativos sin ser especialmente relevantes para el objetivo del libro. Y porque me parecía una **fantasía** marcar el comienzo de la generación Z con el nacimiento de Justin Bieber y Bad Bunny, qué quieres que te diga...

Ya hemos visto las diferentes generaciones que van antes y después de la Z, y supongo que enmarcarte en la tuya te ha hecho ver las demás desde un prisma nuevo. Yo no sé a ti, pero a mí me dijeron que estudiara mucho, que me esforzara y me sacrificara porque así conseguiría un buen trabajo y condiciones dignas de vida. Y me lo creí (quizá ahora entienda mejor por qué a mi generación —milenial— nos caracteriza la frustración). Y he gastado muchas horas y dinero en formarme. Y ahora resulta que cuando les pregunto a las nuevas generaciones dónde se han formado para hacer, por ejemplo, esos diseños web tan profesionales con diecisiete años, me dicen que lo han hecho de forma autodidacta a través de tutoriales de YouTube. Las personas zoomers son conscientes de la importancia de la información reglada, pero, en paralelo, van adquiriendo muchos conocimientos de forma autodidacta sobre temas que los motivan y que complementan su currículo escolar.

Sin duda, el mercado laboral y la forma de entender el trabajo son muy diferentes en la generación Z respecto a otras generaciones. Esta generación se ha criado siendo muy consciente de la existencia de las crisis, de las depresiones económicas y de las epidemias mundiales, por lo que se caracterizan por la proactividad y el emprendimiento. La marca personal (*personal brand*), el trabajo en equipo y la capacidad de hacer redes de contactos (*networking*), la multitarea (*multitasking*), el DIY (*Do it yourself* o hacerlo por ti mismo), el *gigging* (o hacer trabajos de un solo día), el emprendimiento desde edades tempranas, la inteligencia creativa, la democratización de las oportunidades, el uso de las redes sociales como marketing digital o ser personas creadoras de contenido y la capacidad de ser autodidactas forman parte de esta generación.

Visto en Instagram

En la página @cuellilarg del colectivo de comunicación contra el poder encontramos varios *posts* sobre «Diccionario precario. Para no perderse en el neoliberalismo salvaje y la precariedad "cool"». A través de varias publicaciones desmontan algunos neologismos, como *job hopping, staycations, offshoring, multitasking, coworking, coliving* o *nesting*. Si no conoces estos términos, te sugiero que te informes en esta página.

De forma irónica y crítica, nos cuentan, por ejemplo, lo siguiente sobre el *job hopping*: «El último grito en neologismos para tapar la precariedad: tú no saltas de curro en curro agonizando para ganarte la vida, ¡no! ¡Tú haces *job hopping*!, que es mucho más refinado, distinguido y hasta estimulante. Y encima te crees que lo decides tú».[3]

Cuando buscaba mis primeros trabajos recuerdo que lo más importante era tener contactos: «Conozco a fulanita, que está

3 Puedes encontrarlo aquí: https://www.instagram.com/p/CMejEgBnry-/.

buscando a alguien para trabajar...» o «Tengo conocidos que te pueden aconsejar...». También recuerdo la de horas que me he tirado en las oficinas de empleo recibiendo asesoramiento y orientación laboral. Todo esto ya es prácticamente impensable ahora, en un mundo hiperconectado y globalizado donde expones tu talento y cualidades en un perfil de LinkedIn, o incluso en redes sociales como Instagram o a través de un currículum *online* en tu web personal u otras plataformas. De forma digital te pueden contactar de la otra parte del mundo para requerir tus servicios sin que salgas de casa. Eso sí, casi todo el mundo tiene acceso a estas herramientas, así que currártelo y desmarcarte con tu diseño, tu formación, tu originalidad a la hora de presentarte, etc., será necesario. ¡Si no, todo el mundo podría ser *influencer* con millones de seguidores! A veces parece que el contenido en digital tiene menos trabajo detrás, pero no es así. Además, las redes sociales nos acercan a cierta democratización porque cualquiera con acceso a Internet puede abrirse un perfil y probar suerte. Es un poco más justo, ¿no?

Es más, además de presentar tu CV o tu perfil profesional en redes, incluso puedes ponerlo directamente al servicio de los demás y crear una *app* o un servicio en el que, atendiendo a las necesidades de la población actual, a la par que proporcionas trabajo para las personas que emprenden, te preocupes por el medioambiente (como, por ejemplo, los vehículos compartidos) o por el compromiso social (como, por ejemplo, *las apps* que salvan alimentos que se van a desperdiciar).

Esta capacidad para emprender y para crear sus propios negocios hace pensar que, para una gran parte de la generación Z, sentir que están más comprometidas en sus trabajos es algo a tener en cuenta. Es muy probable que esta generación no esté dispuesta a aceptar cualquier condición, bien sea salarial, personal o de otra índole. La mayoría vienen de escuchar las quejas de sus familiares durante toda la vida sobre cómo el trabajo los hacía infelices, y no quieren eso. Conocen sus derechos y son más exigentes con la elección laboral, olvidándose de la idea de estar en una silla ocho horas haya o no trabajo, valorando el teletrabajo, la flexibilidad del horario laboral o el trabajar por proyectos.

«*Después de varios trabajos en hostelería para poder terminar los estudios he conseguido un trabajo de administrativa que no tiene nada que ver con mi formación, de lo mío no consigo nada. Quería probar la experiencia de tener una jornada completa y un buen sueldo, pero al tercer día ya sabía que no era para mí. Lo más duro fue comentárselo a mis padres, que no entendían cómo era capaz de dejar "un trabajo de adulta" como ellos me decían. Entiendo que se referían al concepto de adultos que tienen ellos, que están amargados en su trabajo. Yo no puedo estar hasta las seis de la tarde sentada en una oficina en la que no hay suficiente trabajo, hablando de un tema del que siento que no controlo casi y vender toda mi vida personal y social. Prefiero seguir en la hostelería a media jornada, por lo menos así soy feliz y me provoca menos ansiedad.*» P., 22 años.

La generación Z también es conocida como la generación de los «nativos digitales», ya que son la primera generación que nace en un entorno casi 100% digitalizado. Ese acceso más o menos universal y gratuito al entorno virtual, y a todo lo que este puede propiciar, supone que esta generación rompa con todas las anteriores. De este modo, las personas centenials construyen su propia realidad en todos los ámbitos de la vida, lo cual nos lleva al resto a tener que actualizarnos constantemente para poder comprenderlas, porque, además, su mundo va muy rápido.

«*Le dije a mi profe de Mates que eso que estaba dando en clase lo explicaba un tiktoker en un vídeo de 30 segundos, que si podíamos ponerlo. Me miró con mala cara y me dijo que me callara y atendiera.*» L., 15 años.

Sus cerebros han cambiado, y su forma de aprender también. Son rupturistas respecto al concepto de educación formal y cerrada, y reivindican un modelo educativo en el que se trabaje por proyectos. Piden que se respeten la diversidad y la lucha por la equidad y que se les acompañe para conocer cuál es su vocación y así fomentar la creatividad, algo que van a necesitar para su futuro laboral cargado de incertidumbre.

La incertidumbre es algo que siempre ha acompañado a esta generación, pero que se ha instaurado con especial ahínco desde la crisis de la COVID-19. Varios estudios nos cuentan cómo dentro de veinte años la mayoría de las profesiones que hoy existen desaparecerán y alrededor del 40% de los trabajos también desaparecerán. La inteligencia artificial avanza a pasos agigantados, y la inteligencia humana no puede competir con ella. Internet propicia el acceso a mucha información de forma rápida, lo que favorece la multitarea. Manejar al minuto (o segundo) tantos estímulos puede provocar la pérdida de profundización y reflexión en el procesamiento de la información, en un contexto actual en el que, como hablaremos más adelante, la desinformación, el posicionamiento de una información u otra en la web, y las burbujas informativas forman parte de un entorno virtual que favorece determinados intereses.

«La inmediatez es algo a lo que me he acostumbrado. Cuando las cosas no funcionan rápido me pongo nerviosa, estoy acostumbrada a poder comprar algo y que llegue al día siguiente o a encontrar la canción que quiero, aunque no sepa el título, en pocos segundos. Cuando aprendo cosas a través de YouTube aumento la velocidad de reproducción para que se acabe antes el vídeo.» M., 18 años.

Su carácter irreverente y su capacidad autodidacta harán que los integrantes de la generación Z estén continuamente formándose y construyendo sus propias formas de entender la vida. Pueden mezclar en sus perfiles profesionales especializaciones que en principio tienen poco o nada que ver, con lo que se consigue llevar a cabo procesos de pensamiento creativo divergente y poco ortodoxos a la hora de abordar problemáticas que van más allá del pensamiento racional o lógico y que propician nuevas e inesperadas soluciones y descubrimientos.

Favorecen la cooperación frente a la competición y priorizan la sostenibilidad en sus *start-ups*.[4] Son muy conscientes de las repercusiones que está teniendo el cambio climático y lo tienen en cuenta a la hora de innovar o de decidir en qué entidad quien trabajar.

Ahora que ya tienes un mapeo sobre la generación Z en general

---

4 Término inglés que hace referencia a las empresas emergentes, de nueva creación.

y sobre las generaciones que la precedieron y sucedieron, te propongo que pasemos todos estos datos a la realidad de nuestro país para que tengas ejemplos más concretos. Sigue leyendo.

ESCÁNER DE LA GENERACIÓN Z ESPAÑOLA

Son muchos los comentarios y titulares que escuchamos sobre la población joven, la mayoría de ellos cargados de adultismo, tecnofobia y de una gran homogenización (explicaremos con más detenimiento estos conceptos en el próximo capítulo). Que si son una «generación cristal»,[5] una «generación perdida», una «generación con derechos», que si son «muy vagos y solo quieren vivir de mamá y papá», que si son unos «ofendiditos»... ¿Te suena? Seguramente, si transitas por el cosmos de la redes sociales te resulte familiar... y también encontrarás titulares como estos en los medios de comunicación de forma masiva.

Visto en Instagram

«*Ofendiditx* (adj.): calificativo que se le aplica a una persona que exterioriza su incomodidad frente a comentarios o actitudes ofensivos hacia un colectivo socialmente oprimido.» Así empieza el primer *post* de la página de IG del proyecto @ofendiditx. Y continúa: «¿Alguna vez te has sentido incómodx en una conversación en la que considerabas que, desde el **privilegio**, se estaba menospreciando a un colectivo? ¿Te cabrea que esto se asuma con naturalidad y que nadie lo repruebe? [...] No promovemos una

---

5 Término acuñado por la filósofa Monserrat Nebrera y que englobaría a los hijos y las hijas de la generación X y que están en torno a los dieciocho años. Hace referencia a cómo esta generación (la X) atravesó carencias y se esforzó para evitar que su descendencia tuviera que atravesarlas, lo que provoca así que sea «de cristal» frente a las vicisitudes de las adversidades. A lo largo del libro analizaremos la tolerancia o no a la frustración y a la crítica de esta generación, y también si es correcto o no llamarla de este modo.

supuesta cultura de la cancelación, sino dejar claro que opresiones como el **racismo**, el machismo, el **clasismo** o la LGTBI-fobia NO son una opinión [...]». A través de *posts* y vídeos con unos diseños muy cuidados y atractivos, este colectivo de creadoras de contenido audiovisual formado por Ainhoa Rossi y Laura Ballestero se reapropia de este adjetivo utilizado de forma peyorativa para definir a las personas centenials y visibilizar estas violencias estructurales.

He creído necesario, frente a ciertos «neoadultismos», acompañar el libro con datos empíricamente demostrados que escanearan a la juventud actual, y para eso me he apoyado en este capítulo en el INE (Instituto Nacional de Estadística) y en el último Informe sobre la juventud española (a partir de ahora lo nombraremos INJUVE), que se elaboró entrevistando a 5.265 jóvenes de entre quince y veintinueve años durante los meses de finales de 2019 y después de la primera ola de la crisis sanitaria de la COVID-19 en 2020. Este informe tiene como objetivo trasladar qué es ser joven en España y lo hace desde una mirada poliédrica teniendo en cuenta el contexto educativo, laboral, de emancipación, reproductivo, actitudinal, político y sexual.

¿Por qué creo que este informe puede ayudarnos a centrar el tema del que quiero tratar en ese libro? Porque a lo largo de los trece capítulos del informe se muestran muchos datos y conclusiones en relación con la generación Z y con la generación milenial que iré poniendo en relación con algunos conceptos que vayan saliendo en los capítulos del libro. Además, comencemos ya en este capítulo a desgranar algunos de los datos y conceptos más destacables de los que habla este estudio. Estos son:

Emancipación

- España es uno de los países de la Unión Europea con una emancipación más tardía. La edad promedio de salida del hogar familiar se sitúa en los 29,5 años. Se trata de un problema estructural, ya que el estudio muestra que alrededor de la mitad de los y las jóvenes que viven en la casa de sus familiares querrían emanciparse, pero no pueden hacerlo por la falta de recursos y estabilidad económica.

- El sondeo realizado en julio (después de la primera ola de la COVID-19) refleja que solo un 32,8% se plantea en ese momento su emancipación. Se registra un descenso en el deseo de emanciparse de más de 15 puntos, el cual, además, es más acusado entre los y las menores de edad.

- En las personas jóvenes con ocupaciones menos cualificadas y de clases más humildes el impacto de la pandemia ha sido muy superior y con una mayor propensión a perder el empleo.

- Alrededor de 850.000 jóvenes menores de treinta años han salido de España para trabajar en el extranjero desde el año 2008 (año de inicio de la crisis económica). En 2019, esta fuga de cerebros fue de 23.000 jóvenes de entre veinte y treinta y cinco años. Regresaron menos de la mitad, unos 10.000.

- En el 2008 se alcanzaron niveles récord de precarización del mercado laboral, algo que ya venía dándose en determinados trabajos catalogados como de «poca cualificación». Desde ese año se cronifica la inestabilidad en los trabajos y la precarización de los mismos.

- Los hombres tienen una probabilidad menor que las mujeres de trabajar en un empleo temporal, disminuyendo en ambos géneros al tener más edad. Las personas jóvenes de clase trabajadora son más propensas a sufrir temporalidad que las que vienen de clase alta, incluso teniendo el mismo nivel educativo.

«Me fui de España al cumplir veinte años. Vengo de una familia numerosa migrante y, a los dos años de intentar estudiar una carrera (para llegar a la uni tenía que desplazarme cada día casi dos horas de ida y dos de vuelta), decidí que era mejor que me independizara y que el dinero destinado a mi carrera fuera para mis hermanos. Así que me puse a buscar trabajo. En España no había, así que migré a Alemania. He estado un año trabajando muy fuerte en hostelería, pero con un sueldo digno. Desde que llegó la COVID-19 llevo ya casi un año y

medio con idas y venidas en el trabajo. Ahora la situación está muy bloqueada en Alemania, cada vez la paga es menor y pensar en todo esto me provoca mucha ansiedad.» Mujer de 22 años.

Ocio

Los patrones de ocio son muy parecidos a los encontrados a los informes previos. Aparecen como novedad los juegos de apuestas (*online* y *offline*) en un 16,2% de la muestra, realizado principalmente por hombres jóvenes. El 12% dice hacerlo específicamente a través de Internet.

Sexualidad

- El 16% se declara no heterosexual. Se ha realizado el experimento de preguntar a la gente que se ubique como 100% masculino o 100% femenino, y solo el 75% lo hacen en los extremos. El resto tiene una categorización fluida.
- La edad del primer encuentro sexual con penetración se reduce en un promedio de 16,2 años. En otros estudios previos se encontraba un promedio de edad de 16,7 años.
- 1 de cada 10 hombres jóvenes declara que al menos ha pagado una vez en su vida por consumo de prostitución.
- El consumo de pornografía, al menos con carácter esporádico, es notable entre la juventud. Solo el 33% de la muestra total declara no haberla visto nunca. Por el contrario, un 7% declara ver porno cada día, un 11% apunta que 2 o 3 veces por semana y un 12% con frecuencia al menos semanal.
- Casi un 10% reconoce que ha mantenido relaciones sexuales que no habría querido tener y un 8% que ha hecho cosas durante la relación sexual de las que no tenía total convencimiento y luego se sintió mal. Las mujeres prácticamente les doblan en la categoría de «haber hecho cosas durante el encuentro sexual de las que no tenían total convencimiento».

Salud mental

- Entre un 25 y 40% declara que ha tenido problemas para conciliar el sueño, problemas de estrés y/o problemas de cambios de humor.
- La juventud se siente insegura ante su futuro. Esta percepción es extraordinariamente relevante: afecta a su salud física y mental, condiciona su rendimiento profesional y determina otras decisiones vitales, como el emparejamiento, la paternidad o la emancipación.

¿Sabías que...?

Según la Organización Mundial de la Salud (OMS), la depresión será la primera causa de muerte de jóvenes y personas adultas en 2030. Actualmente, entre la población de quince a veintinueve años la segunda causa de muerte es el suicidio.[6] La generación Z está reivindicando que nos tomemos en serio estos datos, y exigen una atención a la salud mental pública y de calidad. Una muestra de sus movilizaciones es la manifestación estatal #StopSuicidios que se convocó el 11 de septiembre de 2021 en Madrid.

Interés político-social-ciudadano

- Alrededor del 37% de las personas jóvenes que declaran que están muy o bastante interesadas en la política (muy similar a los datos que aparecen en población adulta) participan en ella

---

6 Durante la revisión del texto aparece la noticia en julio de 2021 de que el suicidio ya se ha convertido en la primera causa de muerte entre la juventud española. Puedes verla aquí: https://www.heraldo.es/noticias/nacional/2021/07/25/el-suicidio-se-convierte-en-la-primera-causa-de-muerte-entre-los-jovenes-1508739.html.

a través del voto, las personas mayores de edad, y usando la tecnología y campañas en Internet.

- Los temas que más los movilizan son los de igualdad de género, la educación y el medioambiente, y se observa mucha más participación en las mujeres.

- Se han identificado tres grandes categorías: políticas públicas (economía, seguridad, educación, vivienda y trabajo), política tradicional (política social, elecciones, partidos y UE) y nuevos temas (derechos LGTBQIA+, derechos de los animales, cambio climático e igualdad de género).

- En general, aunque la gente joven siente insatisfacción con la democracia, como la mayoría de la población española, no lo está en mayor proporción ni muestra más autoritarismo en comparación con la gente de más edad.

- La mayoría de la juventud se informa sobre política a través de Internet más que a través de los medios de comunicación convencionales.

- Cuando se les pregunta sobre los tres acontecimientos más relevantes de los últimos treinta años consideran que han sido: el 11-S, el conflicto catalán y el cambio climático.

«Necesitamos que los políticos se impliquen y se creen leyes para regular la emisión de contaminantes. Además de ser activista en una plataforma que quiere hacer incidencia a nivel político sobre el cambio climático, a pequeña escala mi entorno y yo hacemos todo lo que está a nuestro alcance y que toda la población debería hacer: reciclar, no desperdiciar agua, consumir moda sostenible, utilizar transportes públicos y compartidos, reducir el consumo de carnes y pescados, comprar lo que se pueda al peso con envases reciclados e intentar que la ropa sea reciclada. Ahora mismo estoy creando mi propia compostera.» T., 23 años.

¿Sabías que...?

El 90% de la población española considera que el cambio climático es un tema muy preocupante, situándonos así al frente de la Unión Europea en cuanto a grado de preocupación, el cual ha ido en aumento en las últimas décadas, con una gran concienciación entre jóvenes de la generación Z. Según el INJUVE, 4 de cada 5 jóvenes se interesan por las cuestiones vinculadas con el medioambiente. De hecho, el 47% declara preocuparse por el tema entre un 9 y un 10 (siendo este último el valor máximo) frente al 17% de la población adulta. El 14,9% de las personas jóvenes han participado en manifestaciones, huelgas o protestas por el cambio climático en los últimos 12 meses, solo por detrás de su implicación en eventos análogos por motivos educativos (15,5%) o asociados al **feminismo** y el 8-M (29,6%).

- Aproximadamente la mitad de las personas encuestadas declaran que en algún momento han ayudado a su vecindario a hacer la compra o les han atendido en la situación de confinamiento.
- El 90% del total de las personas jóvenes declaran que cumplieron estrictamente con las instrucciones de las autoridades, incluso aunque a veces no estuvieran de acuerdo con ellas o dudaran de su efectividad. Son las mujeres y la parte más joven de la muestra quienes señalan haber cumplido todas las directrices en mayor medida.

Internet

- La brecha digital en nuestro país ha ido disminuyendo. En 2018 el acceso a Internet en los hogares era del 86,4%, frente al 91,4% en 2020.
- El consumo diario de Internet es también muy notable. Más de la mitad pasa de media tres horas diarias en la red. Si se suma

la categoría de las que pasan entre dos y tres horas, hablaríamos de tres de cada cuatro jóvenes. En todo caso, las más jóvenes son las que señalan un consumo más regular de Internet, apuntando un patrón marcadamente generacional.

Equidad

- Se observa una brecha de género en cuanto al trabajo doméstico. Las mujeres dedican 4 horas al día, frente a las dos horas de los hombres de entre quince y veintinueve años.
- Se identifican con la palabra «igualdad», pero no con el feminismo. Cae el apoyo al feminismo respecto a la igualdad de género.

«Me estabas cayendo bien hasta que has dicho que eras feminista.»

Después de llevar más de una hora en una actividad que versaba sobre la igualdad de oportunidades, un alumno de dieciséis años me manda este mensaje vía DM (mensajería privada de Instagram). Me pilló por sorpresa y encaja con algo que viene pasando desde 2019 y que tiene que ver con lo que reflejan los datos del INJUVE y los informes del Centro Reina Sofía sobre Adolescencia y Juventud: la politización del término feminista y la demonización del mismo ha vuelto a suceder en los últimos años después de sentir que desde 2015 por fin se comprendía el verdadero significado del feminismo. Nos encontramos en un momento de polarización con sectores muy reactivos frente al avance de la equidad.

- Respecto a las desigualdades por cuestión de género, el 80% de las mujeres se sienten interpeladas frente al 60% de los hombres. Solo el 54% de los hombres se identifican con el feminismo, frente al 80% de las mujeres. La juventud de entre quince y diecinueve años muestra mayor tolerancia al **sexismo**.
- La gran mayoría de las personas jóvenes desaprueban las con-

ductas de control en el seno de la pareja, si bien este rechazo es un poco inferior entre jóvenes de quince y diecinueve años.

UNA JUVENTUD MÁS DIVERSA, CONCIENCIADA Y ACTIVA

Si hacemos una lectura global de los datos del INJUVE, podremos corroborar la necesidad de desterrar muchos de los mitos que tenemos interiorizados sobre las personas zoomers. A lo largo del libro iremos hablando de algunas de las cuestiones que se han mencionado, pero a grandes rasgos podemos decir que nos encontramos frente a una juventud solidaria, activa políticamente, responsable, que tiene conciencia de las desigualdades e injusticias sociales, preocupada por el cambio climático, la educación, la precarización y la igualdad entre hombres y mujeres. La juventud actual participa activamente en las injusticias sociales y son agentes claves en la transformación social que realizan de diversas formas, incluyendo la digital.

Si tuviera que elegir un concepto que describiera a esta generación, sería el de «resiliencia». La generación Z ha vivido sistemáticamente las diferentes crisis y retrocesos económicos desde 2008. Actualmente encontramos que el 40% considera poco o nada probable encontrar trabajo en el próximo año, y la esperanza de emancipación ha bajado 15 puntos si la comparamos con el momento pre- y pos-COVID-19. La juventud es la población que más está acusando la precarización, la incertidumbre y la inestabilidad y la explotación laboral. Los datos disponibles sobre la salud mental en los y las jóvenes nos hablan de un disparo de depresión, ansiedad, suicidios e inquietud asociado a la incertidumbre.

«Que no tenemos futuro»,[7] respondió una niña espontáneamente cuando un presentador de televisión le hizo la manida pregunta de qué había aprendido sobre el coronavirus. Se me pusieron

---

7   Gaibar, Lis, y Varea, Pedro. «Generación de cristal, ¿por lo frágil o por lo transparente?», *El Salto Diario*, 2021.

los pelos de punta y me acordé de Viktor Frankl. Viktor Frankl fue un psiquiatra y neurólogo que sobrevivió a varios campos de concentración nazi y autor del *best seller El hombre en busca del sentido*. En este libro, después de su experiencia como superviviente de cuatro campos de concentración, incluido el de Auschwitz, describe cuál ha sido el ingrediente necesario para sobrevivir: sentir y tener claro cuál es el sentido en nuestra vida. ¿Qué futuro estamos dejando a los y las centenials? ¿Cómo los estamos tratando en el presente? ¿No crees que si seguimos menospreciando sus formas de vida, ideologías, pensamientos y manera de actuar y desoyendo sus necesidades, no estaremos haciendo más que pintar para ellos un futuro muy oscuro?

Creo que como sociedad nos toca poner el foco en cómo asegurar una vida digna a las personas zoomers, pues son el futuro (y el presente). ¿Cómo hacerlo? Primeramente abriendo los ojos y viéndolas como se merecen: como personas activas, con agencia y comprometidas, con grandes inquietudes, revolucionarias y emprendedoras. Y, para seguir y entre otras cuestiones, tratemos de facilitarles el acceso y la regulación a la vivienda, puestos de trabajo dignos y un acceso público y universal a una salud mental de calidad. Este podría ser un buen punto de partida. Pero, sobre todo, vamos a escucharles. Porque ya no se callan, y están gritando bien fuerte cuáles son sus demandas.

CAPÍTULO 3

NECESITO MÁS DATOS ANTES DE SABER QUIÉN ES BAD BUNNY

Si no sabes quién es Bad Bunny, que no cunda el pánico. Eso sí, te sugiero que lo vayas buscando en YouTube si quieres entender qué música escucha la generación Z. Y no, no te pido que para comprender a las personas centenials te conviertas en una de ellas, pero sí que las veas desde tu prisma adulto con menos prejuicios en tu mirada. Y, para ello, necesitas manejar algunos conceptos más que se nos han quedado en el tintero. Además, te aseguro que cuando acabes de leer este capítulo podrás sacar un diez en el test final.

No se puede comenzar a construir la casa por el tejado, y para saber qué les gusta a las personas centenials, cómo se comportan y cómo podremos acercarnos a ellas para comprenderlas (esto te lo explicaré en el próximo capítulo, todavía estamos con los cimientos), tras los primeros datos y conceptos que arrojábamos en el capítulo anterior valiéndonos del INJUVE, creo que ya está asentada la base para continuar con algunos conceptos teóricos más que te ayudarán a llegar hasta la generación Z de un modo más real y sin tantos falsos mitos. Empecemos.

ORFANDAD DIGITAL

En la sociedad de la comunicación[1] virtual nos encontramos con una dicotomía debida a la brecha digital: la coexistencia de migrantes y nativos digitales. La natividad digital haría referencia a las personas que han crecido en la era digital y que están familiarizadas con los sistemas digitales. Con lo cual, tú (y yo) seríamos migrantes digitales al haber nacido en la era predigital, esa era en la que la que teníamos todo un sistema de comunicación basado en llamadas perdidas, redes como Messenger y MySpace y en la que era inconcebible usar el teléfono fijo e Internet a la vez, así como tener más de 128 K de velocidad de red. Y eso nos colocaría al otro lado de la natividad digital, la de las personas centenials que no han conocido sus vidas sin el acceso a Internet.

A las personas nacidas en la era pretecnológica nos preocupa que nos tachen de personas torpes en la era digital y, a la vez, nos venden el entorno virtual como un mundo lleno de peligros y narcisismo. Esto no ayuda a que nos acerquemos al mundo de la generación Z, provocando la llamada «orfandad digital», o, lo que es lo mismo, que no nos involucremos en el acercamiento de las infancias al universo *online* dejándoles huérfanas digitales y haciendo que se vean en la obligación de averiguar en solitario el buen uso de las redes.

Y no sé a ti, pero a mí personalmente no me gustan los binomios. No me los creo del todo. Y, además, me llegan *e-mails* de zoomers con todo el texto del mensaje escrito en el recuadrito del asunto, es decir: no saben dónde se redacta el *e-mail*, mientras que, por otro lado, veo cómo mi madre, con setenta y cuatro años, aprendió a controlar quién del grupo familiar había leído los mensajes y quién no (vaya, que mi madre es lo que ahora llamaríamos ahora una *stalker*, que es muy cotilla, vamos). Del mismo modo que sabemos que aunque nos quedemos ojipláticos cuando vemos a una criatura que aún no tiene desarrollado el lenguaje manejar con gran

---

1 Prensky, Marc. *On the Horizon*, 2001.

destreza los aparatos tecnológicos del hogar, eso no significa que disponga del conocimiento de lo que pueden implicar ciertas acciones que haga a través de ellos y tenemos que acompañarle a poner una mirada ética y de cuidados y explicarle las implicaciones de estas acciones. Quizá todas las personas, adultas y jóvenes, deberíamos involucrarnos en el mundo digital que nos rodea (en el que, por cierto, siguen existiendo los *e-mails*) para poder crear simbiosis y que no exista esta dicotomía entre personas que no saben lo que es un *smartphone* y otras que no consiguen abrir el Gmail.

Visto en Facebook

La cómica Martita de Graná (@martita_de_grana) nos cuenta con mucho cariño y humor en este breve vídeo cómo su madre está aprendiendo a usar las redes sociales. Seas de la generación S, X, o Y, seguro te ves de alguna manera reflejado o reflejada.[2]

Nos gusten más o menos, las redes sociales han llegado para quedarse. Y seguro que tienes cerca a grandes docentes capaces de enseñarte todo lo que se puede llegar a hacer con las **TRIC**. Pero, claro, debes cuidar la actitud con la que te acercas a este universo posmilenial. Porque si cuando tenías quince años eras, por ejemplo, fan de Bon Jovi y algún familiar o profe se hubiese acercado con cara de asco a tu carpeta llena de recortes de tu ídolo y te hubiese preguntado por él con un tono despectivo, obviamente te habrías cerrado en banda (y con razón), ¿no? Pues lo mismo, cuando averigües quién es Bad Bunny no sueltes un comentario despectivo del tipo «la juventud de hoy en día no sabéis lo que es la buena música», y déjate llevar para comprender.

---

2 Puedes ver el vídeo aquí: www.facebook.com/watch/?v=639781843216112.

ADULTISMO Y JUVENOFOBIA

¿Sabes lo que quiere decir «**adultismo**» o «**adultocentrismo**»? ¿Y «juvenofobia»? De primeras estas palabras pueden sorprender, pero cuando conozcas la definición no pararás de ver adultismos por todos lados. O de recordarlos en tu propia historia de vida.

El «adultismo» o «adultocentrismo» es el conjunto de una serie de conductas, actitudes y creencias basadas en la diferencia de poder derivada de la edad, que conducen a la discriminación, opresión y la desvalorización de la niñez y la juventud. Es una forma de la opresión experimentada por infantes y jóvenes por parte de las personas de más edad y los sistemas que estas crean, en función de sus intereses y necesidades.

«Muchas veces me pasa con mis padres que, cuando no saben cómo rebatirme, me dicen cosas como "cuando seas mayor... comerás huevos" o "tú qué vas a

saber, si eres solo un crío", me pasa incluso cuando hablamos de temas sobre los que tengo conocimiento. Cuando vamos a una cafetería con los amigos nos atienden los últimos, aunque llevemos más tiempo esperando. También he notado que hay personas que nos miran mal, como si fuéramos delincuentes, aunque estemos tranquilamente escuchando música en un parque.» A., 16 años.

El adultismo está tan normalizado en nuestra sociedad que a veces no nos damos cuenta hasta que reparamos en ello. ¿No te suena esa frase de «respeta a tus mayores»? Pues ahí lo tienes. Está claro que las personas mayores merecen respeto, pero ¿no merecen acaso respeto las criaturas y la juventud en general? También podríamos analizar, por ejemplo, cómo las leyes están centradas en las personas adultas, cómo no dejamos que las infancias tomen el control sobre decisiones que afectan a sus propios cuerpos, como, por ejemplo, cuando les obligamos a que les den besos a otras personas cuando no quieren. Sin darnos cuenta también les deslegitimamos, e incluso les ignoramos cuando se expresan o comparten preocupaciones con frases lapidarias como «son cosas de la edad», «se pasará», «cuando crezcas, hablaremos», «tú no sabes nada de la vida» y un largo etcétera.

Las creencias son los componentes básicos de nuestras experiencias: la estructura interna de quiénes somos, de cómo nos mostramos a los demás y de cómo interactuamos con el mundo. En un experimento que hicimos y que grabamos en un vídeo,[3] preguntábamos por la calle a personas aleatorias qué pensaban sobre las adolescencias actuales. Las respuestas fueron del tipo: están perdidas, son unas vagas, son más machistas que antes, no tienen valores, se relacionan menos, piensan nada más que en ellas, hemos retrocedido, hay mucho libertinaje... Fue bastante impresionante que el único adjetivo positivo que escuchamos en esa tarde de grabación fue el de «frescas», haciendo referencia a la frescura que tenían. Como reflexionábamos en el anterior capítulo, ¿hasta qué punto se ha creado, a través de titulares sensacionalistas sobre los comporta-

---

3   Puedes encontrar el vídeo aquí: https://www.youtube.com/watch?v=IhCjLfy79Gg.

mientos de la juventud, un imaginario que los demoniza por completo y que nada tiene que ver con lo que nos muestran los datos empíricos? Sí, la juvenofobia existe y debemos derribarla.

La juvenofobia se encontraría dentro del adultismo y se centraría en el odio o rechazo a la juventud actual. Hemos podido ver esta demonización de la juventud que existe en nuestra sociedad, por ejemplo, en la difusión masiva de mensajes y vídeos que señalaban a la población joven como causante de la propagación de la COVID-19. Esto ha abierto aún más la brecha entre generaciones y niega una realidad: la juventud ha respetado las normas como sus mayores e, igual que sus mayores, también ha habido casos aislados de desobediencia. Ni más ni menos.

Visto en YouTube

Han sido muchos los cuestionamientos sobre la falta de responsabilidad de la juventud que se han lanzado[4] durante los meses de estado de alarma. Dentro del proyecto Psico Woman queríamos visibilizar otras realidades que estaban pasando desapercibidas sobre las buenas prácticas de las personas zoomers durante la crisis sanitaria, y para ello hicimos un conversatorio con una profesora centenial sobre la juvenofobia y la situación de la juventud durante la COVID-19.

En el vídeo se puede constatar algo que ha confirmado posteriormente el estudio INJUVE: los datos muestran que la mitad de las personas jóvenes se han implicado en colaborar con su vecindario, que el 90% cumplió estrictamente con las instrucciones de las autoridades incluso aunque no las consideraran efectivas y aun sabiendo que conllevarían secuelas a nivel motivacional y de salud mental.

4 Puedes ver el vídeo aquí: https://www.youtube.com/watch?reload=9&v=3F6PFxG8PTo&feature =emb_title.

Pero esto no es nuevo. Aristóteles ya decía lo siguiente: «Los jóvenes de hoy en día no tienen control y están siempre de mal humor. Han perdido el respeto a los mayores, no saben lo que es la educación y carecen de toda moral». Qué bonito. Pondría la mano en el fuego ratificando que Aristóteles (Ἀριστοτέλης) no tuvo una infancia fácil ni una juventud disfrutona, que quizá le tocó crecer demasiado rápido y que al ver ciertos comportamientos en la juventud que lo conectaban con todo lo que no había podido tener a esa edad proyectaba sus carencias en forma de frustración y rechazo. Aristóteles, cariño, si yo te pillase ahora, te invitaba a mi consulta a que integráramos y abrazáramos a tu «yo» adolescente. Una pena.

Si a este imaginario colectivo tan desesperanzador sobre la juventud le sumamos las connotaciones tecnófobas (rechazo a las nuevas tecnologías) y neófobas (rechazo a lo nuevo) que rodean al entorno digital, nos encontramos con un cóctel molotov que nos lleva a leer artículos donde definen a esta generación como generación «perdida», «vacía» o «blanda».

Y qué quieres que te diga, me parece un poco soberbio utilizar estas palabras (con la connotación tan fuerte que tienen, además) para definir a las personas que forman parte de una generación que, entre otras cosas, ha sobrevivido a dos crisis económicas y una epidemia mundial (en la que no se han priorizado para nada sus necesidades) y que siguen asistiendo a un sistema educativo que, en general, no está nada adaptado ni a las formas que tienen de adquirir conocimientos ni fomenta las inteligencias necesarias para desenvolverse en un mundo marcado por la incertidumbre (las inteligencias que se suelen medir son la logicomatemática y la lingüística, dejando a un lado fortalecer la inteligencia creativa, intrapersonal, emocional y colaborativa). La juventud actual también ha crecido en sistemas familiares atravesados por crisis y por miedos. Les seguimos diciendo lo que tienen que estudiar (aunque no les guste) porque tiene «más salidas laborales», cuando en realidad la mayoría de los trabajos que desempeñarán los tendrán que crear por su propia cuenta. Denostamos su mundo y su forma de relacionarse. Y, aun así, van superando día a día todos estos obstáculos e incomprensión. Así que, para parar esto, yo te propongo que hablemos de generación resiliente o, como a mí me gusta decir: **#GeneraciónEncontrada**.

*«El instituto solo mide dos tipos de **inteligencias,** y quien no las tiene o no se les da bien el sistema de evaluación se siente infravalorado e inútil. Este sistema educativo provoca que muchas personas se desmotiven y fomenta la competitividad entre nosotros. Yo estoy en bachillerato y siento la presión y la competitividad por las notas, lo noto también en los profes, que quieren que saquemos notazas para que luego el insti quede bien. A veces me pregunto por qué hago bachillerato y pienso: "¿Para qué me va a servir todo esto?". Me gusta mucho aprender, pero siento mucha presión. Siempre he sido de "buenas notas", así que tanto yo como mi alrededor me presionan para que las siga sacando. Se supone que voy al instituto para poder ser en el futuro una ciudadana adulta y para desempeñar un buen trabajo, para saber llevar todo el tema de las cuentas bancarias, las facturas…, pero lo que consiguen con tanta presión por las notas (y por suponer que estas reflejan lo que valemos) es desmotivarnos y que no nos apetezca aprender.» N., 16 años.*

A tener en cuenta

Si pones este *hashtag* en redes: **#GeneraciónEncontrada**, podrás acceder a mucho contenido en el que se refleja esta otra parte de la juventud actual. Una parte que, por desgracia, no siempre sale en los medios.

ALARMA: LOS Y LAS JÓVENES SOLO VAN DE BOTELLÓN

El informe INJUVE arrojaba algunos datos en cuanto al ocio de la juventud, un ocio que, en las noticias, siempre pasa por alcohol, aglomeraciones, basura por las calles, botellón, peleas, *balconing* y otras cuantas cosas más acabadas en «-*ing*». ¿La juventud se divierte solo dándose al vandalismo, o es que tenemos muchos prejuicios sobre su modo de irse de fiesta y de divertirse y de sus hábitos de vida en general? Creo que todo apunta más a la segunda opción, y los medios no nos ayudan a deshacernos de esta visión tan sesgada.

Lo cierto es que cuando ponemos a un lado los titulares alarmistas sobre la juventud actual y nos centramos en estudios comparativos entre décadas (realizados previamente a la crisis sanitaria) sobre el ocio y estilo de vida en la juventud encontramos que:

- El porcentaje de jóvenes que fuman con quince o dieciséis años se ha dividido entre cuatro desde 2002. Apenas son el 5%, según el estudio HBSC, auspiciado por la Organización Mundial de la Salud (OMS).
- En dos décadas se ha reducido a la mitad el consumo de cocaína, éxtasis, alucinógenos y anfetaminas, según datos del Plan Nacional sobre Drogas.
- Las adolescencias beben menos: solo el 8% toma alcohol cada semana, una tercera parte respecto a 2006. El 76% cree que tomarse cinco o seis copas un fin de semana puede causar «bastantes problemas».
- Solo el 26% de jóvenes entre quince y veinticuatro años sale de noche casi todos los fines de semana, frente al 64% de 1996.
- El abandono escolar se ha reducido (del 31 al 18% actual) y hay más población universitaria (el 40% está en la universidad entre los veinte y los veinticuatro años, mientras que en 2005 eran el 28%).
- El 89% de jóvenes lee libros, frente al 72% de 2006.
- Solo el 12% dice haber sufrido *bullying*, comparado con el 24% que decía lo mismo en 2002.
- Toman más verdura, menos dulces y muchos menos refrescos azucarados. No presentan más gordura ni más delgadez que en 2002.
- ¿El deporte? No se sienten más activos que hace una década, aunque ahora las chicas hacen más ejercicio.

• Son más felices. Las adolescencias que están muy satisfechas con su vida han pasado de ser un 28% a ser un 44% desde 2002.[5]

«Las fiestas forman una parte importante de nuestras vidas porque nos gusta pasarlo bien, pero no es lo único que hacemos ni mucho menos. De hecho, no es que estemos siempre de fiesta. Muchos fines de semana vamos a dar una vuelta por ahí, escuchamos música, paseamos con las bicis…, y luego también vamos a grupos extraescolares según los intereses de cada uno. Algunos bailamos, hacemos deporte, música… Ahora, con el estado de alarma, se nos está limitando mucho, pero todos en mi grupo cumplimos las normas. Seguro que hay gente que se está saltando las normas (al igual que en el grupo de los adultos), pero en general no veo que esté pasando eso.» Alumno de 1.º de bachillerato.

Visto en Instagram

Comando Z (@somcomandoz en Instagram) son un grupo de jóvenes de la generación Z que han decidido hacer visible cómo conviven con la pandemia y mostrar que sí son parte de la solución. Con el *hashtag* #GeneraZióResponsable visibilizan a esa mayoría silenciada de centenials que se enfrentan de forma responsable y solidaria a la pandemia.

«Yo creo que tienen envidia», me dijo una vez una alumna, y continuó: «Ven que tenemos muchas cosas que ellos no pudieron tener porque les tocó vivir otra época y entonces les da coraje. Y en vez de pensar "mira qué suerte la de esta generación", empiezan a criticarnos y a decir que no nos podemos quejar porque lo tenemos todo, y seguramente tengamos cosas que para ellos era impensable con nuestra edad, pero nos han faltado otras muchas que no son capaces de ver».

Para comenzar a acercarnos a la generación Z, tarea en la que nos centraremos de lleno en el próximo capítulo, debemos hacer

5 Llaneros, Kiko. «Los jóvenes de la generación Z son más cautos que los milenials (y más felices)», *El País*, 2020.

un trabajo de deconstrucción de nuestros adultismos y creencias interiorizadas sobre la juventud actual. Y, como creo que ninguna persona está exenta de ser un «poquito Aristóteles», te invito a que hagas estos ejercicios.

RECONOCIENDO NUESTROS ADULTISMOS

En mi evolución como docente ha sido clave poder detectar los adultocentrismos que realizaba yo misma con el alumnado sin ser consciente de ello. ¿Eres capaz de detectar los tuyos? Te propongo que pienses en tres situaciones de la última semana en las que hayas sentido que desvalorizabas a una persona más joven que tú poniéndote en un lugar de poder. Si no se te ocurren ejemplos, te invito a que preguntes a las adolescencias que tengas cerca si saben lo que quiere decir «adultismo». Si no lo saben, explícales lo que es y vuelve a preguntarles entonces si creen que tú tienes actitudes adultistas. Escucha los comentarios que te devuelvan y cread un espacio conjunto para que cuenten cómo se sienten cuando viven esas situaciones.

NOS PROYECTAMOS TODO EL TIEMPO

La proyección es un mecanismo de defensa con el que atribuimos a otras personas cualidades que nos son propias. Pueden tratarse de cualidades positivas, pero con frecuencia se trata de nuestros defectos y carencias. ¿Has escuchado eso de que cuando señalas las actitudes negativas de alguien con un dedo estás señalando a esa persona y con los otros cuatro te estás señalando a ti? Seguro que si convives o has convivido con alguien, se te ocurren varios ejemplos en los que te has proyectado. Para evitar proyectarnos en la generación Z o T necesitamos poner en práctica el autoconocimiento. El conocimiento profundo de nuestras «luces» o aspectos de los que somos más conscientes y consideramos positivos, pero también de nuestras «sombras» o aspectos que ocultamos para integrarlos y que no se manifiesten continuamente en forma de proyecciones.

Muchas veces, cuando trabajo con profesorado les invito a hacer el siguiente ejercicio. Les cuento que cuando alguien nos provoca mucho rechazo se debe a lo siguiente: o bien está relacionado con algo que la otra persona tiene y que tú tienes también y que preferirías no tener, o bien con algo que anhelarías poseer. Por ejemplo, el otro día hablaba en una formación de que nos proyectamos todo el tiempo, y una profesora decía que le provocaba mucho rechazo una alumna que hablaba muy alto, se hacía notar y era muy directa. Decía que no tenía nada que ver con ella, que no entendía por qué le pasaba. La pregunta aquí sería: ¿te gustaría haber sido en tu vida más «echada para adelante», que tu voz hubiese tenido más fuerza y poder haber tenido así más presencia en el grupo? La profesora se quedó pensando en ello. Quizá lo más potente de hacer este ejercicio (que podemos hacer en cualquier área de nuestra vida, por ejemplo; a nivel de pareja o de colegas de trabajo ya suelen salir cosas muy interesantes)[6] es que cuando haces consciente lo inconsciente se desactiva ese rechazo, y quién sabe si terminarás cogiéndole cariño a esa persona que te recuerda ahora, de alguna manera, a ti...

RECUPERA A TU YO ADOLESCENTE

Nuestro yo infante y yo-adolescente nos acompaña cada día de nuestra vida «adulta». Podemos tener más o menos años vividos, pero te aseguro que el infante que eras, al que le hacían el vacío a veces, el que, por causa de su aspecto, sufría burlas, al que le ponían motes, al que no elegían a la hora de hacer equipos en Educación Física, o el que, alguna vez, se sintió abandonado por quien se suponía que debía protegerlo, sigue viviendo en ti.

Para que puedas reconciliarte con tu yo adolescente y así comprender a las adolescencias de tu alrededor de un modo más positivo

---

6 Este ejercicio no se debe aplicar en relaciones en las que hay un ejercicio de poder, dominación y sometimiento.

vamos a reconectar e integrar esa parte de ti, ya que es indispensable hacerlo si estamos cerca de adolescentes para evitar proyectarnos. Te propongo que, si tienes una foto tuya de adolescente, te la pongas a la vista. Si no, puedes cerrar los ojos, respirar y traer a tu mente a tu yo adolescente. Pon atención a qué ropa llevabas, cuáles eran tus prendas preferidas y qué tipo de moda te definía. Recuerda si esa ropa tenía que ver con algún «estilo urbano» y qué opinabas de la gente de otros estilos que nada tenían que ver con el tuyo. Intenta recordar también cómo te sentías con las personas que considerabas que eran como tú. Recuerda qué música te gustaba, qué grupo o grupos eran tus preferidos y qué discos eran esos que te sabías de memoria (y que seguramente aún te sigues sabiendo). ¿Quién era tu artista o figura deportiva preferida? ¿Tenías fotos, pósteres o algo de tu ídolo colgados en la habitación?

Si puedes, vuelve a la casa en la que vivías cuando eras adolescente, recuerda cómo era tu cuarto, en qué parte de la casa te sentías mejor y dónde pasabas más tiempo. Recuerda si la intimidad era algo importante para ti y cómo la conseguías. Piensa si sentías compresión por parte de tus referentes y qué cosas te gustaba contarles o no. Recuerda cómo negociabais el tema del ocio, las horas de salida y las amistades.

Colócate ahora en el centro educativo en que el que estudiabas. Recuerda dónde te sentabas, quién te caía mejor de la clase, quién peor... y recuerda cómo te llevabas con el profesorado. ¿Te hacían sentir que valías? ¿Sentías que te escuchaban?

Acuérdate de tus amistades de la adolescencia, de lo que significaban para ti. ¿Qué hacíais para divertiros? Recuerda cómo te sentías con tu cuerpo cuando empezó a cambiar. ¿Tenías complejos? ¿Qué te preocupaba especialmente? Y ahora vamos a recordar a tu **crush**, o sea, a tu flechazo de la época... ¿Quién te atraía muchísimo? ¿Cómo te sentías cuando esta persona estaba cerca? Puedes recordar también quién fue tu primera pareja. ¿Recuerdas lo que sentías con tu «primer amor»...? ¿Cómo fueron tus primeras vivencias en la sexualidad? ¿Qué te hubiera gustado que te contaran que desconocías...? Y ahora vas a colocarte en tu habitación de adolescente. Si quieres, puedes decirle algo a tu yo adolescente, puedes invitarlo a que se vaya contigo y enseñarle un lugar que sea especial para ti, o simplemente te puedes despedir.

¿Qué tal ha ido? Seguro que en tu adolescencia, fuese mejor o peor, te hubiese gustado que alguna persona adulta hubiese estado más involucrada a la hora de comprenderte y de darte herramientas para lidiar con ciertas situaciones que quizá aún no comprendías, ¿verdad? ¿No crees que es un regalo poder ser ahora tú esa persona? Yo creo que es un gusto ayudar a crecer a una persona y crecer aprendiendo con esa persona. Así que, ahora que ya sabes mucha más teoría, conceptos y datos sobre la generación Z, no veo ninguna excusa para no intentar acercarte a ella de un modo proactivo y libre de pesimismos.

ME HA QUEDADO CLARO LO DEL ADULTISMO, PERO AÚN NO SÉ QUIÉN ES BAD BUNNY

Y después de tanta charla y ejercicio vamos a lo verdaderamente importante de este capítulo: cómo saber quién es Bad Bunny. Y, para saberlo, qué mejor manera que pedirle a alguna persona zoomer que te cuente quién es, o que es el K-pop, a qué *gamers* sigue, cuáles son sus filtros preferidos de IG (Instagram), quién es su *crush* o qué tipo de música hace Billie Eilish.

Porque, además, que en esta sociedad tan adultocéntrica nos acerquemos a las nuevas generaciones dándoles el título de «expertas» provocará una grata sensación en las personas centenials. Si me estás leyendo en calidad de padre-madre-tutor o tutora y estás pensando «ni siquiera de esta manera me va a dejar acercarme» simplemente quiero decirte dos palabras: ánimo y paciencia (esto pasará). Y, para que pase, me dedicaré, a partir de las siguientes páginas, a darte algunas herramientas para lograr este acercamiento. Ten en cuenta siempre que hay adolescentes que necesitan en su proceso de individualización alejarse de todo lo que tenga que ver con sus referentes (para seguir siendo exactamente iguales y seguir en conexión, pero desde el polo opuesto). Si esta situación te provoca mucho malestar, busca redes de apoyo en otras familias que estén atravesando lo mismo. Y evitad comparaciones: recordad que hay tantas formas de vivir las adolescencias como adolescentes.

Si no queremos ser **boomers** tenemos que hacer cierta puesta a punto y actualizarnos constantemente, porque la velocidad de esta nueva era es abrumadora, la información se renueva cada día... ¡esto no para! Voy a compartir contigo un truquillo para que esta supervelocidad no se te haga demasiado compleja: métete en YouTube y clica en el símbolo de llama de fuego que encontrarás a la izquierda. Se abrirán cuatro pestañas: «música», «videojuegos», «noticias» y «películas», y se mostrarán las tendencias o vídeos más vistos en tu país. Puedes crearte un mapa interesante de lo que más se está consumiendo y así estar al día. No vamos a entrar aquí a cuestionar los algoritmos e intereses políticos de esta red social, pero, por si tenías dudas (y al igual que en todas las demás redes sociales), esconden un trasfondo poco inocente.

Y si con todo esto aún no has averiguado quién es Bad Bunny, yo te lo cuento: cuando descubrí el trap (estilo musical urbano y actual) del que Benito Antonio (sí, Bad Bunny se llama Benito, como tu abueli) es referente y empecé a ver videoclips me escandalicé mucho. Me parecía que estaban cargados de **violencia simbólica** hacia las mujeres y que fomentaban el consumo de sustancias. No lo entendía por ningún lado. Pero el caso es que en todas las formaciones me hablaban de sus cantantes referentes en la escena del trap. Así que decidí esforzarme y ponerme las pilas. Me fui a fiestas de trap en Madrid a observar, me leí un libro, empecé a estudiar a referentes interesantes en la escena del trap y me dediqué a analizar qué cosas me servían y podía rescatar de este mundo que tuviera que ver con lo que a mí me interesaba trasladar a las aulas. Y me hice cantante de trap (no, es broma, no os deseo que me escuchéis cantar nunca, aunque en el caso del trap lo de cantar bien es secundario porque usan un modulador de voz llamado «*autotune*» que podría hacer que fuese agradable hasta el grito de un gato cuando le pisamos la cola por descuido). Lo cierto es que tras mi primer acercamiento fallido, luego sí observé cosas muy interesantes, como lo inclusiva que era la escena con las personas jóvenes socialmente estigmatizadas por su diversidad cultural y de origen, nivel adquisitivo y/o diversidad corporal. O como muchos de los cantantes chicos dinamitaban con su **expresión de género** la típica imagen de tío-machote-malote.

Benito Antonio Martínez Ocasio, alias Bad Bunny («Conejo Malo» en inglés), es un joven puertorriqueño que nació nueve días después de Justin Bieber (¿casualidad?). Puedes amarlo u odiarlo, pero es un posmilenial que pasó de ser empaquetador en un supermercado a convertirse en el mayor referente mundial del trap latino. Es un artista polifacético (compone, edita y crea las bases) cargado de creatividad y de productividad (durante la COVID-19 sacó dos discos). Se ha visibilizado a favor de los derechos de la comunidad LGTBQIA+ y transgrede su normatividad de género.

«Que ahora haya hombres que se pinten las uñas y aparenten que tienen menos masculinidad tóxica no quiere decir que hayan hecho un trabajo de deconstrucción y despatriarcalización profundo», me decía la semana pasada en una formación una zoomer de dieciocho años. Y, respecto a este punto, cabe destacar que seguramente Benito tenga mucho camino que recorrer (al igual que todo el mundo) y es obvio que pone en el mercado letras cargadas de **sexismo** explícito (como pasa en cualquier género musical de forma más o menos implícita). Una profesora me decía que en su centro educativo había preparado una exposición con mujeres referentes del siglo XIX con mucha ilusión y no había tenido mucha acogida. Ella no sabía por qué y a mí me pareció que, quizá, lo interesante habría sido rescatar aspectos positivos de sus referentes actuales y ponerlos en relación con esas referentes del siglo XIX. Porque, además, sinceramente, con dieciséis años a mí me hubiera encantado poder seguir a personas como Nathy Peluso, La Pili, Billie Eilish, Lady Gaga, Lola Índigo, María José Llergo, Demi Lovato o Taylor Swift (entre muchas otras).

A mí no me gustaba el trap. No lo entendía. Solo destacaba los estereotipos que reproducía. Pero te voy a contar un secreto: el disco que más he escuchado y analizado (como buena psicoanalista friki) es *X100PRE*, de Bad Bunny. A veces el hacer el esfuerzo y «ponernos a punto» en el mundo posmilenial es costoso, pero te aseguro que los beneficios merecen la pena.

Como hemos recogido a lo largo del capítulo, debemos reconocer nuestros adultismos, recordar e integrar cómo era nuestra juventud y comprender que las herramientas y los lugares de socialización han cambiado, pero que los sentires, los anhelos, los deseos y las vivencias son los mismos en todas las generaciones. También debemos acercarnos al mundo zoomer con una mirada más limpia de juicios, mitos y tecnofobia, cuestionar el binomio nativo digital-migrante digital y responsabilizarnos de la importancia de estar más o menos al día del bienestar digital de las generaciones alpha y zoomer.

Hasta ahora hemos profundizado en las características de esta generación Z, en la contextualización intergeneracional, el adultocentrismo y en cómo acercarnos a su universo. Y dentro de su universo están las TRIC, en las que encontramos un sinfín de aplicaciones en las que es muy fácil perdernos. En el siguiente capítulo te acompaño para mostrarte lo más relevante de ellas y que puedas así acercarte a las personas zoomers desde dentro de su mundo y no como mera audiencia. Pero antes de adentrarte en el siguiente capítulo, te dejo con un test final; quiero asegurarme de que ya sabes quién es Bad Bunny...

Test: FRENEMOS LA ORFANDAD DIGITAL

1. Diría que Bad Bunny es:
   a) un *zoomer* que pasó de trabajar en un supermercado a ser el rey del trap
   b) un bailarín muy famoso que forma parte del elenco de JLo
   c) un conejo dibujo animado mascota de la compañía Warner Bros

2. El término «orfandad digital» hace referencia a:
   a) el estado en el que se quedan los hijos e hijas de familiares y referentes educativos que no se involucran en el acercamiento de los y las menores a las **TRIC**, dejándolos «huérfanos digitales»
   b) a la brecha digital que existe en el mundo

c) a la dificultad de acceso al mundo *online* que se tiene en determinados contextos geográficos

3. El adultismo tiene que ver con:
   a) crear leyes que no tienen en cuenta las necesidades de las infancias y de las juventudes
   b) negar el control sobre sus cuerpos a las infancias obligándolas, por ejemplo, a dar besitos aunque no quieran
   c) las dos son verdaderas

4. Para poder conocer el universo que rodea a las personas zoomers lo mejor que puedo hacer es:
   a) crearme una cuenta de Instagram y vigilar sus publicaciones
   b) acercarme a ellas con una actitud de interés genuino por sus gustos libre de juicios y de adultismo y preguntarles si quieren mostrarme, por ejemplo, quién es su tiktoker de referencia o artista que más les gusta
   c) buscar en YouTube cuáles son las tendencias del momento

5. Si analizamos los hábitos de ocio de la juventud actual en contraste con la de otras décadas observamos que:
   a) el consumo de THC se ha disparado en un 16%
   b) en dos décadas se ha reducido a la mitad el consumo de cocaína, éxtasis, alucinógenos y anfetaminas
   c) ha aumentado el consumo de alcohol en un 8%

Respuestas correctas: 1 a), 2 a), 3 c), 4 b), 5 b)

CAPÍTULO 4

¿TENGO QUE HACER TIKTOKS SI NO QUIERO PARECER UN *BOOMER*?

E l capítulo anterior terminaba con un test y este empieza con otro... Prometo que no voy a estar evaluándote todo el rato, pero me interesa que seas consciente del lugar del que partes... y que entiendas por qué en ocasiones se han referido a ti como *boomer*.

Test: EL FACEBOOK ES DE VIEJITOS

1. Musically es...
   a) como el **Tuenti**, pasó a la historia y no se nombra
   b) la versión antigua de TikTok
   c) las dos opciones son correctas

2. Facebook es...
   a) la red social más utilizada entre la juventud actual
   b) de «antiguos», es decir, de todo aquel de más de veintiocho años (XD)
   c) una red social que permite editar y compartir vídeos cortos tipo videoclips

3. La crisis de la COVID-19 provocó:
   a) que TikTok fuera la aplicación más descargada, por delante de Instagram
   b) que Snapchat se utilizara más que nunca
   c) que Mark Zuckerberg, el creador de Facebook que actualmente tiene el monopolio de las principales redes sociales, hiciera una fuerte donación de dinero para paliar los conflictos armados del sur de África

4. El principal uso que le dan las personas zoomers a las redes sociales tiene que ver con:
   a) relacionarse y estar en interacción con sus amistades
   b) descargar vídeos de YouTube
   c) escuchar música

5. Si no quieres parecer un **boomer**...
   a) deberías crearte una cuenta en Instagram y otra en TikTok
   b) tendrías que intentar usar palabras como «*crush*», «*cringe*» y «*wringe*»
   c) #ArribaLosBoomers. Ya está bien de clasificarnos y dividirnos todo el rato

Solución: 1 c), 2 b), 3 a), 4 a), 5 c)

No sé si te he abrumado un poco con tantos nombres de diferentes redes sociales o si ya tienes una cuenta en todas ellas. Por supuesto, no hace falta que te pongas a bailar en TikTok o que busques la mejor localización para la foto que cuelgues en Instagram si no quieres (oye, que si quieres, adelante, ya te aviso de que es muy divertido y que sin darnos cuenta entrenamos la creatividad y la inteligencia corporal y cinestésica), pero sí que estaría muy bien que sepas a qué nos referimos cuando hablamos de redes sociales y, por lo tanto, de avances tecnológicos de uso doméstico que han venido para quedarse. ¿Te animas a saber?

TECNOLOGÍAS DE LA INFORMACIÓN, RELACIÓN Y COMUNICACIÓN

Llevo años escuchando el concepto de «nuevas tecnologías de la información» para referirnos a las TRIC (tecnologías de la relación, información y comunicación). Te propongo eliminar esto de «nuevas» por dos motivos: porque en realidad no son tan nuevas y la neofobia (rechazo a lo nuevo) aumenta la brecha digital, y porque ya sabemos que en el entorno virtual todo va muy rápido y lo que llamamos «nuevo» hoy quedará obsoleto mañana mismo. Aún recuerdo cuando, hace ya años, en un centro educativo, a la pregunta del alumnado sobre qué redes sociales utilizaba, dije que Facebook y su espontánea respuesta fue: «¡Maestra, eso es de viejos!».

«Qué graciosa eres, Isa, que en vez de "TIC" dices "TRIC"», me comentaba entre risas una vez la concejala preparando una actividad en el Día Internacional de las Niñas en las TIC.[1] No me considero especialmente graciosa, ni me he equivocado a lo largo de los capítulos metiendo la «R» en «TIC». Las TRIC, frente a las TIC, ponen énfasis en el aspecto relacional y afectivo como principal uso de los dispositivos tecnológicos, que abren espacios que ofrecen nuevas formas de construcción del yo y de interacción social en un momento vital en el que estar en contacto continuo con tus colegas y sentirte parte de un grupo adquiere una especial relevancia. Muchas de las personas, y especialmente las nuevas generaciones, utilizaremos las TRIC, y en concreto las redes sociales, con la función de mantenernos en contacto y de relacionarnos.

---

1   Si te interesa el tema de las mujeres en las TRIC, puedes pasarte por esta playlist: https://www.youtube.com/playlist?list=PLapT7p-s-vz4Yz94iFUfgKq962IruGvpU.

PERO ¿QUÉ ES ESO DE LAS REDES SOCIALES?

El concepto de «red social» se ha ido resignificando a lo largo de los años, partiendo de la idea de red de personas conectadas en relación con un interés común, para llegar a la noción de las redes sociales como el enclave marco para la comunicación y las relaciones humanas. Las redes y las aplicaciones móviles representan en la actualidad un espacio de formación e información (y desinformación, ya que *fake news*, o noticias falsas, hay por todos lados), de interacción con un mundo globalizado, un lugar para ligar, de discusión política, de movilización social...Y un espacio en el que construimos nuestra identidad y subjetividad individual y grupal.

En las últimas décadas, el número de *apps* o aplicaciones de *software* han aumentado exponencialmente en relación con el auge de las redes sociales. Las aplicaciones de redes sociales proporcionan la posibilidad de que nos creemos un perfil en el que podamos construir la imagen que queramos transmitir y dar a conocer lo que queramos y como queramos de nuestra identidad real o ficticia. Las posibilidades performativas son infinitas. Hay perfiles con millones de *followers* en los que nunca hemos conocido la identidad de la persona que hay detrás, como los de @bebi_fer nandez o @lavecinarubia, otros en los que se utilizan tantos filtros que no reconoceríamos a esa misma persona por la calle (prefiero no citar ninguna cuenta, pero encontraríamos muchísimos ejemplos) y otros en los que se trata de visibilizar también los planos más des- favorecedores de la persona creadora de la cuenta (no sé tú, pero yo me sé de memoria cómo es la papada de @martita_de_grana, y me encanta, por cierto) o la parte menos «*wonderful*» o maravillosa de su día a día.

Según la teoría social de la autorregulación *online*,[2] usamos las redes sociales como medio para autorregularnos. WhatsApp, Face- book, Instagram, TikTok... funcionarían como recursos que nos permiten cubrir necesidades (de socialización, por ejemplo) y con- trarrestar nuestras deficiencias, produciendo un efecto positivo a nivel psicológico y social. En el siguiente capítulo abordaremos lo complejo que es en ocasiones encontrar una buena regulación y la cara B que puede conllevar el hecho de no conseguirla, como poner nuestra valía en el *like* ajeno convirtiéndonos en esclavos y esclavas de nuestras redes.

La generación Z utiliza principalmente estas aplicaciones para relacionarse con otras personas e intercambiar intereses a través de la publicación de fotos y vídeos y de comentarios en publicaciones; comparten y buscan información, y usan estas redes para el uso de la mensajería privada instantánea, que utilizan como medio princi- pal de comunicación. El *smartphone*, con todas sus *apps* descargadas (hoy en día existen más de un millón inventadas), se convierte así en un artefacto ya casi integrado en nuestro cuerpo que nos permi- te contactar de forma fácil, continua, barata e inmediata con la persona o grupo de personas que deseemos.

2 Ozimek, Philip, y Förster, Jens. *The impact of self-regulatory states and traits on Facebook use: Priming materialism and social comparisons.* Computers in Human Behavior, 2017.

Hay un **meme** que me encanta.[3] Es una foto en la que aparecen tres hombres en la parte de superior y una mujer en la parte de abajo. Sale el creador de Twitter (Jack Dorsey) y debajo escrito tiene escrito «*I made Twitter*» (yo creé Twitter), el de Facebook (Mark Zuckerberg) y escrito debajo «*I made Facebook*», y el creador de Apple (Steve Jobs) y escrito debajo «*I made Apple*». Debajo de los tres aparece una mujer con aspecto de actriz de los años cincuenta y que tiene escrito «*I made Wifi*». Ella es Hedy Lamarr. Conocí la existencia de Hedy mientras me preparaba una conferencia sobre las mujeres en las TRIC y me quedé totalmente fascinada por el hecho de que nunca me hubieran contado que, si teníamos wifi, Bluetooth o GPS era gracias a ella, a una mujer, a Hedy Lamarr, que inventó la primera versión del espectro ensanchado que daría lugar posteriormente a las comunicaciones inalámbricas de largas distancias. Y por la historia de su vida.

Marcada por el cine y por cargar con el estigma de ser la primera mujer que aparece desnuda en una película comercial. Por haber sobrevivido a una relación de maltrato en un matrimonio forzado con un simpatizante nazi que, entre otras cosas, la tenía encerrada en una habitación. Desde el enclaustramiento, Hedy aprovechó para seguir con sus estudios de Ingeniería, que había abandonado a los dieciséis años por su carrera cinematográfica, y para obtener información de los proveedores de su marido sobre tecnología de guerra que cedió al ejército norteamericano. En 1940 patentó la técnica de conmutación de frecuencias. Pudo huir de su agresor (hay dos versiones, pero personalmente me quedo con la más novelera, que habla de que se alió en todos los sentidos con su asistenta y esta la ayudó a huir) para retomar su carrera como actriz. Hasta los ochenta años no le dieron ningún reconocimiento por su labor de investigación. Cuando le entregaron el premio, exclamó: «¡Ya era hora!».

---

3 Puedes encontrarlo aquí: https://www.instagram.com/p/CODwwfdF6M7/?utm_source=ig_web_copy_link.

Las desigualdades de género y el **sexismo** también se cuelan en las TRIC. Por un lado, existirían las **brechas digitales de género** ya comentadas en el anterior capítulo, que tendrían que ver, por ejemplo, con cómo desde que somos infantes hay un género (el masculino) al que se le va a incentivar más el mundo tecnológico, creando así un imaginario en el que se asocia el uso y la especialización de las TRIC a los hombres. Y, por otro lado, estaría la reproducción de sexismo en las redes sociales y las ciberviolencias sexistas, que comentaremos en los siguientes capítulos. Estos son algunos testimonios recogidos que seguro que no te resultan muy ajenos:

> *«En mi casa éramos tres hermanas y un hermano. Había solo una videoconsola de las antiguas que le regalaron a mi hermano y, aunque nos apeteciera jugar a todas, él tenía el monopolio y nos decía cosas como "no la toquéis, que la rompéis".»* I., 28 años.

> *«Tanto mi madre como mi padre tienen móvil y ordenador y trabajan desde él a veces. Ninguno de los dos ha estudiado nada relativo a la informática. Pero siempre que se rompe algo o hay algún problema con las tecnologías buscamos a mi padre para que lo arregle.»* M., 16 años.

> *«Me he dado cuenta de que cuando es una profesora la que tiene que poner la pizarra digital siempre sale un chico de la clase a ayudarla, como si ellas no supieran. No pasa igual con los profesores. Todos los ayudantes TIC de las clases son chicos. No creo que esto sea casualidad.»* N., 14 años.

Desde el auge de las redes sociales se han elaborado muchos estudios que analizaban el uso estas redes según el género. Algunos de los datos[4] más recientes que encontramos son:

---

4   Feltman, C. E. y Szymanski, D. M. «Instagram use and self-objectification: The roles of internalization, comparison, appearance commentary, and feminism», *Sex Roles: A Journal of Research*, 2018. Linares Bahillo, Estibaliz. *El Iceberg Digital Machista: análisis, prevención e intervención de las realidades machistas digitales que se reproducen en la natividad de la CAE*, Instituto Vasco de la Mujer, 2019. Nesi, J. y Prinstein, M. J., «Using Social Media for Social Comparison and Feedback-Seeking: Gender and Popularity Moderate Associations with Depressive Symptoms», *J Abnorm Child Psychol*, 2015.

- Las mujeres se involucran más que los hombres en la actividad en redes y lo suelen hacer desde el *smartphone*. Están más tiempo conectadas, tienen mayor número de amistades en su cuenta y publican más fotografías y vídeos. Sin embargo, los perfiles masculinos tienen mayor presencia en las redes sociales.
- Las mujeres jóvenes tienen más probabilidades de utilizar las fotos de perfil de sus redes para gestionar su imagen, seleccionando y editando cuidadosamente las fotografías que publican. Las chicas suben más *selfies* o autofotos que los chicos.
- En la red, los hombres consumen contenidos relacionados con el deporte, la informática, el cine, el juego *online* y el entretenimiento, mientras que las mujeres consumen contenido relacionado con la cultura, la sociedad o las redes sociales en sí mismas. Las mujeres se centrarían en el aspecto relacional, social y de *stalkeo* (cotilleo) de las redes, y los hombres en el aspecto lúdico, técnico y competitivo.
- Los hombres jóvenes son mucho más proclives al juego en línea, ya sea de forma individual o colaborativa con otros jugadores.
- Las adolescentes dedican más tiempo a crear sus perfiles desde el punto de vista estético y emocional. Para ellas, en general, es importante salir atractivas en redes, mientras que los chicos tienden a mostrar características asociadas a la masculinidad tradicional.
- Las chicas suelen revelar más información sentimental, mientras que los chicos reproducen el rol masculino, utilizando las redes sociales como espacios para ligar o hablar de sus aficiones, y no para exponer sus sentimientos.
- Las mujeres tienen más resistencia a propiciar datos bancarios en el entorno virtual.
- Respecto a las expectativas sobre las salidas profesionales preguntadas a alumnado de secundaria: un 24% de los chicos,

Mackson, S. B.; Brochu, P. M., y Schneider, B. A. «Instagram: Friend or foe? The application's association with psychological well-being», *New Media & Society*, 2019.

frente a un 6% de las chicas, tenían expectativas de trabajar en ingeniería y/o computación.

- En los títulos superiores asociados a las TRIC encontramos solo un 12% de mujeres.

- Tal y como arrojan los datos, está claro que la educación diferencial de género que hemos recibido desde que nacemos y los mandatos de género, o lo que se espera de nosotros según nacemos con unos genitales u otros, nos influyen en la vida *online* y *offline*. Por ejemplo, el dato de que las mujeres tengan más cuidado a la hora de usar la banca *online* nos habla de una construcción de la «feminidad» basada en, entre otros muchos aspectos, en ser cuidadosas, precavidas y cautas frente al parecer seguro, valiente, decidido y sin miedo asociado a la **masculinidad hegemónica**.

¿Sabías que...?

El concepto de «masculinidad hegemónica» se empieza a utilizar a partir de 1985 y surge de la socióloga Raewyn Connell.[5] Hace referencia a un modelo de comportamiento masculino que conlleva una posición dominante de los hombres y una subordinación de mujeres y personas con una expresión no normativa, que origina una situación de desigualdad. Este modelo estaría caracterizado, entre otros aspectos, por rechazar todo lo relacionado con lo «femenino» y fomentar el riesgo, la valentía, la dureza emocional y la agresividad como sinónimos de la masculinidad. En las aulas, cuando hacemos debates, es común escuchar cómo los chicos y las chicas señalan actitudes diciendo: «¡Eso es por la masculinidad frágil!», aludiendo así a las conductas y los comportamientos que intentan reforzar una masculinidad tradicional cargada de carencias y que dejan entrever la realidad de las personas: que todas somos vulnerables y que la verdadera fortaleza es reconocer nuestras vulnerabilidades y no

5 Connell, Raewyn W. *Masculinity, Violence and War*, Intervention, 1985.

disfrazarlas. En los últimos capítulos del libro profundizaré en todo esto.

ONLIFE

Las barreras entre el mundo *online* y *offline* se disipan convirtiéndose en un continuo, y lo que sentimos al relacionarnos en el entorno virtual es totalmente real. «*Onlife*» es el término que propone la colectiva mexicana Luchadoras[6] para referirse a las relaciones que establecemos en la actualidad con las tecnologías. Debemos poner atención en romper entonces este binomio jerárquico en el que se legítima más la vida *offline* (fuera de lo digital, de las redes, de Internet) como la «real» frente a la *online* (dentro de lo digital, de las redes, de Internet), y dejar de decir eso que escucho y leo en ocasiones de «en la vida real sucede que...», porque lo que sentimos cuando nos interaccionamos por las TRIC es cien por cien veraz.

Si, por ejemplo, una persona joven (o no tan joven) sufre un gran desamor tras comprobar que la persona con la que llevaba meses hablando por redes de repente le ha hecho *ghosting* (ha dejado de contestar a sus mensajes y ha desaparecido) y se siente rota, lo que está sintiendo es cien por cien real. Y si recuerdas tu primer desamor y te imaginas que en pleno duelo se lo cuentas a una persona adulta totalmente destrozado o destrozada mostrando tu vulnerabilidad y que esta persona coge y te dice en ese momento: «No te preocupes, que eso no ha sido real», y añade desde un adultismo exacerbado: «Cuando crezcas ya sabrás lo que es el amor de verdad...», seguramente no le contarías nada más a esa persona, ¿verdad?

Frente a las ideas preconcebidas que tenemos socialmente sobre la superficialidad de ciertos vínculos que generamos a través de las redes sociales me sorprendió la reflexión de esta zoomer: «Ahora

6 Véase: https://luchadoras.mx/.

nos enamoramos más profundamente y rápidamente que antes», me comentaba una alumna en un taller sobre el #AmorDelBueno, y proseguía: «Porque antes de quedar hablamos mucho por Instagram de cosas que a la cara cuestan más. Te abres mucho y conoces muchas cosas de la otra persona, puedes conectar de una forma muy especial».

TENDENCIA EN LAS TRIC

Según el informe Digital 2021 España y su estudio anual sobre la tendencia en *social media*[7] de la población general de entre dieciséis y sesenta y cuatro años encontramos que:

- Un total de 8,1 millones de españoles y españolas se han convertido en usuarios activos en redes sociales en el último año. En España somos 37,4 millones de personas las que usamos las TRICS, lo que equivale al 80% de la población.
- En cuanto a la popularidad, YouTube se sitúa la primera, con 37 millones de usuarios potenciales (89,3%), le siguen Facebook (79,2%), Instagram (69%) y Twitter (52,6%). Aparece Pinterest como *app* con mayor crecimiento en el último año.
- El tiempo medio dedicado en España a las redes sociales es de 1 hora y 54 minutos al día, y la franja de edad más consumidora se sitúa en la población de veinticinco a cuarenta y cuatro años.
- Las palabras más buscadas en Google han sido «tiempo» y «coronavirus».
- Google Chrome es el navegador preferido en un 71,9%, seguido por Safari (el navegador de Apple), que cuenta con un 14,3% de usuarios.
- Casi la mitad de la población española navega por Internet a través de consolas de videojuegos (48,8%), aunque casi el total lo hace a través de un teléfono inteligente (97,8%).

7   We are social. *Informe Digital 2021 España*, 2021.

- Aumentan las personas que escuchan podcasts, siendo actualmente un 37,2% de la población.
- No poder reconocer las *fake news* (hablaremos de ellas en el capítulo 6) es una preocupación expresada por el 65,1% de la muestra.

¿Y cómo es el uso de las TRIC por parte de las personas menores de dieciséis años? El estudio lanzado por la plataforma de seguridad y bienestar digital para familias Qustodio[8] en 2020, en el que se analizaron durante 2019 y 2020 los hábitos de 60.000 familias españolas, norteamericanas e inglesas que viven con criaturas de entre cuatro y quince años, arroja los siguientes datos:

- Se dispara la navegación en la red de las personas menores en un 170% durante la primera semana de la crisis de la COVID-19.
- La cantidad de minutos diarios de consulta de redes sociales pasa de 37 a 83.
- TikTok se convierte en la aplicación más descargada. El tiempo de uso de esta aplicación aumenta un 150%, y llega a una media de 71 minutos al día durante el confinamiento. En segundo lugar se quedaría Instagram.
- Youtube es la plataforma de vídeo preferida (la ven 7 de cada 10 criaturas), y le sigue Netflix. Durante el confinamiento, la media de consumo era de 75 minutos al día. El tiempo dedicado a los videojuegos pasa de 66 a 81 minutos al día, con mayor uso en horario escolar.
- Google Classroom se convierte en la *app* educativa más usada en España y Estados Unidos.

8 Gallego, Rocío, y Vallcaneras, Florita. *Apps y nativos digitales: la nueva normalidad*, Qustodio, 2020.

¿Sabías que...?

Se han elaborado diversos estudios sobre los usos de dispositivos móviles y aplicaciones en España durante el confinamiento y el posconfinamiento. En el grupo de 1.350 menores de entre seis y doce años, los resultados son los siguientes:

- Durante el confinamiento ha aumentado el uso de la *tablet* en un 70% y el del *smartphone* en un 84%. En las casas en las que había asistentes de voz[9] se ha aumentado un 45%. Un 29,7% no ha podido usar los dispositivos lo que le hubiera gustado, y un 23,9% se ha cansado de tanta tecnología.
- Un 87,8% de las infancias han echado en falta a sus amistades. A un 80,6% le ha gustado haber podido pasar más tiempo con sus figuras parentales, y un 77,2% señala que ha podido hablar/estar con sus amistades por videoconferencia.
- El 38,8% indica que el profesorado ha sabido dar las clases por Internet. Un 49,6% dice no haber aprendido lo mismo desde casa que en el colegio; un 45% indica que las clases no han sido más divertidas por haberse hecho por Internet, y un 44,4% señala la carga de tareas escolares (deberes), que disminuye su tiempo libre.

En general, se observa cómo las familias han tenido más permisividad en el uso de las TRIC y que el aumento de estas han tenido que ver con el hecho de poder seguir socializando con sus compañeros y compañeras y como herramientas de aprendizaje. En los estudios posconfinamiento se observa que la televisión es el dispositivo más usado (82%), frente a la *tablet* (74%) o el *smartphone* (64%).

---

9 ¿Te suenan los nombres de Alexa, Siri o Cortana? Son dispositivos inteligentes con reconocimiento de voz a los que puedes pedir que te programen una alarma, reproduzcan una canción o apaguen las luces.

A día de hoy (mañana no lo sé), las redes sociales que más usa la juventud, además de WhatsApp y YouTube, son Instagram y Tik-Tok. No sé si ya tienes un perfil en estas aplicaciones o si te quedaste en el Musically (nombre de la primera versión de TikTok). No sé si ya has probado a hacer algún baile viral de TikTok o un Reels (versión tipo TikTok para Instagram) o si te da vergüenza ajena cuando ves a alguien de tu edad haciéndolo en redes. Pero, sea como sea, y para no caer en la crítica fácil, te recomiendo que busques a algún tiktoker que tengas cerca y os pongáis a ello. Cuando la reflexión pasa por el cuerpo (dinamitando el «pienso, luego existo» frente al «siento, luego existo») y los prejuicios se quedan en pausa suceden cosas muy interesantes. Y más si lo hacemos moviendo la cadera a ritmo del *challenge* (reto que se hace viral en Internet, como, por ejemplo, un baile específico o una prueba tipo gincana) del momento.

GUÍA RÁPIDA PARA NO PERDERTE
EN LAS *APPS* DE MODA

Me voy a centrar en las dos que más usa la generación Z, según lo que me cuentan: Instagram y TikTok.

INSTAGRAM

Instagram aparece en 2010 como una aplicación y red social cuya función principal es compartir fotos y vídeos. Pertenece a Mark Zuckerberg, al igual que Messenger, Facebook y WhatsApp. Esta red ha evolucionado muchísimo, y ha pasado de ser una aplicación en la que contabas tu día a día en formato de imágenes a una aplicación en la que puedes subir *stories* (historias en formato foto, texto o vídeo que duran 24 horas y luego se borran), hacer *lives* o directos (vídeos en riguroso directo a los que tus seguidores pueden entrar y unirse), comunicarte de forma privada con otra u otras personas mediante DM (mensaje directo), hacer un *reels* (clip de hasta 90 segundos), *boomerangs* (vídeos de 3 o 4 segundos que se repiten en bucle) o jugar a modificar tu imagen con un sinfín de filtros o efectos que puedes aplicar a las fotos y los vídeos. Instagram ha evolucionado y ha pasado de ser una *app* en la que se comparten fotos y se posturea a una en la que también se democratiza la información y se crean *posts* colaborativos. En ella se pueden encontrar, por ejemplo, muchos perfiles especializados de profesionales de la salud, que acompañan las imágenes de sus *feeds* (página principal de cada usuario en la que cuelga sus fotos y vídeos y que funciona como un archivo al que se puede volver y es la carta de presentación de cada cuenta) con textos cargados de información.

En la última década, Instagram ha ido ganando popularidad, y en 2019 fue la mejor valorada por la juventud española de entre dieciséis y treinta años. Tiene más de 1.000 millones de usuarios activos al mes, y más de 500 millones de personas utilizan esta red social a diario.

TIKTOK

TikTok surge en 2016 y pertenece a la empresa china ByteDance, propietaria también de Musically. En 2018, la compañía elimina Musically definitivamente para fusionarla con TikTok. En sus inicios podíamos entender esta aplicación como una especie de Instagram especializado en vídeos musicales asociados al baile, pero en la actualidad te permite crear clips o tiktoks de hasta 60 segundos en los que puedes añadir efectos de sonido, filtros, efectos visuales, fondos musicales... Así se pueden hacer en pocos minutos unos clips que darían mil vueltas a muchos de los que podíamos hacer las milenials en el 2000 tras horas y horas de edición.

¿Sabías que...?

En junio de 2020, Donald Trump había convocado un mitin en Tulsa, ciudad norteamericana que forma parte de uno de los estados que más lo apoyan. Al estar en el contexto de la COVID-19 había que reservar una entrada para acudir al evento, y por eso se agotaron enseguida. Todo apuntaba a que Trump iba a estar rodeado de sus fieles seguidores, pero, contra todo pronóstico, el día del mitin, la mitad de las gradas del estadio de Tulsa estaban vacías. ¿Qué había sucedido? Una zoomer hizo un vídeo explicando cómo se podía boicotear el mitin: reservando muchas entradas y no asistiendo. Los tiktokers se organizaron, especialmente las fans de la música K-Pop, que esas semanas estaban denunciando la **xenofobia**, y compraron entradas masivamente. Del aforo de 19.000 asientos que tenía el recinto solo se ocuparon 6.100. Y como una imagen vale más que mil palabras, te invito a que pongas el hashtag #TikTokGate en redes y veas lo que pasó.

TikTok tiene 800 millones de personas usuarias en todo el mundo. Desde 2019, la aplicación se hace especialmente famosa en nuestro país y encuentra su momento álgido durante el confinamiento, cuando llega a alcanzar las mayores cifras de descargas por encima de YouTube e Instagram. El 41% de las personas que usan TikTok tienen entre dieciséis y veinticuatro años, y es la aplicación que ha arrasado en los últimos años entre la generación Z.

Y, por supuesto, ambas aplicaciones —Instagram y TikTok— te permiten seguir a ese actor o actriz que adoras, ver cómo se ha levantado esta mañana Rosalía a través de un *story* que ha compartido, mandar mensajes privados a tus referentes (eso sí, que te lean o te respondan ya es otra historia), así como estar al día del contenido que suben a sus redes tus tiktokers o instagramers preferidos.

CUIDADOS DIGITALES

Pero no todo lo que tiene que ver con estas *apps* es positivo. En el capítulo 6 hablaremos de las ciberviolencias, pero en este capítulo quería que prestáramos atención a cómo acompañar el bienestar digital y los cuidados digitales, así como a reflexionar sobre quién se encarga de la ética de los algoritmos.

Los **cuidados** digitales ponen el énfasis en el cuidado personal y colectivo en el entorno digital, y, para implementarlos en tu rutina, sería interesante que te sentaras con esa persona joven que tienes cerca y le preguntes cómo se relaciona con cada una de sus redes sociales y qué trucos conoce para sentirse más segura en ellas. En general, cuando nos descargamos una *app*, esta aparece con una configuración predeterminada con todas las opciones de privacidad abiertas. Es necesario que nos pasemos por la pestaña de «ajustes» para adecuar nuestro perfil según nuestros intereses y para conocer todas las funciones de seguridad que existen (que son muchas más de las que nos solemos esperar).

¿Sabías que...?

Según estipula la Ley Orgánica 3/2018, de 5 de diciembre de 2018, de Protección de Datos Personales y Garantía de los Derechos Digitales (LOPDGDD), en su artículo 7, la edad mínima para abrirse una red social será de catorce años. Cito textualmente: «El tratamiento de los datos personales de un menor de edad únicamente podrá fundarse en su consentimiento cuando sea mayor de catorce años, salvo los supuestos en que la ley exija la asistencia de los titulares de la patria potestad o tutela para la celebración del acto o negocio jurídico en cuyo contexto se recabe ese consentimiento para el tratamiento. En caso de menores de catorce años, se requerirá el consentimiento del titular de la patria potestad o tutela, y solo con el alcance que estos determinen».

Opciones como activar la autentificación en dos fases, que evita el *phishing*, o el robo de tu cuenta, decidir quién ve y no ve cada una de tus publicaciones, inhabilitar que te puedan etiquetar en una publicación sin tu consentimiento, controlar quién puede o no dejarte comentarios, así como ocultar los ofensivos o elegir hasta treinta palabras que, si salen en los comentarios, harán que estos se oculten automáticamente, eliminar el estado de actividad o que otras personas puedan ver la última vez que has estado activa en esa aplicación, evitar que te añadan a grupos de mensajería privada personas que no conoces, desactivar las notificaciones u ocultar los *likes* o «me gusta» que recibes en tus publicaciones son algunas de las herramientas que presentan.

En general, estas redes sociales son más seguras de lo que pensamos, pero aun así debemos ser agentes activos en nuestra salud digital personal y colectiva y dedicar un ratito a los ajustes de privacidad de la cuenta para activar esta seguridad, así como organizar respuestas colectivas cuando alguna persona es atacada.

Además, detrás de las aplicaciones hay equipos que revisan las denuncias (podemos y debemos denunciar y reportar las publicaciones ofensivas) las 24 horas del día.

¿Sabías que...?

Tanto Instagram como TikTok cuentan con guías dirigidas a familias. En ellas te explican cómo eliminar cuentas de menores de catorce años (edad mínima para tener Instagram, a no ser que la cuenta sea administrada por un familiar) o cómo habilitar la sincronización familiar en TikTok, que te permitirá monitorizar las funciones de bienestar digital de la cuenta: controlar el tiempo que la persona pasa en la aplicación cada día, restringir la mensajería privada, delimitar ciertos contenidos no aptos para su edad o tener la cuenta abierta o privada. En el último capítulo del libro te dejo el enlace a estas guías y a otros muchos recursos.

«¿Por qué no tienes Twitter?», me preguntan a veces con una actitud de sorpresa, pero también de cierta exigencia, cuando me entrevistan desde algún medio. Y siempre respondo: «Porque nunca entendí bien cómo funcionaba, porque no quiero estar en una red social en la que predomina la emoción de la rabia y porque Instagram ya me proporciona todo lo que necesito para el uso que le quiero dar a las redes sociales. Y porque quiero tener tiempo para vivir fuera de las pantallas».

Quizá de vez en cuando nos tendríamos que parar y preguntarnos: ¿esta red social me está haciendo bien? ¿Soy capaz de controlar el número de horas que paso en ella? ¿Me sienta bien ver las publicaciones de ciertas personas o mejor silencio mis aplicaciones durante un tiempo? ¿Siento que tengo el timón de mis redes sociales o que ellas me dirigen a mí?...

No debemos olvidar que el objetivo de usar las redes sociales es hacernos la vida más fácil y divertida. Nadie nos puede obligar a estar en una red social concreta y tenemos que utilizar las que nos hagan sentir bien, así como darnos descansos de algunas si lo necesitamos.

Mis propias ideas adultistas, influenciadas por todo lo que escuchamos sobre las adolescencias como personas sin agencia que buscan *likes* a toda costa y cien por cien influenciables por un entorno virtual que «solo conlleva riesgos» se vieron más que cuestionadas cuando empecé a preguntarles cómo usaban sus redes sociales.[10]

> «*Controlo las horas que estoy en Instagram y me rayo si no cumplo las metas que me propongo respecto al número de tiempo que quiero pasar en redes. Tengo programado en mi Insta una opción (aparece en Configuración>Tu actividad>- Programar recordatorio diario) que me avisa cuando supero el tiempo establecido que tengo para ella. Si un día me paso de tiempo, intento compensar el resto de la semana.*» *J., 18 años.*

> «*Solemos tener varias cuentas en cada aplicación. Una principal (donde, por ejemplo, tenemos a la familia y a gente random [esto significa «gente aleatoria»]) y otra secundaria. En mi caso, mis dos cuentas de Instagram son privadas y las uso de forma diferente. La principal la cuidado más estéticamente y la secundaria es más para hacer el chorras. Aparte está la opción de «Mejores amigos», donde seleccionas a un grupo concreto de personas a las que les van a aparecer*

---

10   Desde el proyecto Psico Woman salimos a la calle para preguntarles sobre este tema con micro y cámara en mano, y esto es lo que pasó: https://www.youtube.com/watch?v=l_I5F6aB9cg.

unas historias y no otras. También puedes silenciar tus historias a ciertas personas en concreto. En mi caso, por ejemplo, es muy fácil saber quién ha visto cada publicación.» L.,16 años.

«Sé perfectamente quién ve las historias que publico. Cuando aparece algún contacto o comentario no deseado, reporto y bloqueo a la persona. En mi grupo de amigas hemos hablado de cómo debemos actuar si a una le atacaran por redes; nos apoyamos entre nosotras.» M., 17 años.

«En el instituto nos han dado varias charlas sobre las ciberviolencias, pero no creo que nos hayan servido. Nos hablaban de cosas ya obsoletas y sobre todo nos metían miedo. Mucho miedo sobre cosas que ya sabemos cómo utilizar. Luego han pasado cosas en el instituto de ciberacoso y el equipo directivo no ha hecho nada.» P., 16 años.

Espero que estos testimonios te sirvan para que, más que ponerte a dar lecciones sobre cómo usar las redes sociales (porque igual saben más que tú y que yo), te intereses sobre todo por lo que les aporta cada aplicación, generes un espacio en el que preguntes cómo practican el autocuidado y el cuidado colectivo en los espacios *online* y te cuestiones sobre cómo hemos abordado la prevención de las ciberviolencias. Por ejemplo, le puedes preguntar al zoomer que tengas cerca sobre la privacidad de sus cuentas (si las tiene abiertas o privadas), si sabe quién ve su contenido, si se controla de alguna manera el tiempo que pasa en cada aplicación y si activa los límites de tiempo de uso. Le puedes pedir que te enseñe los filtros que más utiliza y qué suele hacer su grupo de colegas cuando reciben comentarios o solicitudes de mensajes de personas que no desean. Le puedes preguntar también si a veces siente que las redes sociales le «controlan» más que a la inversa, y qué hace cuando una *app* o determinados perfiles no le están haciendo bien. También le puedes preguntar si tiene cuentas secundarias, si usa la opción de «Mejores amigos» de Instagram...Y puedes aportarle lo que creas que le puede interesar y no conozca sobre los cuidados digitales, pero sobre todo muéstrate disponible por si ocurriera algo en el espacio *online* que lo incomodara. ¡Ah!, y ten en cuenta que, al igual que hubo contenido de tu diario personal (ese con candado en el que escribías todos tus anhelos) que jamás hubieras querido enseñar a tus padres, en sus diarios *online* también lo va a haber. Y va a ser completamente natural que haya cosas que prefieran no mostrarte...

Así que te recomiendo, si no lo has hecho ya, que antes de darles lecciones sobre cómo usar las redes sociales que seguramente llevan utilizando mucho más tiempo que tú tengáis una conversación sobre cómo se cuidan en ellas. Y que recuerdes que el mejor «control parental» que existe es la presencia de las personas de referencia.

¿QUIÉN SE ENCARGA DE LA TECNOÉTICA?

Por supuesto que no todo es de color de rosa cuando ahondamos en las profundidades de las aplicaciones, y los intereses que hay detrás de la aparente gratuidad del uso de estas, tales como el tratamiento de nuestros datos y búsquedas para fines comerciales, publicidad encubierta, legislación sobre las imágenes y el contenido abusivo, etc., no siempre son transparentes. Como es obvio, debido a su uso masivo y a sus condiciones de uso laxas, las redes sociales no están exentas de polémicas, empezando por el origen de la industria informática, que está ligado a intereses capitalistas y militaristas. Y continuando por, por ejemplo, cómo muchos de los algoritmos que manejan nuestras interacciones son machistas, **racistas** y **gordófobos**. Porque en una sociedad donde impera el capitalismo salvaje, ¿quién se está encargando de la tecnoética?

Para ir a lo concreto dentro de estos comportamientos poco éticos por parte de las aplicaciones veamos algunas de estas condiciones abusivas en las redes más conocidas.

A finales de 2012, Instagram actualizó los términos de privacidad y las condiciones de uso (eso que nos sale cuando nos descargamos una *app*, que no solemos leer y a lo que le damos un rápido aceptar para poder empezar a usar la aplicación), otorgándose el derecho de comercializar con las fotos que compartíamos sin notificárnoslo ni llevando a cabo ninguna compensación. La presión externa consiguió que deshicieran estos cambios.

Con TikTok han surgido muchas polémicas políticas, al ser la *app* propiedad de una empresa asiática. Por ejemplo, Trump intentó repetidamente prohibirla en Estados Unidos. Quizá el #TikTok-Gate también tuvo que ver.

¿Sabías que...?

En enero de 2021, falleció una niña de diez años en el sur de Italia al internar hacer un reto viral de TikTok en el que ganaba quien más tiempo aguantara sin respirar; el reto era el llamado «*blackout challenge*» o «desafío de desmayo». A raíz de ello, el Gabinete de Protección de Datos Personales de Italia bloqueó por primera vez y durante un mes TikTok y presionó a la red social para que comprobara y bloqueara todas las cuentas de la plataforma que no pertenecieran a usuarios mayores de trece años. Esta acción provocó que TikTok se comprometiera más con la verificación de edad de su comunidad.

En 2020, Lizzo (cantante y rapera norteamericana de origen afrodescendiente y que no esconde su cuerpo gordo) denunció públicamente a la aplicación por «discriminación corporal», ya que le habían borrado varios vídeos en los que salía en bikini. Lizzo visibilizó algo que ya se comentaba: el algoritmo que subyace a la aplicación es racista, **capacitista**, **gordófobo** y **aporófobo**, lo que provoca que se viralicen determinados vídeos y que se escondan o eliminen otros. Si alguna vez te has preguntado por qué los vídeos que te sugiere TikTok son casi siempre de personas con un estereotipo de belleza determinado y un aparente nivel adquisitivo alto, aquí tienes la respuesta.

¿Sabías que...?

Instagram censura desde sus orígenes cualquier contenido que muestre el pezón femenino, aunque no sea una foto sexualizada.

¿Una foto artística de un pecho masculino al aire? ¡No hay problema! ¿De una mujer? La publicación se eliminaba casi al instante bajo el pretexto de que incumplía las políticas de la aplicación. Ha habido un fuerte movimiento colectivo de «libera el pezón», con el que se ha puesto de manifiesto esta doble moral. Si buscas el *hashtag* #FreeTheNipple encontrarás mucha información al respecto.

Como me comentaba en una entrevista la investigadora, psicóloga y tecnóloga Gema Fernández-Blanco:

«Uno de los mayores problemas es que el mundo de los objetos (el mundo de las tecnologías, en este caso aplicaciones de redes sociales) va mucho más rápido que el conocimiento individual sobre dichas aplicaciones. La mayor parte del tiempo utilizamos las tecnologías sin saber cómo funcionan a nivel técnico, pero sobre todo cómo funcionan a nivel individual y social. La meta de todas estas aplicaciones es económica, dinero por encima de las relaciones sociales. Faltan equipos multidisciplinares para diseñar algoritmos más éticos y un código legal al respecto. Faltan espacios donde los usuarios y las usuarias, las ciencias sociales y las humanidades decidan. Mientras esto no ocurra, los algoritmos se seguirán diseñando desde las ingenierías y la economía con el objetivo de hacer dinero con la conducta de las personas usuarias (por ejemplo: midiendo las franjas horarias que pasamos en las aplicaciones y las búsquedas que hacemos en Internet para ofrecernos a posteriori anuncios publicitarios ajustados a nuestros perfiles)».

El responsable de desarrollo Diego Criado, comenta en un programa de Gen Playz:[11]

«Hay una responsabilidad que tiene que recaer en la red social, se tienen que autorregular. La regulación llega muy tarde porque el sistema regulatorio es mucho más lento que la red social cambiando, así que cuando queremos regular algo llega infinitamente tarde. Incluso muchas veces se autorregulan ellas por

---

11   ¿*Te borrarías Instagram por salud mental?* Puedes verlo aquí: https://www.youtube.com/watch?v=btvQDr9Fxy8.

encima de lo que les piden los estados. El problema con las redes sociales no es si son buenas o malas, el problema es que hay un modelo de negocio que manda más que la red social. Hay gente pensando en la ética dentro de Facebook, pero seguramente mande mucho menos que el jefe de monetización. Si el Estado no llega a tiempo, tenemos un problema multiplicado y agravado [...] Tenemos que obligar a las redes a que hagan autocrítica, tenemos que asumir cada persona nuestra parte de responsabilidad y hacer un uso lo más ético posible de ellas, y tenemos que exigirle al Estado que llegue cuando tiene que llegar».

USO, ABUSO Y ADICCIÓN COMPORTAMENTAL

No podemos negar lo evidente: las redes sociales forman ya una parte relevante del día a día de muchas personas. A estas alturas no vamos a poner el grito en el cielo porque alguien revise, pase tiempo y suba contenido a sus *apps* de cabecera. Pero tampoco vamos a obviar que Silicon Valley está repleta de profesionales de la psicología del comportamiento que han asesorado a las empresas tecnológicas sobre cómo conseguir que las usuarias pasemos el mayor tiempo en nuestras aplicaciones, en nuestros *smartphones*. Reforzar de forma discontinua nuestro sistema dopaminérgico de recompensa a través de notificaciones que aparecen en nuestros teléfonos inteligentes o, por ejemplo, que Youtube[12] o Netflix estén programados para que cuando termina un vídeo o capítulo automáticamente se reproduzca el siguiente, no son cuestiones baladíes. Pero... ¿cuándo es un uso razonable y cuándo es abuso?, ¿cuándo este uso se convierte en adicción? Este tema siempre preocupa a las familias y me lo preguntan en las formaciones, por ello creo que es interesante hablar de datos y conocer las señales que nos pueden alertar ante un uso adictivo de las redes.

Cuando hablamos de «adicción», la primera alarma que resuena dentro de nuestras cabezas es la de adicción al alcohol y otras

---

12 ¿Sabías que el 70% de los vídeos que se ven en Youtube se tratan de vídeos recomendados y que muchas de estas recomendaciones terminarán siendo contenido cargado de violencia, radicalidad y desinformación?: https://www.cnet.com/news/youtube-ces-2018-neal-mohan/.

drogas; sin embargo, este tipo de adicciones a las TRIC se incluyen dentro de las llamadas «adicciones comportamentales», que se caracterizan por estar exentas de sustancias. Las principales adicciones a las TRIC suelen estar directamente ligadas a Internet y al *smartphone*, ya que es el teléfono inteligente el soporte mayoritario de acceso a la red, por lo que ambas adicciones suelen estar relacionadas. Para ser capaces de diferenciar entre un uso abusivo y un uso adictivo debemos valorar diferentes factores según el tipo de actividades que se lleve a cabo: la edad, el tiempo de navegación en las TRIC (si, por ejemplo, tiene que ver o no con un uso asociado al trabajo) y el nivel de afectación en el día a día y con el entorno. La dificultad para descansar, la irritabilidad y la irascibilidad pueden ser indicadores de que se está pasando de un grado a otro de dependencia.

El uso o abuso lo marcará cómo la interacción con las TRIC repercuta en los diferentes ámbitos de su vida, impidiendo la conexión con su realidad *offline* y la dificultad de llevar a cabo sus responsabilidades. Si se trata de una compulsión (no poder dejar de repetir un comportamiento en busca de una satisfacción) que provocara la ausencia progresiva de otras actividades se hablaría de adicción.

Por supuesto, la adicción a Internet y al *smartphone* no es la única, podemos encontrar otras adicciones como los juegos *online*, las casas de apuestas, los videojuegos, el porno, las compras compulsivas, determinadas redes sociales... Como cualquier adicción, las de este tipo provocarán cambios en el comportamiento de la persona y pueden presentar sintomatología diversa: insomnio, pérdida de amistades, pérdida de trabajo o descenso de notas, mala alimentación, etc., así como dependencia, síndrome de abstinencia y tolerancia. La persona deja de controlar su vida y la adicción la controla a ella.

En los últimos años, los estudios sobre la juventud española revelan un aumento de las apuestas deportivas y otros juegos de azar en línea (ruletas, póker, *slots* o tragaperras, etc.). Durante el confinamiento el auge aún fue mayor, y pasó de las casas de apuestas físicas, en las que se observaba ya un aumento de uso, al espacio virtual.

Veamos a continuación algo más sobre esta creciente adicción al juego por parte de la juventud española.

ADICCIÓN AL JUEGO

«Empezó a apostar teniendo unos quince años, y al principio siempre ganaba y ganaba, hasta que empezó a perder. El padre tuvo que pedir un préstamo personal y pensábamos que se había acabado la pesadilla. Pero no, volvió a jugar al cabo de los años y su deuda aumentó hasta llegar a unos 10.000 euros. Hubo que recurrir a préstamos personales de nuevo y se solventó la deuda. Al año siguiente pidió ayuda. Está yendo a un centro especializado en tratamiento de adicciones de juegos, lleva ya seis meses. Ha tenido varias crisis, y tanto él como sus allegados lo pasan fatal, pero parece que empieza a aceptar que tiene un grave problema y que debe atravesar un largo camino para superarlo. Hasta que él no ha querido no hemos podido ayudarlo.» Testimonio anónimo de una familiar.

Según el Ministerio de Sanidad, España es el país de Europa con mayor porcentaje de ludópatas menores de veinte años. Más del 13% de la población adolescente apuesta dinero, pese a las prohibiciones expresas en la normativa vigente. El perfil medio del apostador sería el de un hombre de entre dieciocho y veinticinco años que inicia el juego en torno a los diecinueve años. El juego *online* mueve en España más de 18.000 millones de euros, y la facturación no para de crecer. El número de usuarios aumentó un 79% entre 2014 y 2018, y el gasto medio de cada uno de ellos pasó de 243 a 449 euros. Según la Encuesta Estatal sobre el uso de Drogas en Estudiantes de Enseñanzas Secundarias, el 22,6% de los estudiantes de entre catorce y dieciocho años apostaron dinero en el juego presencial en 2019.

Una formadora especializada en esta temática me comentaba:

«Estuve meses haciendo programas de prevención de juego de apuestas en institutos y me quedé alucinada con que, aparte de empezar superjóvenes y de mane-

ra totalmente ilegal, la prevención está muy enfocada a cómo empiezan a jugar los adolescentes y no las adolescentes. Hay un perfil claro de chicas que empiezan por acompañarlos a ellos aunque no les interese, bajo el pensamiento de: "No quiero ser mala amiga/novia, no quiero sentirme no integrada con ellos y no quiero quedarme sola"... Así que terminé diseñando talleres sobre la asertividad para trabajar con ellas. La percepción de riesgo que tienen con este tipo de adicción, al no haber sustancias de por medio, es muy baja, y por ello acaban metidos de lleno. Suelen empezar convenciéndose entre ellos diciendo "Fulanito ganó 200 euros...", "la bebida es más barata", "echamos a medias y si ganamos nos metemos la fiesta padre", cuando la realidad es que quien ha ganado 200 no cuenta que ha perdido 1.000, la bebida es más barata para que pierdas autocontrol y, si pierdes el dinero, no te vas a pegar ninguna fiesta. La cara B de estas casas de apuestas es muy grande».

La Federación Española de Jugadores de Azar Rehabilitados (FEJAR) tuvo un incremento en un 100% de las llamadas al teléfono de ayuda desde que se decretó el confinamiento, especialmente de familiares desesperados que constataban el efecto desestabilizador que había tenido en sus hijos el contexto de la COVID-19, y de usuarios que pedían información sobre la inscripción en un registro de autoprohibición en salas de juego *online* que te impide acceder a las plataformas.

Visto en Twitter

Creo que ningún mensaje llega tanto a las personas jóvenes (y no tan jóvenes) como el que sale de las entrañas. Alejandro Torre, @Alejandrotoorre en redes sociales, abre de esta manera un hilo en Twitter: «Tras 2 años y 9 meses de rehabilitación por mi adicción al juego me han dado el "alta". Comencé la rehabilitación con 21 años, salgo con casi 24 y la vida normalizada. Quería compartir este hilo por si a alguien le pudiera ayudar. Hay salida de esto. Si yo he podido, tú también». A través de quince *tweets* cargados de emoción y resiliencia, Alejandro cuenta su historia de superación con el juego y critica a quien permite que esta adicción esté en ascenso.[13]

Acceder a este tipo de juegos de azar es muy fácil. Si nos centramos en el espacio *offline* hemos podido observar cómo los locales de casas de apuestas han proliferado exponencialmente en los últimos años, especialmente en los barrios más empobrecidos y en lugares frecuentados por población joven. Son establecimientos diseñados para captar tu atención, se mantienen abiertos la mayor parte del día y el precio del alcohol es más barato que en un pub. En España se calcula que las casas de apuestas físicas cuentan con una afluencia del 30,7% de hombres jóvenes y un 15,3% de mujeres jóvenes de entre dieciocho y veinticuatro años.

«Ellos se lucran, la clase obrera se arruina. Apuesta por tu barrio», han sido algunos de los eslóganes que se han visto en las diferentes movilizaciones de la ciudadanía en denuncia de esta proliferación. Estas nuevas aperturas buscaban aprovecharse de algo que ya hemos comentado: la precarización de la juventud española y la pérdida de confianza en el futuro. «Si no tenemos presente, ¿cómo vamos a creer en el futuro?», comentaba una joven en un taller. La falta de alternativas de ocio para la juventud fuera del hogar y la afectación de las crisis a la salud mental favorecen que veamos estos espacios como «soluciones» o «distracciones» o que simplemente provoquen emociones intensas asociadas con la adrenalina y la dopamina que estimulan y provocan «subidón».

¿Sabías que...?

Un grupo de jóvenes de Madrid llevó a cabo una acción como propuesta durante el mes de noviembre de 2020 que consistió en ir a las casas de apuestas con sus apuntes y estudiar allí. Denunciaban

13   Puedes ver el hilo aquí: https://mobile.twitter.com/Alejandrotoorre/status/1376976177110339585.

que las restricciones de las bibliotecas eran mucho más severas que las de las casas de apuestas (en horario, aforo y accesibilidad) y cómo, además, no disponer de espacios públicos para estudiar afectaba, como siempre, a jóvenes con menos recursos económicos. «Las casas de apuestas están abiertas hasta las 12 de la noche, mientras que las bibliotecas están hasta las 8 de la tarde [...]. La cita previa para mucha gente es inaccesible, porque no tiene Internet en casa. Sin embargo, podemos entrar a cualquier casa de apuestas, cuando queramos, como queramos y siendo menores de edad, que no se nos olvide», denunciaban desde sus redes sociales acompañando la acción con el *hashtag* #ConLasBibliotecasNoSeJuega.

Además, las casas de apuestas son patrocinadoras de programas con influjo joven y que no paran de batir récords de audiencia, como *La Isla de las Tentaciones*. Durante la emisión de estos programas y los descansos publicitarios no paran de salir *banners* y anuncios en la televisión y en la red sobre los juegos de azar.

Pero no solo sucede con los programas, incluso algunos *influencers* han promocionado en sus *stories* de Instagram las apuestas deportivas *online*, asegurando la facilidad con la que se podía ganar dinero y llegando así a miles y millones de zoomers: «El otro día empecé con 30 € y acabé con 1.040 € en una sola tarde», decían en sus *stories*, y enlazaban a páginas de apuestas. Debido a la presión mediática (y legal) que hubo tras estas campañas, algunas *influencers* pidieron perdón posteriormente.

La investigación que he realizado sobre la incidencia del juego *online* en la generación Z me ha dejado bastante impactada. La facilidad de acceso a estas plataformas, que además tienen mucho dinero y saben cómo invertir en una publicidad que seduzca a una población vulnerable bajo una apariencia lúdica y aparentemente exenta de peligro, crea un marco muy favorable para la adicción. Espero que, al igual que a mí, toda esta información te movilice a exigir que se tomen medidas para controlar y regular los espacios *onlife* de los juegos de azar y deportivos de apuestas, así como para promover políticas públicas centradas en las necesidades de la juventud actual y que posibiliten, entre otros aspectos, una atención psicológica de calidad y un ocio alternativo y espacios para jóvenes en todos los barrios.

Si te preocupa esta temática, pásate por la bibliografía, en la que dejo muchos materiales para seguir profundizando y recursos de calidad a los que acudir en caso de alarma. Además, como en todas las adicciones, la mejor herramienta va a ser siempre la preventiva. Por ello, en el próximo capítulo encontrarás herramientas específicas que te ayudarán a elaborar una «buena pedagogía coeducativa *online* familiar».

LAS REDES SOCIALES COMO ESPACIOS DE TRANSFORMACIÓN SOCIAL

Las redes sociales también son espacios de apoyo, de ciberactivismo, de cocreación, de movilización conjunta y de transformación social. Como ya hemos mencionado, las redes sociales, entre su grandísima oferta, abren espacios amables en los que podemos encontrar a personas que pasen por el mismo bache que tú y que yo, que tengan los mismos problemas, que defiendan a colectivos específicos, que nos enseñen sobre cualquier tema... Las redes, por tanto, funcionarán como espacio de transformación social, ya que, lo queramos o no, son lugares donde la juventud (y gente más adulta) buscamos información, adquirimos conocimientos, creamos redes de apoyo, luchamos por causas que nos parecen justas...

Las redes están revolucionando el mundo del activismo, ya que si colgamos información en la web, cualquier persona desde cualquier parte del mundo puede acceder a ella. Por supuesto, esta instantaneidad y ruptura de fronteras debe ser bien utilizada y tiene sus detractores y detractoras. La mayoría consideran que el espacio digital no es apto para cambiar las cosas, ya que este cambio debe producirse en el espacio *offline* a la vieja usanza: con protestas, manifestaciones, tratando de cambiar las leyes, realizando actos políticos, etc. Por supuesto, la respuesta sobre si este activismo en redes es o no válido es compleja y pasa por preguntas como: ¿es el «*armchair activism*» o «activismo desde el sillón», como se le llama en ocasiones, realmente un activismo válido? ¿Se puede cambiar el mundo a través de tiktoks? No sé cuál es tu respuesta a estas preguntas. La mía, como ciberactivista, creo que está clara. Es más, hay muchas personas que están intentando cambiar el mundo a través de las redes, y quería hablarte de alguna de ellas. Las he descubierto en los últimos años y las he investigado. Porque como dijo una alumna zoomer, «los milenials sois los que empezasteis a usar las *apps*, pero la generación Z somos las personas que las hemos convertido en armas políticas».

Se suelen generar debates en los que, con cierta tecnofobia y adultismo (y desconocimiento, porque se habla como si crear contenido en redes fuera algo de «vagos», y es mucho el trabajo que requiere), se cuestiona si el ciberactivismo es «activismo de verdad» o en realidad lo verdaderamente revolucionario es estar gritando en las calles. Personalmente creo que el activismo tiene que reproducirse en todos los espacios en los que nos movemos. Y en el continuo *onlife*, para muchas personas, el espacio principal de socialización será el digital. Pero, además, considero que esta confrontación no tiene mucho sentido. Ya que, como comentaba una mujer joven en un testimonio que recogí: «Los espacios *online-offline* no son excluyentes, y muchas personas utilizamos lo "cíber" como puente para llegar a las casas, a las aulas, a las calles. Y, además, ¿has observado la media de edad en las últimas reivindicaciones que ha habido en la calle a favor de los derechos humanos (8-M, contra la LGTB-QIA+-fobia o denunciando el racismo sistemático)? Te aseguro que están repletas de centenials».

Aquí van algunos ejemplos de zoomers que están cambiando el mundo utilizando sus *smartphones* para conseguirlo:

Hanan Midan (@hanan_midan en TikTok). En el verano de 2020, con dieciocho años, subió un tiktok que se viralizó. Hanan es de origen norteafricano, y desde que llegó a España ha tenido que soportar comentarios xenófobos. Pero un día recordó lo que su abuela le decía, «una sonrisa derrota al enemigo», y empezó a hacer clips respondiendo en clave de humor a estas actitudes racistas. Hanan decide defenderse de estas agresiones realizando vídeos paródicos en los que los comentarios xenófobos que recibe, «vete a llorar a tu país», «por qué no llevas el trapo en la cabeza», «solo vivís de las pagas» u otros que invisibilizan la cultura amazigh son respondidos con ingeniosos clips de 15 segundos.

Xana Palacios (@xana_palacios) tiene síndrome de Tourette. Empezó a usar sus redes, como muchos y muchas zoomers, enseñando su lado más «deseable socialmente», hasta que decidió luchar contra el estigma subiendo vídeos en los que salía, por ejemplo, haciendo la compra en el súper en uno de sus «días malos», caracterizados por los tics (movimientos repetitivos o realización de sonidos indeseados difíciles de controlar). Su vídeo más popular cuenta con más de 20 millones de visualizaciones. Estoy segura de que la gijonesa ha logrado concienciar sobre este síndrome hereditario más que cualquier campaña realizada hasta la fecha.

En mayo de 2020, y tras recuperarse de su trastorno alimentario, @madredecroquetas decide que quiere ser esa voz que en algún momento ella necesitó y se une a la lucha antigordófoba, de aceptación corporal, de conocer y respetar nuestros cuerpos y a favor de la diversidad. Comienza a hacer activismo y visibilizar en clave de humor todas esas experiencias que ella vive a diario por su peso. El contenido que crea no deja indiferente a nadie y, por ello, en el siguiente capítulo hablaré más de ella.

Franchesqui López (@franchesqui_lopez) tiene su *alter ego* en redes: «la marika de pueblo». Franchesqui nace en un pueblo de 300 habitantes de la provincia de Granada. En 2017, con diecinueve años, sale del armario y recibe mucho rechazo de su alrededor, y es entonces cuando decide hacerse ciberactivista porque, como él me cuenta en una entrevista, «prenderle fuego al armario no tuvo ese final bonito de las pelis norteamericanas, así que decidí canalizar lo que sentía creando contenido que luchara a favor de las minorías en un espacio que a la vez me permitiera ser yo mismo. El activismo me ha ayudado a salir de la depresión. Me aporta mucha alegría saber que el tiempo que dedico en redes cambia realidades de otras personas y genera nuevas vidas alejadas del miedo. También me ha aportado crecimiento personal y psicosocial, generándome actitudes como mayor empatía o la escucha activa. Me ha dado respeto y me ha favorecido el autoconocerme y poder ser quien quiero ser deconstruyendo muchas de las ideas que tenía, que lo único que hacían era limitar mi ser». Además de eso, Franchesqui, actual estudiante de Educación Social, decidió abrir una sede de la Asociación Arco Iris en su pueblo. «Me enteré por un amigo de que podía abrir una sede, así que fui a hablar con la alcaldesa, que se mostró muy receptiva, y lo llevó al pleno y se aprobó. Hicimos muchas cosas (un cuentacuentos, charlas, formación en sensibilización a fuerzas y cuerpos de seguridad para saber cómo acompañar a víctimas de **LGTBQIA-fobia**, se conmemoró el Día del Orgullo con acciones concretas... Todo en un año. Cuando comencé 2.º de bachillerato ya me era complicado estar en todo, pero fue una pasada todo lo que hicimos.» Con solo diecinueve años, Franchesqui fue capaz de empezar a agitar las conciencias de un pequeño municipio de 300 habitantes y utiliza las redes sociales para trasladar su activismo a todas las partes del mundo.

*«Me gusta mucho ver a tanta gente joven denunciando con tanta contundencia lacras sociales como la **LGTB-fobia**, el **racismo** o el machismo. Me encanta el activismo que veo, y la creatividad de los y las tiktokers a la hora de crear contenido. Además, aprendo mucho de temas variados con cuentas educativas y profesionales que comparten información interesante y útil, y me gusta el uso tan plástico que se hace del humor como herramienta polivalente.»*

Olivia Ávila (@oli_sapereaude) comenzó a crear tiktoks por curiosidad en 2020 y actualmente se ha convertido en una gran analizadora del potencial social de esta aplicación y es un referente sobre **asexualidad** en TikTok, orientación sexual aún muy invisibilizada y de la que no existía apenas contenido audiovisual (hablaremos sobre la asexualidad en el capítulo 9). En una entrevista que le hice, Olivia comenta que lo que más le provoca satisfacción de crear tiktoks es el impacto positivo en la comunidad que generan sus vídeos y favorecer el hecho de eliminar prejuicios y estereotipos sobre la asexualidad. Le llegan cientos de comentarios de personas asex que le dan las gracias diciéndole cosas como «me siento feliz por existir», «gracias a tus vídeos al fin me siento en paz y tranquila», «gracias por no hacerme sentir una persona enferma», y que le cuentan sus experiencias cargadas de asexualfobia. Te sorprenderán el ingenio, la creatividad y las reflexiones profundas que realiza Olivia en sus vídeos sobre el sexocentrismo, la diferencia entre atracción sexual y deseo sexual, o cómo repercuten los mandatos de género en las personas asexuales.

¿Y el potencial de TikTok como herramienta de trasformación social es solo para zoomers? ¡Claro que no!

Tenemos a tiktokers octogenarias, como Rosa (@conbuenhumor), con más de 3 millones de seguidores, que hace vídeos en clave de humor con su nieto, o a Guadalupe (@abueladedragones), que se viralizó a raíz de que sus nietos la grabaran comentando de forma espontánea y natural en su sofá con su camisón lo que opinaba de la famosa serie *Juego de Tronos*. Tal fue el éxito que la plataforma Netflix la fichó como comentarista de otras series, como *La casa de papel*.

Y también tenemos a personas de la generación X que aprovechan esta red para divulgar conocimientos sobre la salud de las mujeres, como es el caso de la premiada ginecóloga y escritora Miriam Al Adib Mendiri (@miriam_al_adib), a la que entrevisté y me contó lo siguiente:

«Durante el confinamiento, una de mis hijas me descargó el TikTok para usarlo ella desde mi móvil y tenerlo con un uso privado familiar. En junio de 2020 subo mi primer vídeo con la idea de pasarlo al Instagram, no pensaba pasarme al TikTok. Pero un día empecé a subir situaciones tipo sketches de situaciones que se dan en la consulta y empezaron a seguirme miles de personas... No me lo esperaba. Visibilizaba situaciones de vergüenza y asco que tenemos las mujeres asociadas a nuestros genitales, a no estar rasuradas... Y empezaron a lloverme comentarios de todo tipo. Muchos cargados de violencias hacia los cuerpos de las mujeres. En ese momento fue cuando realicé el tiktok sobre la normalización del

vello vulvar y se viralizó, teniendo hasta 4 millones y medio de descargas. En el tiktok digo que el rasurado vulvar no es necesario, que es una decisión personal y que no hay que hacerlo ni por higiene, ni por respeto a nadie ni se es descuidada por no rasurarse, que no es necesario depilarte para ir al ginecólogo... Había muchos comentarios a favor, y muchos haters también. Así que me pareció interesante seguir en esta app para llegar a gente más joven y seguir divulgando más allá de mi público de Instagram y Facebook (de más edad). Creo que esta forma de divulgar más divertida y amena es muy efectiva con el perfil de personas de esa red. He notado en la consulta desde que soy tiktoker que las mujeres jóvenes vienen con una actitud mucho más relajada y confiada».

¿Sabías que...?

Las acciones *online* generan cambios en el espacio *offline*. En los últimos años ha habido muchos movimientos sociales que, gracias a las redes, han tenido una repercusión mundial en contra del cambio climático o la violencia sexual, entre otros. Durante la pandemia se produce una reivindicación que moviliza al 78% de los zoomers americanos y a gran parte del mundo, el #BlackOutTuesday, donde llenamos nuestras redes sociales de una imagen negra reivindicando que las vidas de las personas negras importan con el *hashtag* #BlackLivesMatter. En mayo de 2020, George Floyd, afroestadounidense de cuarenta y seis años, es asesinado al ser inmovilizado por cuatro policías en una detección a causa del uso de un billete falso en Minneápolis. La acción colectiva a través de las TRICS consistió en poner en nuestros **feeds** una pantalla negra para protestar contra el **racismo** estructural y la brutalidad de los policías.

Y TÚ, ¿QUÉ USO HACES DE LAS TRIC?

«El profe nos prohíbe tener los móviles en clase y él no tiene ni quitado el sonido.»

«Mis padres me dicen que no use el móvil durante las comidas, pero ellos lo miran cuando quieren.»

«Mi madre se ha creado una cuenta falsa de Instagram para ver si acepto a desconocidos y stalkearme.»

«Me echan la bronca por exponerme en redes, pero mis padres suben fotos en las que salimos mis hermanos y yo sin pedirnos permiso.»

«Dicen que no sé usar el móvil, pero ellos se dejan la geolocalización puesta todo el tiempo, se les olvida quitar el sonido incluso cuando estamos en el cine, tienen sus redes sociales abiertas de forma que las puede ver cualquiera y le dan a aceptar a todas las cookies que les salen sin leer lo que aceptan.»

Estos son algunos de los muchos testimonios que oigo en los talleres que versan sobre cuidados en el entorno virtual. Además de realizar una puesta a punto y de esforzarnos por hacer un acompañamiento de calidad, es imprescindible que hagamos un buen uso del móvil e Internet. Somos modelos y referentes **24/7**, y de nada va a servir lo que diga si no predico con el ejemplo. Entre otras prácticas normalizadas por la mayoría de las personas adultas está el *sharenting* (*share-parenting*), que hace referencia a compartir fotos de nuestras criaturas en redes sin pedirles permiso. Si nos paramos a reflexionar sobre este uso de la imagen de menores tan frecuente podemos ver que normalizamos el no consentimiento digital de estos. Diciéndoles, además, que «tengan cuidado con lo que comparten que luego todo eso se queda en Internet», pero sin tenerlo en cuenta las familias.

En 2020 se paraliza la vida de 3,9 millones de personas: una pandemia mundial nos confina en nuestras casas. Las TRIC pasan de ser algo hostil, lejano y que muchas personas miraban con gran recelo, a ser nuestras grandes aliadas y mantenedoras de nuestras relaciones *offline*, de nuestros trabajos, espacios de formación, ocio y de reivindicación de derechos civiles.

Con todo lo comentado, y respondiendo al título del capítulo, te diría que hagas lo que quieras, porque entiendo que te pueda dar una pereza infinita ponerte a hacer *reels* en Instagram, aunque puede que, por el contrario, lleves haciendo tiktoks familiares desde que comenzó la crisis sanitaria. Lo que sí que creo que es importante es que reivindiquemos que los *boomers* son necesarios para acompañar a las nuevas generaciones en su bienestar digital, ya que, aunque se consideren «nativas digitales», no va ligado a que sepan cómo les puede afectar el consumo constante de cuerpos y vidas irreales en sus pantallas, a que conozcan todas las opciones que tienen para proteger sus perfiles o a que no pongan su autoestima en los *likes* que reciben. La generación Z nos necesita, así que #ArribaLosBoomers

A tener en cuenta

Nuestro uso de las redes sociales tiene que estar ligado al objetivo de hacernos sentir bien. Nadie puede obligarnos a estar presentes en ningún espacio *online* o a compartir algo que no deseemos, y tenemos derecho a darnos respiros o a eliminar nuestros perfiles cuando queramos. La alcaldesa de Barcelona, Ada Colau, hacía un *post* en abril de 2021 en su Instagram explicando por qué dejaba Twitter, red en la que tenía casi un millón de seguidores. Ada comenta: «[...] por desgracia, en los últimos años es sabido por todos que la red se ha llenado de perfiles falsos y anónimos que intoxican e incitan al odio. Muchos de ellos incluso comprados con dinero (*bots*)... Además, se ha generado otro fenómeno al que yo llamo la "tiranía de la presencia permanente": parece que hay que opinar de todo, todo el rato... tengo la sensación de que esta red deforma mi realidad sobrerrepresentando las polémicas y los discursos de odio, convenciéndote de que la humanidad es mala, desconfiada y egoísta. Me he dado cuenta de que soy mejor persona fuera de Twitter, que aunque no quieras, en Twitter es muy fácil acabar entrando en discusiones y peleas».

CAPÍTULO 5

POSTUREO Y OBSESIÓN
POR LA IMAGEN

Yo postureo. Tú postureas. Todos y todas postureamos. En la era de la *happycracia*[1] (o la obligatoriedad de ser feliz), en que los mensajes de las frases de azucarillo nos rodean por todas partes, donde nos han enseñado a tapar nuestras vulnerabilidades y contestar «muy bien» cuando te pregunten «¿cómo estás?» aunque estés como una mierda, en que en las tazas en las que pone «tú puedes con todo» son superventas... decir que solo los adolescentes posturean me parece un desatino.

Este capítulo no va a comenzar con un test, sino con unas preguntas que lanzo para que reflexionemos internamente. Vamos a ello: consideras que...

- ¿Pasar parte del día mirándote en una pantalla afecta a la representación interna que tienes de ti?
- ¿Hacerte *selfies* o autofotos continuamente provoca una admiración excesiva de lo que sientes por tu persona?
- ¿Es peligroso poner tu valía en los *likes* que recibes en función del contenido que subes a las redes?

1   Título del ensayo del psicólogo Edgar Cabanas y la socióloga Eva Illouz que hace referencia a la «obligatoriedad de ser feliz» y que está relacionado con el sistema capitalista actual. También podemos encontrar el término «Mr. Wonderfulismo».

- ¿Afecta psicológicamente consumir perfiles que nos muestran unos cuerpos y vidas irreales?

No sé si, como yo, has respondido internamente con una afirmación a cada una de estas preguntas. En todo caso, haría una excepción: la que alude a que el estar posando para una pantalla provoque una admiración exagerada hacia tu persona. Ni el postureo ni el narcisismo lo han creado las redes sociales, aunque puedan ser herramientas donde se visibilicen mucho más claramente estos dos aspectos que forman parte de la sociedad en general y no de la adolescencia exclusivamente. Pero también, como me cuentan en los talleres, cuando una persona se tira mucho tiempo repitiendo la misma foto y tuneándola una vez hecha hasta que se ve bien, más que de quererte excesivamente nos puede hablar de lo contrario: quererte excesivamente poco y/o sentir una gran presión estética. En este capítulo vamos a profundizar en todos estos aspectos.

*«Una imagen o tiktok que comparto en mi **feed** es mucho para mí. Representa quién soy, qué me define, cómo soy... Puedo tirarme mucho tiempo haciendo y retocando una foto, poniendo filtros o grabando el mismo tiktok hasta que sale bien... Creo que, en general, todas lo hacemos.» L., 15 años.*

Diferentes estudios[2] muestran cómo las personas jóvenes realizan una autopresentación selectiva en Instagram; es decir, adquieren más control acerca de cómo presentarse a las demás personas, seleccionando cuidadosamente qué aspectos quieren o no mostrar. ¿Cuál es el fin de todo esto? Por supuesto, la aprobación social basada en unos parámetros construidos social y culturalmente (sobre todo, «capitalistamente», y permitidme que me invente esta palabreja) que marcan lo que supuestamente es deseable y lo que no. Veámoslo.

2 Fox y Vendemia, M., 2016; Gonzales y Hancock, 2011; Sibak, 2009; Walther, 1996.

DESEABILIDAD SOCIAL

Todas las personas queremos sentir que somos deseables socialmente. Quizá haya momentos en los que esto se acentúe más, y la adolescencia (que, recordemos, sabemos cuándo empieza, pero no cuándo termina) puede ser uno de esos momentos. Y, por supuesto, todos estos momentos irán unidos a la necesidad de aceptación e identificación del grupo. Recuerdo cuando tenía diecisiete años y era rapera. Me pasaba toda la semana pensando en el sábado para ir a la Ciudad Nunca Duerme, un bar donde me juntaba con otras personas a las que les gustaba la misma música que a mí. No dejaba nada al azar, ni las bragas (solo tenía unas de las caras de rapera, de esas que se asomaban estratégicamente por encima del pantalón ancho para que se viera la marca, y solo las usaba en eventos especiales). No sé si a ti te pasaba como a mis amigas y a mí y planeabas tu ropa, complementos, peinado... para ir a ese bar de moda el fin de semana. Nosotras no dejábamos ni un detalle a la suerte.

La dictadura de la imagen siempre ha existido, no es cosa de las redes sociales. Basarnos en modelos o referentes, dejarnos llevar por la presión del grupo y buscar el reconocimiento seguramente ha formado (y puede ser que siga) formando parte de ti. Con el auge de las redes sociales y de la accesibilidad al *smartphone* **24/7** esta dictadura puede adquirir otros tiempos, formas y significados, amplificando sus repercusiones y aumentando la presión estética, especialmente en las mujeres jóvenes. La Universidad Johns Hopkins[3] ya publicaba estudios en 2019 en que relacionaba directamente el uso de redes sociales y aplicaciones de retoque fotográfico con la predisposición a la cirugía estética.

---

3   Chen Jolin *et al.* «Association Between the Use of Social Media and Photograph Editing Applications, Self-esteem, and Cosmetic Surgery Acceptance», *JAMA Facial Plast Surg*, 2019.

El bar de moda ahora se llama Instagram (igual cuando leas esto Instagram está totalmente *out*, espero que no, que ya le tengo todo el rollo pillado), y una foto en tu Insta puede decirlo todo de ti. Esa foto puede simbolizar tu forma de relacionarte, tus gustos, tu forma de pensar, de sentir... Esa foto es tu reputación. Esa foto eres tú (o por lo menos lo que quieres transmitir que eres). Tu identidad de estar en el mundo teniendo quince o dieciocho años.

Recuerdo un capítulo del programa *Salvados* en el que Jordi Évole dialoga con un grupo de jóvenes. Hay un momento del programa en que Jordi dice: «Viendo vuestros Instagrams, me había hecho una imagen totalmente diferente de lo que me iba a encontrar hoy aquí [...] me había hecho una imagen de personas más frívolas, superseguras de sí mismas... Y luego habláis y hay inseguridades, contradicciones... Y casi que eso es más chulo que ver toda esa fachada». A lo que una joven le contesta: «Pero es chulo para ti, para la gente de dieciocho años de hoy en día no es chulo tener inseguridades... Lo chulo es lo que mostramos». Évole responde: «Pero es mentira». Todo el grupo afirma y dice: «Es mentira, sí, el Instagram no es representativo de lo que somos, el Insta es para venderte socialmente y que los demás te vean, pero no somos nosotros en Instagram».

He hablado mucho del postureo con jóvenes y siempre lo he

hecho como Jordi, con cierto adultismo, pensando que eran unos sometidos a la imagen que proyectan en redes. Y me ha sorprendido muy satisfactoriamente cómo tienen muy claro el uso que le quieren dar a sus perfiles o cómo tienen claro que la gente enfatiza en las redes los aspectos más positivos de sus vidas, buscando una mayor deseabilidad social que se traduce en *likes*.

Pero también debemos mencionar la exposición a determinados perfiles **24/7**. Estar en constante exposición a representaciones de vidas y personas que no tienen que ver con nuestra realidad activa inconscientemente procesos de comparación social que nos llevan a la frustración y que puede afectar nuestro autoconcepto y autovalía, perjudicando así a nuestra salud mental. Veamos cómo funciona.

SALUD MENTAL Y TRIC

Cuando comparto desde mi Instagram (@lapsicowoman) aspectos que tienen que ver con la parte menos «*wonderful*» o maravillosa de mi vida, o hablo de lo que no se me da bien o de mis afecciones en torno al bienestar emocional... es impresionante la cantidad de mensajes que recibo agradeciendo que se visibilicen también nuestros «fangos».[4]

Me interesaba esta respuesta masiva, así que estuve recogiendo testimonios por Instagram sobre este tema y una mujer milenial me escribió: «He estado de baja un año por ansiedad y me ha apetecido contarlo en mis redes. Porque en redes muchas veces solo se ve la cara buena, pero creo que es importante enseñar la cara B. Porque hay mucha gente que necesita eso para poder ver que no están solas o atreverse a pedir ayuda. Enseño mis dos caras porque creo que es importante que deje de ser un tabú. Y mucho más ahora con todo lo que está pasando».

4   La psicóloga que está al frente de @therapyweb estuvo recogiendo los fangos de muchas personas para publicarlos en la cuenta de Instagram @en_el_fango bajo el lema de «lo público facilita lo privado».

Visto en Instagram

La zoomer nutricionista y artista Raquel Sevilla, @dopaminity en redes, arrancó su proyecto en Instagram a través de una ilustración en la que sale una joven haciéndose un *selfie* y en su cara sale escrito «la salud mental no se ve en fotos». A través de su trabajo, que busca la autoaceptación corporal y la promoción de la salud, Raquel escribe debajo de la imagen «está bien disfrutar de lo que vemos en otros en redes sociales, pero no permitamos que ello nos haga sentir inferiores. Lo que vemos de los demás no es más que una pequeñísima parte de la realidad».[5]

Desde los años noventa contamos con investigaciones que relacionaban el consumo de revistas de moda con la percepción y aceptación de tu imagen corporal. De forma que, cuantas más revistas consumías, menos te querías a nivel físico. En la encuesta sobre imagen corporal LRDC (la rebelión del cuerpo) realizada a 10.000 mujeres se mostraba cómo el 91% de ellas confirmaba que el visionado de publicidad influye en cómo perciben sus cuerpos. Otros datos que aportaba este estudio son que el peso y la gordura son los factores más relevantes a la hora de evaluar nuestra apariencia, que el 84% de las mujeres no se sienten cómodas con su cuerpo y que las mujeres invierten tres horas al día en pensar cómo luce este.

Ahora puede que, en gran medida, hayamos sustituido este impacto que nos generan las imágenes de las revistas por el impacto de los medios y, sobre todo para la población más joven, Instagram. Y es que en Instagram todo transcurre con mucha velocidad, y ante nuestros ojos pasan cientos de imágenes y vídeos estereotipados y sexistas al día. Muchas de estas imágenes están digitalizadas, retocadas y photoshopeadas, dando lugar a una percepción de los cuerpos canónicos y estilos de vida totalmente falsos.

5 Puedes verlo aquí: https://www.instagram.com/p/CIOK5XfDOPV/?utm_source=ig_web_copy_link.

Exponernos a cánones de belleza inalcanzables influye, sin que nos demos cuenta, en nuestro psiquismo, creando unos imaginarios de «ideal de belleza» totalmente imposibles. Al comparar este «yo corporal ideal» con nuestro «yo corporal real» provocaremos una gran distancia, ya que el modelo es cada vez más antinatural, y nos llenaremos de complejos. Este no encajar con la «supuesta norma» provocará un gran malestar general e insatisfacción corporal y, en muchas ocasiones, se buscará compensar estos complejos comprando productos o gastando dinero en que hagan que tengamos «mejor cuerpo» o «un pelo más parecido al de X instagramer...».

Estos estímulos negativos a través de cuerpos digitalizados se centran más en las mujeres, en que el canon es todavía más rígido (piensas que los fofisanos son atractivos, pero, ¿has oído hablar de las fofisanas? No, ¿verdad?). La presión estética en el canon de las mujeres es tan fuerte que ni siquiera se contemplan cuerpos que no entren dentro de la normatividad marcada por este canon. Una normatividad centrada en una perfección irreal y tan photoshopeada como la de las redes sociales. No se contempla que una mujer fofisana pueda ser atractiva porque no responde a este canon de belleza y perfección tan estricto que se nos impone desde niñas. No hay opciones: debes ser guapa, delgada, con la piel perfecta, sin una estría, sin nada de grasa... La irrealidad se impone y nos constriñe. Bien es cierto que el mercado, hace unos años, introdujo esta «presión estética» también para los chicos. Nació así el concepto «metrosexual», que ha ido evolucionando de algo que en principio era conceptualizado como peyorativo hasta normalizarlo y casi imponerlo, porque ya sabemos que el capitalismo manda.

Visto en YouTube

En tres minutos, el vídeo *Are you linving an Insta lie? Social Media vs. Reality*, que se traduciría por «¿Estás viviendo una Instamentira? Redes sociales vs realidad», trata de concienciar sobre lo que hay detrás de muchas de esas publicaciones aparentemente llenas de risas, desayunos de lujo, parejas felices y éxito social.[6]

Los cánones de belleza han ido transformándose a lo largo de los años, vendiéndonos como universales y deseables unos ideales cada vez más antinaturales. Esto no lo suele saber la chavalería. En los talleres suelo poner dos fotos, una al lado de otra: a la izquierda una foto de la serie que arrasó cuando yo era adolescente y a la derecha una serie actual. Les digo que busquen comparaciones. Y se fijan en que los cuerpos de la foto de la serie actual son diferentes, mostrándonos como normal tener mucho pecho con quince años, muy poca cintura y un superculo (en las chicas) o dando por hecho el *six pack* (aspecto de tableta de chocolate en el abdomen) en los chicos. Cuando les pregunto que por qué han creado esos modelos me dicen «¡porque es lo que gusta!», a lo que yo les contesto que antes nos gustaban los de la foto de la izquierda o culturas (u otras épocas) en que la gordura femenina era sinónimo de belleza, y siempre se quedan con cara de extrañeza. Es muy importante acompañarlos para que se den cuenta de que para gustar no es necesario tener esos cuerpos, pero que así nos lo hacen creer para que nos gastemos dinero en intentar tener unos cuerpos que, además, al ser antinaturales, nunca vamos a conseguir.

Visto en YouTube

En la red encontrarás multitud de ejemplos de la evolución del ideal de belleza a lo largo de la historia. Este vídeo[7] te muestra cómo ha cambiado en los últimos 3.000 años. Muchas personas

---

6 Puedes encontrar ese y otros vídeos que te van a servir como herramientas para reflexionar sobre la temática en la playlist asociada al canal de YouTube Psico Woman «Cuestionando el ideal de belleza»: https://www.youtube.com/watch?v=0EFHbruKEmw&list=PLapT7p-s-vz4fPlpFyVWGULlsuX96pX-e&index=56.

7 Véase: https://www.youtube.com/watch?v=s4SqeNG_QAw.

se quedan sorprendidas al ver esta evolución, porque existe una falsa idea de que la belleza es una concreta, estándar y universal, que todo el mundo aspira a tener ese ideal y que, además, para ser una persona deseada tienes que acercarte a ese modelo.

Que sepan que lo que ven en las redes es falso o que los algoritmos de ciertas aplicaciones hacen que solo aparezcan personas con determinados cuerpos es importante, pero quizá también que les contemos lo positivo de darse un descanso de ciertas redes sociales temporalmente si vemos que nos está afectando, silenciar las publicaciones de X instagramer por un tiempo o desactivar el recuento de *likes*... Así como comenzar a seguir cuentas más reales que inconscientemente nos devuelvan que tú (con tu pelo, orejas, barriga, piernas...) existes. Y que eres una persona válida así como eres.

En una actividad *online* en la que hablábamos sobre el postureo, una alumna me mandó la siguiente pregunta: «Sé que lo que veo en redes es mentira. Pero aun así siento que me está afectando mucho ahora mismo. Me rayo, sé que no tendría que ser así, pero no sé qué hacer. Me siento muy frustrada». La leí en directo, y la verdad es que me hubiera encantado que la actividad hubiera sido presencial para ver qué soluciones daba el grupo. No sé qué le contestarías tú. Se podría naturalizar y validar la envidia como sentimiento que no podemos evitar, podríamos ponernos un poco «Mr. Wonderful» y decir que lo que vemos en otras personas puede movernos a luchar por lo que anhelamos, podríamos reflexionar sobre que no hay emociones buenas o malas y que todas sirven para algo... Yo, por mi parte, le contesté muy honestamente y le dije que la entendía, y más con la que estaba cayendo (momento COVID-19 con muchas restricciones). Que cómo no íbamos a estar repletas de frustración y que eso iba a conllevar que todo nos afectara más. Y que mientras trabajaba en conocerse y coger fuerzas, se protegiera de todo ese contenido que le afectaba. ¿Y cómo protegerse? Le conté que en las últimas semanas había silenciado a varias personas y me había sentado más que bien.

Silenciar a alguien en redes hace referencia a, sin dejar de seguir (y por tanto que no sea visible tu *unfollow*), quitar sus perfiles de tu navegación para que no te aparezca la información que compartan. Con toda la información que tenemos sobre cómo afecta la exposición continuada a cuerpos y vidas irreales, quizá deberíamos parar de vez en cuando esta espiral de consumo continuo, conectarnos con nuestras sensaciones (con nuestro cuerpo) y pensar qué contenido nos está perjudicando y qué otras cuentas de #reallife o más «reales» nos pueden hacer sentir mejor. Por supuesto, también es necesaria cierta regulación institucional. En estos últimos meses, tanto en Noruega como en Reino Unido[8] han sacado leyes que buscan luchar contra la publicidad engañosa y los cánones de belleza irreales obligando, por ejemplo, a las marcas e *influencers* a avisar si se han usado retoques o filtros en las imágenes o prohibiendo su uso en determinados contextos.

> *«Antes veía a una mujer con un cuerpo gordo y me parecía feo. No lo decía, pero lo pensaba. Creo que fue a raíz de comenzar a seguir cuentas de personas que muestran sus cuerpos tal y como son cuando empecé a sentir que todos los cuerpos son bonitos. Ya no me parecen los delgados mejores que los gordos, no solo a nivel de pensamiento racional, sino que lo siento de verdad así. Ver a artistas como La Pili o Nathy Peluso, que se sienten tan diosas con sus cuerpos tal y como son, creo que ayuda mucho.» A., 17 años.*

¿Sabías que...?

La actriz y cómica Celeste Barber @celestebarber comenzó a desmontar con humor esas fotos perfectas que muestran muchas famosas a base de sacarse *selfies* donde las parodiaba. Se creó el *hashtag* #celestechallengeaccepted para invitar a que todas las personas

---

8   La modelo y maquilladora Sasha Pallari (@sashapallari) promovió una campaña en su Instagram con el *hashtag* #filterdrop (quita los filtros) para denunciar las falsas pieles que se muestran en las fotos, convirtiéndose en impulsora de las medidas que tomaría seis meses después el organismo que regula la publicidad en Reino Unido.

realizáramos acciones como estas, en las que, a través del humor y la risa, se logra dinamitar opresiones. Celeste, que empezó con sus parodias como una broma entre hermanas, cuenta actualmente con 7,8 millones de seguidores en Instagram.

GORDOFOBIA

La primera vez que escuché hablar de **gordofobia** fue en 2016, en la presentación del libro *Stop Gordofobia*. Escuchar a la autora, la filósofa y activista gorda Magdalena Piñeyro Bruschi[9] me invitó a reflexionar y a replantearme muchas concepciones que tenía sobre la gordura y las personas gordas. ¿Alguna vez te has parado a hacerlo tú? Te invito a hacerlo a través de este test extraído de la *Guía básica sobre gordofobia*:[10]

TEST

1. ¿Has utilizado la palabra «gorda/gorde/ gordo» como insulto contra ti o contra otra persona?
   a) Muchas veces
   b) Algunas veces
   c) Nunca

2. ¿Has comentado la bajada o subida de peso de otra persona sin que esa persona te pidiera tu opinión?
   a) Muchas veces
   b) Algunas veces
   c) Nunca

9   En 2021, después de muchos años esperando a que se pudiera dar el encuentro, hicimos un vídeo sobre el tema con ella desde el proyecto Psico Woman, que puedes ver aquí: https://www.youtube.com/watch?v=6dWRMalIAG8.
10   Bruschi Piñeyro, M. *Guía básica sobre gordofobia*, Instituto Canario de Igualdad, 2021.

3. ¿Alguna vez te ha atraído sexualmente o te has enamorado de una persona gorda?

a) Nunca

b) Alguna vez

c) Muchas veces

4. Nombra en 30 segundos a cinco personas gordas famosas del mundo del espectáculo.

a) No conozco ni una

b) Me faltó alguna

c) Lo logré. ¡Pleno!

5. ¿Sientes culpa cuando comes?

a) Siempre

b) A veces

c) Nunca

6. ¿Eliges tus alimentos no en función de lo que te alimentan sino en función de lo que crees que engordan o no engordan?

a) Siempre

b) A veces

c) Nunca

7. Cuando te miras al espejo, ¿opinas que estarías mejor con unos kilos menos?

a) Siempre

b) A veces

c) Nunca

8. ¿Eliges tu ropa, o te han invitado a elegir tu ropa, en función de lo que te hace parecer una persona más delgada?

a) Siempre

b) A veces

c) Nunca

9. ¿Te has visto en la situación de decirle a una persona que deje de comer porque si no, «ya verás cómo te vas a poner»?

    a) Sí, unas cuantas veces

    b) Alguna vez

    c) Nunca

10. ¿Cuántas veces al día piensas en tu peso, en bajar de peso o en modificar alguna parte de tu cuerpo para adaptarte a los cánones estéticos imperantes?

    a) Muchas veces

    b) De vez en cuando

    c) Nunca

Nota: a mayor número de repuestas de la opción A, mayor gordofobia interiorizada. No te preocupes, se puede trabajar.

La **gordofobia** la componen una serie de prejuicios que giran sobre la salud, la moral y la estética en relación con el odio y el rechazo a las personas gordas, especialmente si son mujeres. «Pero, maestra, ¡esto también afecta a los hombres!», me dicen en algunos talleres. Y claro que sí, pero, como me comentaba en una entrevista el activista trans y creador audiovisual milenial Álvaro Martín: «Cuando la sociedad me veía como una mujer me insultaban y se reían de mí por tener sobrepeso; incluso, en un trabajo de cara al público, la jefa llegó a decirme que me estaba haciendo un favor enorme y, cuando le pregunté el porqué, me dijo que mirara a mis compañeras, que todas eran guapas y yo era la única gorda de cara al público... Ahora peso más, pero ya me ven como un hombre, hay más tallas y hay más comprensión... Porque ser gordo es malo, pero ¡ser gorda es peor...!».

«Porque gorda no es un insulto.» Desde ciertos movimientos sociales vinculados con el **feminismo**, el activismo gordo se reapropia del término «gorda» quitándole los aspectos negativos socialmente construidos y asociados a este término y desmiente mitos, como asociar la enfermedad o ciertos hábitos de vida a la gordura. Desde 2015 se ha escrito y compartido mucho desde el activismo gordo, que nos interpela a toda la ciudadanía. Porque como defiende Magda: «Queremos que dejen de decirnos "quiérete" y empiecen a decirnos "te quiero". La autoestima es algo colectivo y, si se fomenta un estigma, se fomenta "que un grupo social tenga cero autoestima"».

En 1990, Naomi Wolf escribió un libro que causó un gran revuelo e impacto, *El mito de la belleza*. Han pasado más de treinta años y la obra, que reflexiona sobre la existencia de una relación perversa entre la liberación femenina, el avance de las mujeres y la exigencia de ideales de belleza cada vez más imposibles, sigue estando totalmente vigente. Wolf escribe: «Una cultura obsesionada con la delgadez femenina no está obsesionada con la belleza de las mujeres, está obsesionada con la obediencia de estas. La dieta es el sedante político más potente en la historia de las mujeres: una población tranquilamente loca es una población dócil».

Visto en Instagram

«Isa, me he dado cuenta a raíz de la charla de que tengo **gordofobia**. ¿Cómo me podría concienciar para no tenerla?», me preguntaba un alumno en una charla sobre el postureo. Y yo le contesté que a mí me había venido muy bien seguir a personas que te invitaban a reflexionar sobre estos temas. Es mucho el activismo en redes que se hace contra la gordofobia. Hay tiktoks que en 15 o 30 segundos desmontan en clave de humor muchos de los prejuicios que tenemos interiorizados sobre las personas gordas y multitud de información y páginas de apoyo colectivo en Instagram y Facebook. Si te interesa este tema o seguir a cuentas más reales, te recomiendo a: @stopgordofobiaoficial, @lamagduchi, @croquetamente_, @thebodyisnotanapology, @readicalbeautyproyect, @_pelillosalamar_, @lutacruz, @pretty andole, @artemapache, @i_weigh, @raquelobaton, @almainsex,

@bellezafalsa, @martitadegrana, @elcuerpoquesomos, @desnu
datuautoestima, @la_dixit, @killademente, @sanamente.monica,
@mimixxl, @lapili_ o @saggysara. A raíz de la pregunta de este
chico creé un *post* colaborativo en Instagram, donde muchas
personas comentaron las cuentas que seguían sobre la temática.[11]

VIOLENCIA ESTÉTICA

Es importante enfatizar la idea de que, aunque la presión estética
existe para todo el mundo, en nuestro sistema patriarcal las mujeres
y los sujetos feminizados siempre van a tener más presión. El lema
que seguro has escuchado de «Capitalismo y **patriarcado** van de la
mano» hace referencia a ello. Porque, como dice la profesora y escritora Gail Dines: «Si el día de mañana las mujeres se despertaran
convencidas de que les gusta su cuerpo, ¿te imaginas todas las empresas que quebrarían?».

La socióloga Esther Pineda habla de la violencia estética para
referirse a la exigencia estética y la obsesión por la belleza que la
sociedad ejerce reforzando las ideas de parecer siempre jóvenes, siguiendo un canon de belleza determinado y aplaudiendo la delgadez. «Esta violencia es de orden psicológico, pero tendrá efecto en
el aspecto físico de las mujeres, es decir, impacta en su subjetividad,
pero también en sus cuerpos. En una sociedad que establece la belleza como elemento constitutivo de la identidad y la valoración
femenina».[12] Desde la edad infantil y adolescente, el mensaje para las
chicas tendrá que ver con mostrarte atractivas para la mirada del
otro, poniendo así toda tu valía en tu cuerpo reflejado en la mirada
ajena.

Desde pequeñas aprenden que se las va a valorar por su cuerpo,
recibiendo un doble mensaje: porque por un lado existe una hiper-

11 Puedes encontrarlo aquí: https://www.instagram.com/p/CNprtKMFx5F/?igshid=hsxrmre4lfp8.
12 Pineda, Esther. *Bellas para morir. El establecimiento del canon de belleza femenina como una
nueva forma de misoginia*, Acercándonos, 2014.

sexualización desde que son niñas, pero por otro lado se les puede tachar de «putas», «guarras» o «zorras» para oprimir y controlar su sexualidad. Este doble mensaje conlleva ansiedad, miedos y frustración constantes en las chicas en relación con cómo vivir su sexualidad. Aparte de crearse una asimetría con la libertad de los chicos, ya que ellos podrán vivir y exhibir su sexualidad de una forma mucho más libre. A los chicos se les encorsetará más en la expresión de algunas emociones, normalizando en ellos que muestren la rabia, pero no tanto los miedos o la tristeza —ya que eso de mostrarse vulnerables es «de niñas»—, reforzando así la **masculinidad hegemónica**.

Visto en Google

Te propongo un experimento que puedes hacer tú solo o tú sola o con ese zoomer que tengas cerca. Poned en Google Imágenes la palabra «niño» y luego la palabra «niña». Abridlas en diferentes pantallas, de forma que podáis acceder a las dos páginas simultáneamente para analizarlas y observar las diferencias. Aquí propongo algunas preguntas que facilitan la reflexión:

- ¿Qué tipos de planos se utilizan en cada una?
- ¿Qué colores predominan en cada una?
- ¿Qué transmiten las imágenes de los niños?
- ¿Qué transmiten las imágenes de las niñas?
- ¿Cómo van vestidos y vestidas?
- ¿Hay diversidad de razas y etnias?
- ¿Qué creéis que nos están diciendo las imágenes de cómo deberían ser los niños? ¿Y las de las niñas?
- ¿Os sentís representados y representadas por esos modelos?

Es bastante impresionante el sexismo que encontramos cuando analizamos con «**gafas violetas o de género**» las imágenes en la publicidad. Esta **violencia simbólica** no solo cosifica a la mujer, sino que, además, viene acompañada de modelos de comportamiento, aptitudes, roles y capacidades asociados a esos cuerpos. La belleza que se espera para las niñas y mujeres viene acompañada de actitudes de pasividad, sumisión, inocencia o hipersexualización, como se puede observar en el experimento realizado.

Si nos fijamos en las imágenes de los niños observamos cómo los planos son más cerrados (no existe esa **objetivización** o **cosificación**), los colores son más vivos y variados, y las actitudes que muestran son de niños activos, vivaces, fuertes, pillines, inventores y aventureros.

Si aplicamos además una mirada que atienda a la **interseccionalidad** podemos analizar cómo en las imágenes se representan unos cuerpos delgados, eurocentrados, sin **diversidad funcional** ni **neurodiversidad** y que representan una calidad de vida alta.

TRASTORNOS ALIMENTARIOS

La presión social sobre nuestros cuerpos es tal que puede derivar en un trastorno de la conducta alimentaria (TCA) o, como, personalmente prefiero nombrarlo, «trastorno alimentario». Porque da miedo que, al poner el foco en la conducta o el comportamiento (que sería la parte visible del iceberg que representaría la problemática de los TA), no seamos conscientes de la gravedad de estas enfermedades, que van más allá de tener un comportamiento «apropiado o inapropiado» con la comida.

Los TA son trastornos emocionales de origen multifactorial que se caracterizan por un comportamiento patológico en la ingesta de comida y obsesión por los kilos. Según la psicóloga Rosa Calvo: «Los trastornos del comportamiento alimentario son trastornos multidimensionales generados por una conjunción de factores fisiológicos, cognitivos, emocionales, familiares y socioculturales, que se siguen expandiendo en una sociedad cuyo valor más deseado es alcanzar una imagen corporal delgada y una imagen psíquica perfecta como expresión de éxito y "elegancia"». Además de la bulimia y la anorexia, existen otros trastornos como el trastorno por atracón, el trastorno por rumiación, la ortorexia, la vigorexia y otros no especificados. Tienen graves consecuencias a nivel físico y mental. En España, alrededor de 400.000 personas tienen un TA, de entre los cuales 300.000 son sufridos por personas de entre diez y veinticuatro años, y se calcula que alrededor del 90% de las afectadas son mujeres. Es muy complicado tener datos exactos de la prevalencia de esta enfermedad, porque hay muchas personas que no son conscientes de ella o no piden ayuda. Se estima que en la población adolescente está en torno a un 6%, pero esta cifra solo refleja las personas que han estado en recursos específicos públicos de TCA.[13] Desde mi experiencia en las aulas, los trastornos alimentarios están muy extendidos, y más desde la crisis sanitaria. En clases de veinticinco personas he llegado a atender a seis alumnas que estaban preocupadas por este tema. Y, como siempre digo en las formaciones con profesorado, a mí me preocupa especialmente quien no habla ni pide ayuda, porque seguramente sea la persona que más en riesgo se encuentre.

Algunos datos[14] de los que disponemos sobre los TCA en población joven muestran cómo:

- Los TCA son más frecuentes en mujeres (9 de cada 10 casos), siendo su prevalencia en España de 4,1 a 6,4% en mujeres entre doce y veintiún años, y de 0,3% para los hombres.
- El 94% de las afectadas son mujeres de doce a treinta y seis años, aunque cada vez hay más casos entre varones y gente mayor.
- El 70% de zoomers no se siente a gusto con su cuerpo, 6 de cada 10 chicas creen que serían más felices si estuvieran más delgadas y alrededor del 30% de ellas revela conductas patológicas.
- Un 11% de adolescentes está realizando conductas de riesgo

13 y 14   Datos extraídos de la asociación TCA de Aragón. Puedes consultarlos aquí: https://www.tca -aragon.org/2020/06/01/estadisticas-sobre-los-tca/, y de la National Eating Disorders Association: https://www.nationaleatingdisorders.org/.

susceptibles de acabar cumpliendo criterios para el diagnóstico de un trastorno de la conducta alimentaria.

- En España se estima que un 21% de las mujeres y un 15% de los hombres universitarios está en riesgo de sufrir un TCA.

- Los TCA aparecen cada vez a edades más tempranas: en los últimos cuatro años se ha constatado un incremento de un 15% en menores de doce años.

- A escala mundial, el número de casos de TCA se ha duplicado en los últimos dieciocho años: la prevalencia se ha duplicado y ha pasado del 3,4% de la población a los 7,8% entre 2000 y 2018. Actualmente se calcula que 70 millones de personas en el mundo padecen algún TA.

- Los TCA están entre las tres enfermedades crónicas más frecuentes entre los adolescentes.

- La mortalidad por anorexia se sitúa alrededor del 10% (1 de cada 5 muertes por suicidio). Los TA son la segunda causa de mortalidad de los trastornos de salud mental.

- Los últimos estudios indican que la proporción de pacientes totalmente curados aumenta del 68 al 84% si se amplían los años de seguimiento.

- La prevalencia de la anorexia en mujeres adolescentes de países occidentales es del 1%, y del 2-4% para la bulimia. La prevalencia del TCA atípico (TCANE) puede situarse en torno al 5-10%.

- La mayor insatisfacción con el peso se asocia con el sobrepeso y la obesidad. El alumnado con sobrepeso hace dieta asesorándose principalmente por un médico o la familia, mientras que en escolares sin sobrepeso hay un amplio porcentaje que hace dieta por su cuenta. Un 13,87% de escolares ha empleado medidas como la actividad física, el vómito o el ayuno para compensar una ingesta excesiva.

- En un estudio realizado con menores obesos de entre nueve y dieciséis años, el 6% fue diagnosticado de trastorno por atracón, y un 14% manifestaba formas subclínicas de dicho diagnóstico.

- Según los últimos datos disponibles de la fundación ANAR

(ayuda a niños y niñas y adolescentes en riesgo), en los primeros meses después del confinamiento los TA aumentan un
826,3%.

Visto en TikTok

Mara Jiménez (@croquetamente_ en IG y @madredecroquetas
en TikTok) se define como superviviente de TCA y gorda sin ta-
pujos. En sus redes puedes encontrar *posts*, directos, *reels* y tiktoks en que, entre otras cosas, visibiliza las actitudes gordófobas
en clave de humor. Mara es actriz y cantante, y en su sección de
tiktoks, que se ha hecho muy viral, sobre «gente gorda haciendo
cosas», interpreta con mucho arte a una teleoperadora que habla ficticiamente con personas gordófobas y genera un diálogo
en el que visibiliza todo el rechazo hacia las personas gordas
que existe.

Las personas que hemos vivido de cerca la huella que puede
acarrear este tipo de enfermedades tan graves, sobre todo cuando
afectan a las personas que queremos, adquirimos ciertas «gafas de
detección» que nos permiten observar actitudes que tienen que ver
con los TA. Me encantaría que la sensibilización en esta temática
fuera tal que todas las personas que estamos cerca de las infancias y
jóvenes pudiéramos llevar esas gafas puestas, porque en los TA el
diagnóstico temprano será clave para un mejor pronóstico del tratamiento. Y son tales las secuelas que puede producir esta enfermedad
tan compleja que muchos familiares han creado espacios de información y apoyo. Si crees que un menor a tu cargo puede tener un
TA, busca información en los recursos que existen para familiares y
personas allegadas y deja la culpa a un lado, porque ya hemos visto
que esta enfermedad es mucho más compleja y de origen multicau-
sal de lo que parece.

Son muchos los testimonios que se pueden encontrar por redes de hombres y mujeres supervivientes de TA, por ejemplo en vídeos de YouTube. Aquí he destacado algunos recursos de mi red social preferida, Instagram, que, además de propiciar información y derribar estigmas, conforman auténticas redes de apoyo. @apatazasociacion es una asociación de supervivientes y pacientes en proceso de recuperación de TCA de Zaragoza que quieren alejar los estereotipos asociados a la enfermedad y luchan por una cobertura pública y de calidad del tratamiento. @proyecto_princesas y @cometetusmiedos rompen estereotipos sobre los TA a través de la información y la fotografía. @tca.aragon está creada por familiares y pretende crear comunidad y red de apoyo entre familiares. En el Instagram de @proyecto_princesas leía ayer, día de la visibilidad trans, un *post* que decía lo siguiente: «Las personas trans somos especialmente vulnerables a los trastornos de la conducta alimentaria, porque modificar nuestro cuerpo se torna una cuestión de supervivencia. La **disforia de género** es una reacción ante una sociedad binarista que solo reconoce y acepta formas muy limitadas (y opuestas) de vivir y encarnar el género. Es el resultado de un mundo que no te reconoce y que niega o cuestiona tu identidad con cada oportunidad que se le presenta». Si te explota un poco la cabeza leyendo este testimonio, no te preocupes. En el último capítulo te explico todo esto de la **cisheteronormatividad**.

En Instagram también encontrarás a muchos profesionales de la psicología y nutrición con una perspectiva antidietas y libres de **gordofobia**, como @nutritionisthenewblack, @tca.psicologia, @igualhablando, @sandranavo_psiconutri, @raquelobaton @psynutricion_ y, @gu_nutricion, entre otras.

«Si pudieras cambiar una parte de tu cuerpo, ¿qué cambiarías?» Esta es la pregunta que hicieron a un grupo de personas de diferentes edades y que respondieron frente a una cámara que grabó lo ocurrido para plasmarlo en un vídeo de 4 minutos.[15] En la primera parte del vídeo responden personas adultas, sin dudar y diciendo cosas como: «¿Solo puedo decir una?», «Mis ojos, a todo el mundo le gustan los ojos grandes», «Mis orejas, son muy grandes», «Mi cara regorderta», etc. Posteriormente hicieron las preguntas a criaturas que, tras pensar un rato, dicen cosas como «Me gustaría tener una cola de sirena», «Una boca de tiburón», «Orejas puntiagudas», «Que mi cuerpo se teletransportara», «Alas para poder volar»... y varias dicen que nada, que les gusta todo su cuerpo. Este vídeo lo utilizo mucho en los talleres y lo relaciono con el concepto de «Autoamor Radical». Idea que Sonya Renee Taylor introduce en su libro *El cuerpo no es una disculpa*, en el que, entre otras cosas, nos invita a reflexionar sobre la siguiente cuestión: nadie nace odiando su cuerpo, pero todo el mundo aprendemos a odiarlo, ¿cómo podemos recuperar ese estado de satisfacción corporal total con el que nacemos y que queda mostrado tan claramente en el vídeo? Y nos invita a recuperar colectivamente la experiencia primaria de vivir nuestros cuerpos sin vergüenza. Esa vergüenza corporal impuesta por un sistema violento que oprime e incapacita a las personas.

No sé si es real que tengamos con 15, 16, 17 (y 20, 30, 40...) años un autoamor radical puro con toda la presión estética que existe en la actualidad. Seguramente haya personas que sientan que «siempre vayan a tener algo de su cuerpo que no les guste», y puede ser incluso que se sientan culpables por no conseguir aceptarse. Y quizá la idea sería aceptar la no aceptación total, comprendiendo que estamos hablando de una violencia sistemática y estructural que va más allá del «si quiero, puedo», y que, si muchas personas no se quieren o no se valoran, no es

---

15 Puedes verlo aquí: https://www.youtube.com/watch?v=2IKlpD37CPI&list=PLapT7p-s-vz4fPlpF yVWGULIsuX96pX-e&index=16.

porque no se hayan esforzado lo suficiente. Debemos repetirnos que, por ejemplo, esa parte de nuestro cuerpo no nos representa en nuestra totalidad. Puede ser que nunca me guste la celulitis de mis piernas, pero yo no soy esa celulitis. Soy mucho más que eso.

En los talleres sobre el ideal de belleza siempre les digo que esto es como un entrenamiento que tenemos que ir incorporando, y así cada vez saldrá más automático. Y que, entre otras herramientas que podemos poner en marcha, tenemos que trabajar el autoconocimiento de nuestras fortalezas. Veamos cómo en el siguiente apartado.

AUTOCONOCIMIENTO Y FORTALEZAS

Cuando pido en las aulas que me digan cinco cosas que no les gustan de sí mismos o que no se les dan bien, no les cuesta nada, incluso a veces me dicen: «¿Solo cinco, maestra?». Pero cuando les pregunto por tres características positivas se crea un silencio. Hay personas que se quedan bloqueadas sin saber qué responder, otras que me dicen que no es que no las sepan, que es que no las tienen, y otras que me dicen dos, y con suerte. ¿Qué está sucediendo?

Además de toda la presión que recibimos de forma consciente e inconsciente desde que somos pequeñas por una sociedad cada vez más capitalista y que menosprecia lo diverso, en el currículo escolar no encontramos como asignatura principal una que tenga que ver con el autoconocimiento, con trabajar el autoconcepto o con la **inteligencia emocional** o la intrapersonal. Y muchas veces dependerá que se trabaje o no de los recursos y las posibilidades del tutor o tutora, que quizá también necesitaría que a su vez lo trabajaran con su persona.

En el apartado de «Adultismo y juvenofobia» del capítulo 3 compartía un testimonio de una alumna que decía que el sistema de evaluación en el instituto era absurdo, pues solo valoraba una forma fija de examinar basada en dos tipos de inteligencias, y que ese modelo tan rígido solo animaba a sentir presión. La verdad es que este testimonio me hizo pensar mucho. Por un lado, me hizo conectar con toda la tensión que he sentido en mi vida y sigo sintiendo con las evaluaciones (aún a veces tengo sueños angustiosos con que me queda algún examen por realizar y no me había dado cuenta), y por otro lado me hace reflexionar sobre por qué todavía tenemos un sistema educativo que se quedó anclado en el modelo industrial.

Las generaciones Z y Alpha no necesitan que les metamos más presión. Recordemos, como hemos comentado en otros capítulos, que las crisis, el decrecimiento económico y los acontecimientos inesperados mundiales han formado parte de su desarrollo. Necesitan que los ayudemos a descubrir su talento más allá de la **inteligencia**[16] logicomatemática y la lingüística. Demandan que les demos permiso para explorar diferentes caminos mientras encuentran el suyo, o mejor dicho los suyos, porque el contexto puede cambiar de un día para otro, como ya han vivido, y la resiliencia es su mejor herramienta. Requieren que fomentemos la creatividad (van a tener que competir laboralmente con inteligencias artificiales), el pensamiento crítico y la motivación para que encuentren sus propósitos en la vida y en el día a día. Y, sobre todo, precisan mucho autoconocimiento de sus luces, sus sombras, sus vulnerabilidades y sus fortalezas.

Te propongo un sencillo ejercicio que podéis realizar, por ejemplo, individualmente cada miembro de la familia, y luego poner en común para complementar el ejercicio del otro miembro. O, si se prefiere, se puede hacer en un entorno educativo y hacer luego una puesta en común.

Para hacer el ejercicio será necesario un folio dividido en cuatro partes. De forma individual, rellenaremos cada sección con:

1. Lo que me gusta de mi cuerpo.
2. Lo que me gusta de mi forma de ser.
3. Habilidades que creo que tengo.
4. Lo que creo que aporto a la gente de mi alrededor, a la comunidad.

16 Te recuerdo que las palabras señaladas aparecen en el glosario explicadas.

El ejercicio se puede ir complementando conforme vamos (o van) descubriendo más fortalezas. Sería interesante que el folio en el que se realice lo dejáramos en un sitio accesible o a la vista para cada vez integrarlo más en nuestro autoconcepto.

Los estudios muestran cómo, desde 1989, los niveles de perfeccionismo no paran de aumentar entre la juventud,[17] encontrando siempre mayores tasas en las mujeres que han sido educadas en nuestra cultura sexista con un extra de responsabilidad y autocrítica. La generación Z está creciendo en una sociedad neoliberal basada en el mercado, en los logros. La escritora Remedios Zafra[18] comenta que «no es casual que la ansiedad avivada por las economías de mercado favorezca la docilización del sujeto frente a poderes explícitos, la tecnología de un lado, y quienes tienen la posición y el dinero para contratarlos de otro. Tampoco es anecdótico que esto acontezca reforzando un individualismo necesariamente competitivo. De muchas maneras, la sumisión que implica sentirnos domesticados es posible porque se debilitan las formas de solidaridad entre nosotros». El otro día, en la consulta, una zoomer lloraba desconsolada debido a que, a pesar de haber sacado un 8,5 de media en la carrera, no había entrado en ningún máster público del país de la especialidad que ella quería (Psicología sanitaria). Solo había ofertadas treinta plazas en cada municipio, siendo la única posibilidad la de gastarse miles y miles de euros en una formación privada. Tasas altas de perfeccionismo nos llevan a construir un «ideal del yo» muy alto. Y cuanta más distancia hay entre el «yo real» y el «yo ideal», peor es nuestra salud mental. El perfeccionismo se relaciona con la depresión,[19] la ansiedad, la anorexia[20] y los pensamientos suicidas.[21]

---

17   Curran, Thomas, y Hill, Andrew. «Perfectionism is increasing over time: A meta-analysis of birth cohort differences from 1989 to 2016», *Psychological Bulletin*, 2019.

18   Zafra, Remedios. *Frágiles. Cartas sobre la ansiedad y la esperanza en la nueva cultura*, Anagrama, 2021.

19   Smith M., Martiny cols. «Are Perfectionism Dimensions Vulnerability Factors for Depressive Symptoms After Controlling for Neuroticism? A Meta-analysis of 10 Longitudinal Studies», *European Journal of Personality*, 2016.

20   Bastiani, Andrea y cols. «Perfectionism in anorexia nervosa», *International Journal of eating disorders*, 1995.

21   Smith M., Martin, y cols *The perniciousness of perfectionism: A meta-analytic review of the perfectionism–suicide relationship*, 2017.

Quizá nuestra labor sea, frente al capitalismo despiadado y extractivista que impera, entre otros aspectos, enseñar la importancia de la compasión frente a la competencia.

AUTOAMABILIDAD

En los últimos años se habla mucho de la importancia de entrenar la autocompasión o la autoamabilidad, *self-compassion* en inglés. ¿De qué va esto? Pues de hablarnos y tratarnos como lo haría nuestro mejor colega. Más que poner la atención en que todas las personas deberíamos tener una gran autoestima, algo que resulta imposible con toda la presión social que existe y que, además, fomentaría el narcisismo, se trataría de entrenar la autoamabilidad.

El enfoque que está dando mejores resultados en la actualidad sería el de aumentar nuestra autocompasión en nuestro día a día. Según la psicóloga Kirstin Neff, la autocompasión en momentos de sufrimiento personal consistiría en tratarse a una misma con gentileza, reconocer las propias luchas como parte compartida de la experiencia humana y sostener los pensamientos y los sentimientos dolorosos en una atención consciente.

Por ejemplo, en vez de animar a una persona zoomer a luchar contra un pensamiento o hacer como si este no existiera, lo mejor sería acompañarla a analizar sus sentimientos sin apegarse a ellos (dando un espacio consciente al pensamiento e incluso verbalizándolo en alto) y que pueda comprender que, seguramente, eso que siente le pase también a muchas otras personas de su entorno y que debemos tratarnos con cariño en vez de castigarnos por sentir lo que sentimos.

Te sugiero que empecemos a entrenarnos en esto de la autoamabilidad integrando a nuestro mejor amigo o amiga dentro de nosotros. Si te apetece, puedes acompañar en este ejercicio a ese zoomer que tengas cerca. El ejercicio consiste en invitarle a que escriba o plasme un pensamiento que tenga sobre su persona que le provoque sufrimiento[22] y que represente en un diálogo interno qué le provoca ese pensamiento, incluyendo lo que diría su parte más «machacona». Podemos pedirle que no pelee contra ese pensamiento e invitarle a reflexionar (sin ahondar mucho) si cree que es un pensamiento que tienen muchas personas y preguntarle qué le respondería su mejor amigo o amiga si le dijera que tiene ese pensamiento. De alguna forma, la idea sería acompañar a la generación Z a que entiendan que nos han enseñado a ser nuestro propio enemigo muchas veces, pero que podemos desaprenderlo y aprender a tener a nuestro mejor colega dentro de nosotros y nosotras. Seguramente esta pueda ser una de las claves más potentes para la vida en general. Para las adolescencias, y para las que ya no somos tan adolescentes.

#AMOCOMOSOY

Y para cerrar este capítulo quería invitarte a que respondieras internamente a estas preguntas que lanzo en los talleres cuando trabajo estas temáticas con agentes educativos:

- Y, ¿cómo te llevas con tu cuerpo, con tu imagen?
- ¿Te muestras como deseas o como se espera de ti? (en los diferentes espacios que ocupas)
- ¿Te comparas con la inteligencia, el cuerpo o el tipo de vida de otras personas...?
- ¿Cómo te llevabas de adolescente con tu cuerpo?
- ¿Y cómo era de importante para ti tu imagen?

Creo que cuando hablamos de insatisfacción corporal, de autoconcepto, del valor que nos damos intelectualmente, de si tenemos o no la vida que deseamos, ninguna persona está exenta de conectar con carencias y de tener «aspectos que trabajar». No sirve de nada

22   No hace falta que lo exprese en alto ni que te lo cuente, si no quiere.

que yo le hable a mi zoomer de referencia de la importancia de que se quiera tal y como es si lleva desde que tiene dos años escuchando cómo le hablo mal a mi cuerpo. No quiero que suene culpabilizador. La violencia estética, entre otras opresiones, no es un problema individual, es un problema estructural, como hemos visto a lo largo del capítulo, y todas las personas tenemos que responsabilizarnos en visibilizarla y frenarla. Espero que este capítulo te haya servido para ti y, por ende, para las personas que te rodean.

Visto en YouTube

En 2017 empecé a recibir por Instagram muchos testimonios de personas preocupadas porque no se valoraban nada físicamente. Hice unas *stories* de Instagram para investigar sobre el tema lanzando preguntas a las que respondían anónimamente «verdadero» o «falso», y en tres horas conseguí tener cierto mapa de lo que preocupaba a las 5.000 personas que habían contestado. Hice un directo sobre la temática y aproveché para soltar el **challenge** #amocomosoy y llevar a la práctica lo comentado en parte de ese directo. Invité a las personas a que con una canción que había escuchado en Musically (ya sabéis que antes TikTok se llamaba Musically) hicieran un vídeo sintiendo la letra que habla de la autoaceptación o con otro tema que les hiciera «venirse arriba» y «quererse más». Fue IMPRESIONANTE lo que sucedió. Me llegaron musicallys de todas partes del mundo, pero también vídeos editados y creados haciendo versiones de la canción al piano, con un estilo más «trap»... de muchas mujeres jóvenes y también de algunos hombres. No me esperaba esa respuesta. Hubo un colegio de Granada que se unió al reto, y después de trabajar la canción en las clases a través de proyectos, hicieron un vídeo en el que toda la comunidad educativa cantaba la letra y se identificaba con ella. Te invito a que veas el vídeo que realizó toda la comunidad educativa del CEIP Gómez Moreno a favor del autoamor radical.[23]

23 Puedes verlo aquí: https://www.youtube.com/watch?v=JY6kMobLvzc.

CAPÍTULO 6

CIBERVIOLENCIAS: MUCHO MÁS QUE EL *GROOMING*

¿Te suena el término «*grooming*»? Si ya sabes qué significa, tendrás en mente que este capítulo va sobre violencia y *hate* (odio) *online*. Si no sabes qué significa, ni te preocupes, sigue leyendo si quieres saber más sobre los tipos de odio y los comportamientos violentos que tienen lugar en Internet y en las redes sociales, donde existen usuarios falsos y perfiles anónimos, donde parece que todo está permitido porque la regulación es dudosa e insuficiente y donde lidiar contra el ciberacoso, en ocasiones tan invisibilizado, no es tarea sencilla.

Por otro lado, también pondremos el foco en el hecho de que la generación Z, entre otras generaciones, utiliza las redes como medios de información para mantenerse actualizadas. Otro tipo de violencia ejercida en este ámbito es la de las *fake news*, ya que muchas redes y páginas de Internet monopolizan y tergiversan la información aportando noticias poco fidedignas con fines políticos concretos. No debemos caer en esta trampa.

Cuando nos acercamos al tema de las ciberviolencias nos encontramos con un sinfín de palabras en inglés que no comprendemos y que nos suelen apabullar. Esto, unido a la mirada pesimista y distópica que se ha tenido hacia las llamadas «nuevas tecnologías» (las investigaciones que se vienen realizando en la última década sobre el espacio digital se centran principalmente en los riesgos y los problemas que acarrean), ha provocado que vivamos el entorno virtual como algo inhóspito, lejano y fuera de nuestro alcance, percibiendo el mundo tecnológico como un espacio inseguro, incontrolable y lleno de agresiones.

Todo ello se ha traducido en la introyección de mitos, miedos y prejuicios que incitan a que tomemos distancia del mundo *online*, lo que provoca que las personas adolescentes vivan en soledad el manejo de las **TRIC** y tengan que autogestionar su bienestar digital.

En este capítulo voy a traducirte lo mejor que pueda los aspectos que más acompaño en el marco de las ciberviolencias. Y lo primero que voy a proponerte es que nos olvidemos de los anglicismos que solemos escuchar en el marco de las violencias en redes (como *hater, doxing, cyberstalking, slut shaming...*) y que lo hagamos por tres motivos:

- Parece que decirlo en inglés suena más *cool* y le quita peso a las violencias estructurales que subyacen a estas prácticas.
- Disponemos de un léxico suficientemente rico en el que encontramos palabras en castellano que identifican estas agresiones.
- Si te pasa como a mí y el inglés no es tu fuerte, tanta terminología indescifrable termina aturullando nuestras cabezas y promoviendo que miremos hacia otro lado. Y en este capítulo va a quedar claro que es nuestra responsabilidad mirar a este tema de frente.

Las ciberviolencias o las violencias que se dan en el entorno virtual NO son nuevas formas de violencia. Son las violencias de siempre adaptadas al escenario *online*. En el espacio digital podemos encontrar algunos matices, como la falsa sensación de impunidad y anonimato; la inmediatez, la permanencia y la exposición de las violencias, o la falta de concienciación colectiva a la hora de responder cuando vemos una agresión *online*.

Visto en YouTube

Hay un vídeo[1] que utilizo en los talleres y que invita a reflexionar sobre la importancia de responder cuando atacan a alguien digitalmente, en el que actores y actrices reproducen por la calle insultos leídos por la red a personas concretas. Es decir, reproducen de forma *offline* ciertas ciberviolencias que se realizan *online*. Es muy interesante, porque muestran cómo cuando una persona es agredida por la calle la ciudadanía responde y protege a la víctima... pero ¿hacemos lo mismo cuando sucede en el entorno virtual?

Aunque el perfil de la persona responsable de delitos de odio[2] en nuestro país se trata de un hombre (83%) de nacionalidad española (84%) y de entre dieciocho y cuarenta años (54,7%), debemos tener en cuenta que algunos de los delitos o comportamientos inadecuados que vamos a comentar en este capítulo son realizados por menores de catorce a dieciocho años. Su minoría de edad no los haría impunes, ya que, si cometiesen este tipo de delitos, sobre ello se aplicaría la Ley Orgánica de responsabilidad penal de los menores y, según la gravedad de las acciones, se tomarían diversas medidas judiciales. En el caso de que los daños fuesen ejercidos por una persona

1 Puedes verlo aquí: https://youtu.be/FEotaVNQekc.
2 Informe de la evolución de los delitos de odio en España, Ministerio del Interior, Gobierno de España.

menor de catorce años, por dicha persona responderían sus progenitores o tutores legales, pasando el delito a ser un problema de la persona ejecutora y de su círculo.

Veamos algunos de estos delitos de forma específica.

GROOMING

Empecemos por el *grooming*, o la pederastia de toda la vida. Este delito se enmarcaría dentro del ciberacoso sexual y supone el acecho o acercamiento a un menor ejercido por un adulto con fines sexuales desde un perfil falso que no se corresponde con la persona que hay detrás.

El ciberacoso sexual sería una forma de acoso que busca crear dentro de la red un espacio intimidatorio y de carácter sexual. El *grooming* haría referencia a las acciones realizadas deliberadamente para establecer una relación y un control emocional sobre las infancias con el fin de preparar el terreno para el abuso sexual.

He escuchado muchos testimonios tipo «Estaba chateando en un juego de animales y me empezó a hablar una persona que decía tener mi edad y quería ser mi amigo y resultó ser otra persona...».

Lo cierto es que es sencillo crear una identidad falsa en las redes sociales e Internet, y, por lo tanto, también es sencillo caer en la trampa de esa identidad falsa y creer que estamos hablando con una persona que es quien dice ser. Por tanto, si te encuentras ante un caso de este tipo, como en cualquier violencia sexual, debes tener clara la importancia de apoyar a la víctima incondicionalmente y desculpabilizarla. Los acechadores son personas especializadas en manipular a menores. Intentarán ir entrando en sus vidas para luego amenazarlos y obtener así beneficios sexuales. Por tanto, no está de más hablar de ello con las criaturas que tenemos cerca para que tengan en mente que esta situación puede ocurrir y que sepan eludirla y, sobre todo, debemos decirles que si les pasa, no es porque hayan hecho nada mal y que deben contárnoslo de inmediato para que, como personas adultas, gestionemos la situación. También tenemos que dejar claro que no deben acceder a los chantajes y las amenazas, porque no pararán nunca, y que es esencial que busquen a alguien de confianza para apoyarse.

Este tipo de violencia digital está castigada mediante el artículo 183 del Código Penal Español, con penas de hasta tres años de privación de libertad. Este artículo se introdujo en el Código Penal en la L.O. 5/2010. Eso sí, como los delitos en redes son relativamente nuevos, surgen conforme la sociedad avanza y no se pueden castigar hasta que se identifican y se penalizan formalmente.

CIBERMISOGINIA

Al igual que en el espacio *offline*, en el entorno virtual se reproducen multitud de violencias estructurales, como la violencia machista, que se intersecciona con otras opresiones (etnia, raza, orientación, identidad, **diversidad funcional**, el tener un cuerpo más o menos normativo, etc.).

La cibermisoginia es una violencia digital que revela formas de

3 Puedes encontrarlo aquí: https://beinternetawesome.withgoogle.com/es-419_all/interland.

odio hacia mujeres o sujetos feminizados. Se puede observar, por ejemplo, en algunos comentarios cuando la que está opinando o realizando un vídeo es una mujer, o en el trato sexista que reciben muchas *gamers* o jugadoras de videojuegos.

El entorno de los videojuegos puede ser un espacio donde se aprecien muy claramente el sexismo, la misoginia y el **racismo**. Por un lado, si analizamos con **gafas violetas** el número de personajes principales y secundarios según el género, encontraremos grandes desigualdades, pero también podemos enfocar más y analizar la vestimenta, la actitud y el físico con los que representan a los personajes femeninos, y la valentía, la fortaleza, la rebeldía, la competitividad y la ausencia de miedo que representan a los personajes masculinos en los videojuegos convencionales. Por otro lado, existen los *pink games* o «juegos rosas», que hacen referencia a los juegos asociados a las chicas (juegos de cuidados, de animales, diseño de moda, cocina...), perpetuando aún más las brechas digitales de género.

«Deja los videojuegos y vete a fregar» es lo que le decían a la *gamer* española AuraDark durante los juegos en línea. Algo muy conocido por las mujeres que juegan en línea.

«Disfruto mucho jugando a videojuegos, pero últimamente no puedo más. Recibo muchos mensajes machistas solo por ser una mujer que juega en línea y me estoy agotando. Pero tampoco quiero dejar de jugar porque es mi pasión, sería como dejar que ellos ganen la partida sin compartir siquiera. ¿Qué puedo hacer?», me preguntaba una alumna en un taller. La respuesta no es sencilla, ya que este tipo de delitos de cibermisoginia son solo un reflejo de lo que pasa a pie de calle y por lo que luchamos día a día por detener, a veces sin éxito, pero sí diré que defenderse en redes es posible, y sobre la creación de colectivos de autodefensa digital para crear redes de apoyo saben mucho las *gamers*. La experta en videojuegos Marina Amores dirigió la serie documental *Nerfeadas*,[4] que consta de diez capítulos en los que se reflexiona sobre la representación de la mujer en los videojuegos, su situación en el mundo del desarro-

---

4   Puedes encontrarlo aquí: https://www.youtube.com/channel/UCbLEfVBL-yaQAzEiOj8Dk3g.

llo, el movimiento feminista en videojuegos o casos concretos como el #Gamergate (campaña de ciberacoso contra mujeres *gamers* que surgió en 2014).[5]

Hemos normalizado niveles muy altos de odio y acoso en el entorno virtual. Es muy llamativo cómo las mujeres jóvenes y otras colectividades asumen que por estar en las redes sociales van a recibir ciberviolencias específicas. Aceptando y naturalizando, por ejemplo, el recibir una gran cantidad de ciberacoso sexual, como la **cosificación** constante, el acercamiento mediante mensajería privada de desconocidos, recibir mensajes exigiendo que se envíen *pack* (fotos de partes del cuerpo) o *nudes* (desnudos) o recibiendo fotos de genitales sin tu consentimiento.[6] Algo que no debería pasar y que termina minando tu actividad en redes o provocando el *chilling effect*.

El «*chilling effect*», o efecto escalofriante, consiste en la disuasión de mujeres en el entorno virtual. Las mujeres ciberactivistas, comunicadoras y periodistas ligadas a la defensa de los derechos humanos, y más concretamente a los de la mujer, se ven obligadas a la autocensura y se trasladan a un segundo plano como consecuencia del miedo que genera su exposición mediática en las redes y las violencias que ello les acarrea. Un ejemplo reciente ha sido el de la periodista y escritora Cristina Fallarás, precursora del movimiento #cuéntalo en España, que decidió abandonar Twitter porque estaba harta de recibir amenazas.

CIBERBULLYING

El *ciberbullying* o el acoso en el entorno virtual consiste en realizar de forma reiterada, a través de soportes digitales, agresiones con mensajes de texto o voz, imágenes fijas o grabadas u otras formas, con la finalidad de socavar la autoestima, la dignidad personal y dañar el

---

5   Si te interesa este tema, pásate por el último capítulo del libro, donde nombro más referencias de ciberactivismo realizado por *gamers*.

6   A esta práctica, que está más extendida de lo que imaginamos, se le llama «fotopolla».

estatus social de la persona, provocando daños psicológicos, estrés emocional, distorsión de la realidad y/o rechazo social.

Como comentamos en el capítulo 5 respecto a la continuidad entre el espacio *offline-online (onlife)*, es muy importante no minimizar el malestar psicológico que podemos sentir (o que pueden sentir otras personas) cuando nos atacan por redes. Los estudios nos muestran cómo las personas que sufren acoso por redes presentan mayores tasas de daños psicológicos y emocionales. Factores como la no interrupción de las agresiones (al no estar ligadas a un espacio físico concreto), así como la sensación de la ausencia de control en la rapidez con la que se puede propagar la agresión y a cuántas personas puede llegar, pueden provocar problemas severos, como fobia social o depresión.

Pero ¿todo es acoso? «¡Mira, me están acosando!», me dicen a veces durante los talleres en tono de humor cuando alguien tiene una actitud inapropiada, aunque esta sea en clave de juego. Y yo aprovecho esos momentos para recordar que no, que no todo es (ciber)acoso, ya que hace falta que los comportamientos de hostigamiento se realicen de forma habitual, repetida y continuada en el tiempo sobre la misma persona. Eso sí, ante la menor duda lo mejor es pedir ayuda para detectar si lo que pasa es o no acoso, ya que podemos dejar pasar eventos que no deberían quedar impunes por pensar que «bah, es solo un juego». Es importante que separemos los actos puntuales de agresividad, resistencia o defensa de una dinámica de violencia continuada; pero igualmente importante es que no dejemos que la violencia, en cualquiera de sus formas, salga airosa y que se perpetúe.

Visto en redes

La *app* (también está en formato web) No More **Haters**: ¡rompe la cadena del odio!,[7] enfocada a jóvenes a partir de catorce

---

7   Puedes encontrarla aquí: https://nomorehaters.es/.

años, permite jugar de forma individual y grupal desde un *smart-phone* u ordenador y aprender a través de diferentes pantallas a detectar los discursos de odio y a tomar conciencia de la importancia de crear discursos responsables libres de hostigamiento, basados en la inclusión y en el respeto. En la guía para docentes y familias asociada a la *app* también encontrarás otras actividades relacionadas con la identificación de mensajes de odio que te ayudarán a separar los casos puntuales de violencia o mal uso en redes de los casos perpetuados de ciberacoso.

SEXTING, SEXTORSIÓN Y *SEXPREADING*

El *sexting*, envío de imágenes, vídeos o de mensajes de texto de contenido sexual no es una ciberviolencia. Sin embargo, puede ocurrir que encontremos mucha desinformación sobre el *sexting* en la red, en artículos académicos, y que veamos mezclados los conceptos de «*sexting*», «sextorsión» y «*sexpreading*». E incluso anuncios de televisión[8] que, para vendernos un seguro de coche bajo el lema «no te equivoques, utiliza la cabeza y elige este seguro», emplean un mensaje estigmatizante para las mujeres que hacen *sexting*. Culpabilizándolas a ellas en vez de poner la atención en quien lleva a cabo el delito de sextorsión o *sexpreading*.

¿Recuerdas cuando te enamoraste por primera vez? ¿Las cartas y notitas de amor que le hacías llegar a esa persona? ¿Recuerdas cómo tonteabais? ¿Y cómo os seducíais? ¿Recuerdas esos espacios en los que empezaste a tener tus primeros encuentros eróticos con esa persona, esos achuchones en el parque...? Los espacios de relación y seducción han cambiado. Y va a haber muchas personas que utilicen el espacio tecnológico (Instagram, **Tinder**, **Badoo**, **Grindr**, **Wapa**, **Ok Cupid**...) para ligar, seducir y explorar su erótica.

El *sexting* es una práctica deseada y realizada de forma libre y autónoma en la que se comparten fotos, vídeos o textos sexualizados

8. Puedes ver el anuncio aquí: https://www.youtube.com/watch?v=6vhvr2mYCXc.

a través principalmente del *smartphone*. Este contenido puede ser más o menos explícito. Es una práctica erótica consensuada entre personas que tienen una relación de algún tipo y en la que todas las personas implicadas tienen capacidad de tomar decisiones. El objetivo es buscar el disfrute.

Por otro lado, encontramos los términos «sextorsión» y «*sexpreading*», que sí hacen alusión a delitos *online*. La sextorsión se produce cuando se chantajea a una persona por medio de una imagen o contenido sexualizado o con connotaciones sexuales explícitas que esa persona ha compartido con alguien a través de Internet o telefonía móvil. La víctima es coaccionada para tener relaciones sexuales con el chantajista, para producir pornografía u otras acciones con tal de que esa foto o vídeo no salga a la luz. Por ejemplo, si le envías una foto picante a tu pareja o lío del momento con el fin de jugar y pasar un buen rato, ninguno de los dos —si sois mayores de edad— estará incurriendo en un delito. Si una de las dos partes, a toro pasado, decide chantajear a la otra parte con la foto a cambio de lo que sea, o si decide enviar la foto a terceros o colgarla en la red, sí estaríamos ante delitos. En la parte de chantaje hablaríamos de sextorsión, y en la de difusión, de *sexpreading*.

El *sexpreading* se produce cuando se envían por medios digitales fotos, vídeos o textos de carácter sexual sin el consentimiento de la persona que aparece en ellos. Este término se creó[9] para poner la atención en quien realiza la agresión y para evitar, como ocurre en ocasiones, la culpabilización de la víctima, que casi siempre es una mujer. Esta sextorsión parte de que la víctima no quiere que sus fotos o vídeos salgan a la luz y, para conseguirlo y sintiéndose culpable, accede a chantajes que nunca terminan y que, casi siempre, acaban con las fotos o los vídeos filtrados igualmente. Por supuesto, si te enteras de un delito de este tipo, denúncialo y no seas cómplice. Lo mismo si llega a tu móvil un vídeo de este corte a través de terceras personas, no te calles ante estas agresiones en línea.

---

9 Este concepto fue creado por la cooperativa Candela de Acción Comunitaria y Feminista y por EdPAC (Educación Para la Acción Crítica).

Desde el proyecto ciberactivista Psico Woman realizamos un vídeo[10] educativo dirigido a zoomers y ciudadanía donde explicábamos la diferencia entre estos conceptos y la importancia de poner la atención en que compartir fotos sexualizadas de otra persona sin su permiso es delito, y en cómo actuar colectivamente en estos casos.

La publicación no consentida de imágenes y vídeos sexuales o eróticos es una forma de violencia con gran impacto que afecta a muchas mujeres y a personas LGTBQIA+. Cuando trabajamos este tema en los talleres suelo encontrarme con que la mayoría de las personas no saben que difundir o compartir un contenido sexualizado de otra persona sin su consentimiento es delito. Además, siempre se cuestiona si la víctima ha hecho algo para sufrir esa violencia. Me he encontrado a muchas mujeres jóvenes que han sido muy violentadas y señaladas, a pesar de ser las víctimas de la agresión. La premisa de este linchamiento es que dichas mujeres no deberían haber enviado la foto, poniendo el foco, como siempre sucede en la violencia machista, en la mujer y no en el hombre, que suele ser quien perpetúa este tipo de delitos. En el abordaje de las violencias sexuales encontramos que, socialmente y durante muchos años, se ha puesto el acento en cuestionar la validación de la víctima, aun cuando ya sabemos que nada justifica una agresión sexual. Te invito a no ser cómplice de esta lacra y a frenar la **cultura de la violación**.

Visto en TikTok

La Policía Nacional ha decidido trasladar su labor preventiva a la *app* de moda, y podemos encontrar en su cuenta de TikTok

10 Puedes verlo aquí: https://www.youtube.com/watch?v=FTJrsghGlkQ.

(@lapolicia) vídeos dirigidos a la población joven. En 15 segundos tratan de alertar de forma dinámica, entre otros temas, sobre el delito que supone compartir **nudes** de tu expareja.[11]

El Código Penal Español, en el artículo 197.7, incluye como delitos grabar y compartir imágenes de carácter sexual sin consentimiento de la persona que aparece en ellos, aunque se hayan tomado las imágenes con conocimiento o consentimiento, pero en el ámbito privado, atentando de este modo contra su dignidad e intimidad. Tanto la persona que ha recibido el material en primera persona y lo difunde como quienes reciben este contenido y lo vuelven a reenviar se considera que tienen la autoría del delito. Las penas oscilan entre uno y cinco años de prisión en el primer caso, y hasta tres meses y un año en el segundo.

Es importante que hagamos especial énfasis en que si recibimos fotos o imágenes sexualizadas de otra persona sin su consentimiento, debemos borrarlas. Debemos lanzar el mensaje de proteger a la víctima y condenar a quien realiza el delito, así como recordar que publicar o compartir una imagen de nuestro cuerpo no implica que lo estemos transformando en algo público.

SEXTING MÁS SEGURO

Es interesante que conozcamos algunas pautas para evitar riesgos en el *sexting*, aunque también debemos saber que nunca nos podemos proteger del todo, ya que pueden hacer un montaje con nuestra cara y difundir un contenido falso. Te cuento algunas:

- Evitar que en las fotos o vídeos salgan rasgos identificatorios, como *tatuajes*, *piercings*, lunares..., o que se vea un escenario que sea muy reconocible.

11   Puedes verlo aquí: https://youtu.be/U1w9z9oPVDs.

- Buscar herramientas seguras y anónimas, como la aplicación Signal, que puede bloquear el intento de realizar capturas o que no guarda automáticamente la imagen en el móvil.
- Realizar diferentes marcas que identifiquen cada foto que compartes.
- Utilizar aplicaciones que permiten pixelar tu cara o aspectos del cuerpo o del fondo de la imagen, como Obscuracam.
- Emplear Photo Exit Editor para quitar los metadatos asociados a las imágenes (hora, localización...).
- Usar aplicaciones como Confide y Wick. Estas *apps* disponen de *software* libre, cifrado, bloqueo para capturar pantalla, mensajes que se borran de dispositivos y servidores, no requieren de correo electrónico, número de teléfono o nombre real para acceder a la aplicación. Algo que, en general, no tiene ninguna de las aplicaciones que solemos utilizar.

A tener en cuenta

Como ya hemos comentado en otros capítulos, debemos tener cuidado con no homogeneizar a la juventud actual. No toda la generación Z practica o quiere practicar *sexting*. Del mismo modo que una gran mayoría de personas «adultas» lo practican o lo han practicado.

SOCIEDAD DE LA DESINFORMACIÓN

Los últimos datos del INJUVE[12] nos muestran que, por primera vez, el uso de la red para informarnos de política (entre otras temáticas) iguala al uso de la televisión. La radio, los periódicos físicos o las re-

---

12 Simón, Pablo; Clavería, Silvia; García Albacete, Gema; López Ortega, Alberto, y Torre, Margarita. *Informe Juventud España*, 2021.

vistas han pasado a la historia para muchos y muchas zoomers. Cada vez que quieren informarse sobre algo, lo buscarán en sus redes sociales, en la «YouTupedia», chat GPT o en su buscador habitual.

«¿Y no preguntáis a vuestros padres cuando tenéis dudas?», pregunté en un taller con alumnado de secundaria, a lo que me respondieron: «No, no es nada personal, pero en Internet voy a encontrar lo que quiero saber mucho más rápido y sobre muchos temas que además sé que desconocen».

En el entorno virtual tenemos una fuente inagotable de contenidos e información que abre todo un mundo de posibilidades. Ojalá cuando yo fui al instituto hubiera tenido acceso a este mundo, en esa época la enciclopedia virtual Encarta ya nos parecía una pasada.

No debemos perder de vista que Internet también está lleno de bulos, *fake news*, engaños y contenido ilegal que atenta contra los derechos humanos. A partir de la creación de la web 2.0. todas las personas podemos crear contenido en la red. Podemos opinar en chats, crear blogs, webs, wikis, vlogs... y que esa información llegue a todas las partes del mundo. Lo que va a provocar que muchas veces estemos accediendo a información sobre salud que no sepamos si la ha escrito una doctora o un usuario molesto con la sanidad pública y que habla como si fuera experto. Además, en la red va a haber contenidos mejor posicionados y, por lo tanto, más accesibles, que esconden intereses económicos y/o políticos. En una sociedad en que lo queremos todo «para ayer», vamos a tener que tomarnos un poco de tiempo y entrenarnos en conocer la fuente y la veracidad de los contenidos que consumimos.

FAKE NEWS

El manido anglicismo *fake news* (noticias falsas) hace referencia a un tipo de bulo con contenido pseudoperiodístico compartido a través Internet, revistas, prensa escrita, radio, TV o redes sociales y cuyo objetivo es la desinformación. Aquí utilizaremos el término *desinformación*, *noticias falsas* o *paparruchas*.

Ahora, y más que nunca, expertos y expertas nos alertan de la cantidad de desinformación a la que nos exponemos. La red está llena de bulos, de los cuales ni siquiera nos damos cuenta. Investigaciones muestran cómo un 57% de la población española hemos creído como verdadera una noticia falsa (situándonos en el quinto puesto del *ranking* mundial) y la primera de Europa, a la par que somos el país de la UE que padece un mayor número de noticias falsas. Solo el 14% de la ciudadanía española es capaz de detectar paparruchas. Parece que tenemos un problema y que está bastante generalizado.

Visto en redes

¿Sabías que existen herramientas digitales que nos ayudan a verificar imágenes y vídeos para que no nos la cuelen? Imagínate que veo una noticia asociada a una imagen que me chirría. Puedo coger esa imagen y hacer una «búsqueda inversa», ponerla en programas como Google Imágenes o Tineye y que me digan cuál es el origen de la misma. En el caso de la verificación de vídeos podemos utilizar InVid o YouTube Data Viewer. *Las deep fakes* hacen referencia a la modificación a través de inteligencia artificial de un contenido visual como caras; existen verificadores que analizan frame a frame detectando estos *deep fakes,* como Anilyzer.

Los objetivos de esta desinformación suelen estar relacionados con intereses políticos y/o económicos. «La desinformación es un arma de guerra, crea el caos», comentaba un verificador de noticias falsas, y seguía: «Las *fake news* están transformando la política mundial». Y te aseguro que cuando te pones a estudiar, entre otros, cómo el algoritmo de YouTube (que es la segunda red social más utilizada actualmente en nuestro país) favorece que aparezcan como preferentes ciertos vídeos que fomentan el odio a colectivos desfavorecidos, te das cuenta de la potencial manipulación a la que estamos expuestas y de la influencia del capitalismo.

BULOS

Difundir información falsa por las redes sociales y aplicaciones móviles también puede provocar agresiones simbólicas y directas hacia ciertas personas o colectivos. Un bulo es una falsedad articulada de manera deliberada para que sea percibida como cierta y que tiene la finalidad de perjudicar a alguien.

Un ejemplo de lo que puede provocar un bulo sería lo que sucedió en Totana durante el confinamiento. En Totana, un municipio de Murcia, un vecino mandó un audio a un allegado expandiendo el bulo de que una mujer de nacionalidad china que trabajaba en un bazar tenía la COVID-19, alentando a no ir a este tipo de tiendas. Este mensaje fue compartido por diferentes grupos de WhatsApp y provocó fuertes actitudes xenófobas hacia la mujer y su familia, así como hacia todas las personas de descendencia asiática. El totanero terminó realizando una rueda de prensa pública y pidiendo disculpas.

Visto en redes

El cómic *Héctor Hecho no comparte bulos*[13] te enseña de manera divertida qué hacer cuando te llega un vídeo sospechoso o un pantallazo con contenido no apropiado. El comecocos de maldita.es es un juego imprimible y montable que te enseña a desmontar bulos de forma entretenida a través de un juego.[14]

---

13 Puedes encontrarlo aquí: https://maldita.es/nosotros/20210302/un-comic-con-las-claves-para-que-no-te-la-cuelen/.
14 Puedes descargarlo aquí: https://drive.google.com/file/d/1VtHoNw-P8bTP99avjW8tP-IPKGpn KxQc/view.

Los bulos que son *clickbaits* o «ciberanzuelos» juegan mucho con las emociones, de forma que ponen titulares que provoquen, por ejemplo, rabia, rechazo o sensación de sorpresa para que, desde la sensación de intimidad que puede propiciar que estés en tu sofá con tu *smartphone*, puedas tuitear o compartir rápidamente algo que ni siquiera es real, pero que te ha impactado y la emoción te ha hecho compartirlo rápidamente. Desde los servicios de verificación se ha comprobado que hay dos grandes contenidos cargados de bulos: los que tienen que ver con los derechos de las mujeres y con personas migrantes y refugiadas. Y por supuesto, desde el inicio del estado de alarma, con la COVID-19. El año 2020-2021 se conoce como el año de la «infodemia» o de la pandemia de la desinformación, y los mayores niveles de desinformación y de peligrosidad del contenido viralizado se produjeron durante la crisis sanitaria.

Siempre cuento en los talleres la recomendación experta en esta área: si tienes dudas sobre si compartir o no, o si es veraz o no, mejor no compartir. Así como tomarte algunos segundos y tener en cuenta estas reglas básicas: «Si algo es demasiado bueno para ser verdad, es que probablemente no lo sea». «Los milagros no existen», y si te están diciendo que has ganado o puedes ganar algo de la nada y que pinches un enlace, es un timo y están intentando robarte tus datos. Y, sobre todo, la pregunta es: «¿quién se beneficia de que esta información corra rápido?, ¿qué intereses puede haber detrás?».

También animo a que utilicen las herramientas de verificación que tenemos disponibles (aparecen en la bibliografía). Su uso es muy sencillo, y con solo mandar un WhatsApp con la noticia nos dirán si es verídica o no. Del mismo modo, en sus webs podemos encontrar algunas claves para convertirte en un verificador de información (o *fact checker*) y que no te la cuelen tan fácilmente.

A tener en cuenta

Muchas veces no sabemos cómo reaccionar cuando nos topamos con un bulo en redes o cuando se comparte en algún grupo de WhatsApp una información que sabemos que es mentira como si fuera veraz. ¿Compartir en mis redes diciendo que es mentira? ¿Hacer un pantallazo, poner en rojo «BULO» y poner en marcha la técnica del sándwich?[15] ¿No hacer nada aunque me hierva la sangre? No te preocupes, #NoLesDesCasito nos lo explica. No les des casito surge de un grupo de personas especializadas en comunicación social, análisis de redes y activismo que, preocupadas por el aumento de discursos de odio en las redes sociales, tratan de promover a la ciudadanía estrategias para no dar más promoción a estos discursos que buscan la provocación a base de *clickbaits*. En su web[16] encontrarás trucos para no propiciar indirectamente que estos discursos de odio copen las redes y se viralicen e información muy valiosa sobre los cuidados digitales.

BURBUJAS INFORMATIVAS

«Tengo dos cuentas de TikTok, una con un *for you page* muy "hetero" y otra muy "*bi-bes*"», me dijo una alumna de diecisiete años. Yo me quedé mirando atónita sin entender ni-una-palabra, y ella continuó: «Según el contenido que consumo en TikTok, pero esto pasa en todas las redes sociales, me aparecen unos vídeos u otros. Tengo una cuenta donde me sale mucha gente heterosexual y otra donde salen muchas personas bisexuales (aclaraciones: «*bi-*

---

15   En este caso, la técnica del sándwich hace referencia a la forma de desmentir un bulo en las redes de la siguiente manera:

    1. Ponemos una frase con el mensaje veraz que queremos reforzar.

    2. Se pone la mentira contextualizándola sin poner el enlace a la noticia falsa para evitar darle más visitas.

    3. Se cierra con información verificada.

16   Puedes encontrarlo aquí: https://nolesdescasito.carrd.co/.

bes» es un juego de palabra entre «bi», de bisexual, y «*vibes*» de vibraciones. FYP [*for your page*] significa «página para ti» en referencia a la página inicial que te aparece en TikTok cuando lo abres). Ella está hablando de las burbujas informativas. Las burbujas informativas serían como una especie de ente dentro de Internet que nos condiciona en base a nuestras búsquedas y los datos que damos sin ser conscientes a las empresas cuando aceptamos las *cookies*, por ejemplo. Los algoritmos realizarían una personalización de nuestro perfil, y ello va a conllevar que me llegue información más afín a mi ideología o que me intenten vender productos seleccionados según mi perfil. Estos algoritmos provocan que nos aislemos intelectualmente de otro contenido diferente a nuestra forma de pensar, creando nichos ideológicos, fomentando la polarización de la sociedad y teniendo una falsa sensación de que nuestra verdad es la verdad de la mayoría. Si unimos las *fake news* que proliferan en la red con la creación de las burbujas informativas y el alcance en redes de ciertos *influencers* con marcados intereses ideológicos, podemos comprender por qué he vuelto a escuchar en las aulas en pleno 2021 muchos mitos sobre la violencia machista que pensaba que se habían superado en 2015.

Visto en Twitter

A través de un hilo en Twitter[17] de veintiún *tweets* cargado de infografías, vídeos y recursos muy interesantes, la plataforma maldita.es te ofrece un microcurso para aprender a combatir la desinformación y detectar noticias falsas, los intentos de *phishing* y entender cómo los sesgos cognitivos afectan al pensamiento crítico.

---

17   Puedes encontrarlo aquí: https://twitter.com/MalditaEduca/status/1358860511945895944.

«Maestra, yo es que soy muy *hater*», me decía un alumno de 3.º de la ESO. Me lo decía con una sonrisa y con cierta «chulería». Al decirlo en inglés puede sonar hasta *cool*, pero estamos hablando de decir que somos unas personas muy odiadoras. De los delitos de odio registrados en 2019 en España, casi el 50% de los autores tenían menos de veintiséis años. Pero ¿a qué nos referimos exactamente cuando hablamos de delitos de odio?

La ECRI (Comisión Europea contra el Racismo y la Intolerancia) define el discurso de odio como «fomento, promoción o instigación, en cualquiera de sus formas, del odio, la humillación o el menosprecio de una persona o grupo de personas, así como el acoso, el descrédito, la difusión de estereotipos negativos, la estigmatización o amenaza con respecto a dicha persona o grupo de personas y la justificación de esas manifestaciones por razones de raza, color, ascendencia, origen nacional o étnico, edad, discapacidad, lengua, religión o creencias, sexo, género, **identidad de género**, orientación sexual y otras características o condiciones personales».

Cada acto trae consigo una consecuencia y, en el caso de estas agresiones, el objetivo sería la intimidación, la humillación, la exclusión, la desacreditación, el menosprecio, etc., a una persona o colectivo, lo que provoca secuelas en todas las esferas de la persona que lo sufren. La desinformación también está provocando una mayor polarización social, favorece el extremismo y genera la perpetuación de estereotipos y la deshumanización de determinados colectivos. Una zoomer de 1.º de bachillerato a la que entrevisté me contaba al respecto:

> «A mi alrededor se está todo polarizando mucho en todos los ámbitos, pero sobre todo en el tema político. Y eso que nosotros, con quince, dieciséis o diecisiete años, ni votamos ni tenemos ni idea de muchísimas cosas de política ni de cómo funcionan los partidos... Pero con cualquier idea que tengas se te asocia con un partido, entonces se supone que debes asumir el resto de las ideas de ese partido». «¿Y por qué crees que pasa esto?», le pregunté. «Yo creo que

es por influencia de lo que vemos en casa y porque hacemos grupos según nuestros ideales, no hay diversidad. Y también porque como los algoritmos de las redes sociales son así, solo nos muestran temas sobre lo que nos gusta haciéndonos pensar que eso es todo lo que hay porque es todo lo que ves. Pero es porque tú lo buscas y porque Instagram, por ejemplo, sabe qué es lo que quieres tú.»

¿Sabías que...?

En muchos centros educativos se han creados grupos de **ciberayudantes** y de «agentes antirrumores», estos últimos creados para luchar colectivamente contra la propagación de rumores o generalizaciones que se asignan a un colectivo de personas con el objetivo de desacreditarlas, dado que provocan situaciones de discriminación social que afectan negativamente a la convivencia y, por tanto, al conjunto de la sociedad.[18]

Al igual que en el iceberg de las violencias por cuestión de género que comentaré en el siguiente capítulo, estamos acostumbradas a detectar violencias más explícitas (agresiones físicas, asesinatos...) que serían la parte «visible», pero hay toda una base de conductas y comportamientos (bromas y chistes, rumores, comentarios estereotipados) que sostienen y generan estructuralmente que se produzca la violencia más cruda.

El odio vuela en las redes, especialmente en determinadas plataformas. La sensación de anonimato de la persona que lo ejerce y la menor empatía y, por tanto, mayor ensañamiento que puede provocar no ver a la persona que acosas, así como la velocidad en la difusión y el alcance que puedan tener estos discursos, puede ser enorme. Y el problema es que lo hemos normalizado. Nos hemos

---

18 Puedes encontrar mucha información y vídeos educativos en la página de Andalucía Acoge: https://stoprumores.com/.

acostumbrado a que el entorno virtual esté cargado de odio, **xeno-fobia** y misoginia.

Visto en redes

«Nuestro reto es salvar a los *haters* [...] y ayudarlos a que salgan de su enfado, de sus insultos y de sus críticas», defiende la plataforma Save a Hater. A través de un rápido test, «¿Cómo andamos de odio?»,[19] propician claves sobre cómo evitar ser un poco *hater* y qué hacer con los y las que te encuentres. En su página también encontrarás un manual[20] para actuar contra la polarización y los discursos de odio en las redes sociales.

En una encuesta a zoomers de entre catorce y veinticuatro años se encontró con que un 34% había sufrido algún tipo de maltrato por Internet o redes sociales, casi un 10% se reconocían como agresores y casi un 40% señalaban haber visto en los últimos doce meses páginas en las que se publicaba contenido hiriente hacia ciertas personas o colectivos. Alrededor del 50% de estos discursos de odio tienen que ver con la población migrante y la islamofobia.

Los colectivos más vulnerables al odio variarán según el contexto geográfico e histórico. En el contexto actual europeo y según la ECRI podemos destacar los siguientes tipos de discursos de odio predominantes: **antigitanismo**, **antisemitismo**, **aporofobia**, **LGTBQIA+-fobia**, **racismo**, **sexismo** y **xenofobia**.

¿Y qué pasa si es, por ejemplo, un **youtuber** el que comparte un discurso de odio? Que se convierte en lo que la investigadora Susan Benesch llama «discurso peligroso». Los discursos peligrosos tienen un potencial muy alto de amplificar la violencia de un colectivo hacia otro. Si preguntas a un o una zoomer que tengas cerca seguro

19 Puedes encontrar el test aquí: https://saveahater.accem.es/herramientas/#el_test.
20 Puedes encontrar el manual aquí: https://saveahater.accem.es/wp-content/uploads/2018/10/Manual-de-Activismo-Save-a-hater.pdf.

te puede nombrar rápidamente al menos a tres youtubers que tengan discursos peligrosos.

«¿Qué opinas de las bromas que se hacen sobre estos temas que estamos hablando?», me preguntaba esta misma mañana en un taller un alumno. A lo que he contestado: «Desde mi punto de vista, las bromas que fomentan opresiones son agresiones, no opiniones». Es importante que lancemos el mensaje de que los discursos de odio no son libertad de expresión y que, además, existen leyes y pactos internacionales que condenan estas acciones.

Casi siempre que hablamos de ciberacoso nos olvidamos de reflexionar sobre los matones o **bullies**. «Siempre le preguntaban a la persona que recibe el **bullying** si estaba bien, y a mí nunca me preguntaban. Y me daba impotencia. Yo no lo decía, pero pensaba: "¡Oye, que yo también estoy mal!". Me daba más rabia y aún seguía haciéndolo más», cuenta Delia, una joven de catorce años en una entrevista en la que confiesa cómo ha hecho *bullying* a la gente que veía perfecta: «A personas que estudiaban, que no tenían problemas con sus padres, que no tenían problemas de consumo...». A lo largo de la entrevista[21] cuenta el contexto familiar en el que creció, marcado por la violencia parental. Delia nos habla desde el lugar de la agresora y nos invita a reflexionar sobre cómo para erradicar este tipo de violencias tenemos que proteger a la infancia y acompañar a todas las partes implicadas.

¿ES POSIBLE CONTROLAR SUS REDES?

«Me he creado una cuenta falsa para ver si me acepta y poder controlar a quién sigue, si acepta a desconocidos y qué comparte en Instagram. Casi todas las madres de mi alrededor lo hemos hecho, estamos desesperadas con lo que vemos en la tele y nos cuenta la policía, ¿consideráis que está mal?». Testimonio de una madre en un taller para familias.

---

21 Puedes ver la entrevista en el *podcast* de Radio Gaga: https://www.youtube.com/watch?v=hjkEq2qySpU.

El testimonio de esta madre (que no es un caso aislado, ya que lo he escuchado en multitud de ocasiones) me hizo reflexionar sobre cómo educamos en el cumplimiento de las normas: si a través de la confianza o de la vigilancia. Porque, además, en una sociedad hiperconectada con acceso a wifi público en la que solo necesitamos un teléfono inteligente y conocer los puntos de acceso wifi gratuitos para acceder a todo tipo de información, tener el control absoluto de lo que consumen va a ser imposible.

> *«Entiendo que, con todas las cosas malas que sabemos que pueden pasar en las redes, haya padres que quieran estar atentos a las dificultades que puedan tener sus hijos. Pero, claro, no es lo mismo estar atento que meterte en toda su vida. Una cosa es acompañar para proteger y otra meterte en su vida e invadir su privacidad, que me parece totalmente contraproducente.» A., 17 años.*

Tenemos derecho a la intimidad. Y, no sé tú, pero a mí me hubiera encantado saber y leer mis derechos a mi madre cuando tenía dieciocho años y me cotilleaba todas mis cartas (entonces la cosa iba de cartas escritas a mano). El artículo 18 de la Constitución española nos habla del derecho fundamental a la intimidad, que consiste en disfrutar de un ámbito propio y reservado para desarrollar una vida personal libre, sin las intromisiones de terceras personas. El artículo 197.1 del Código Penal dice: «El que, para descubrir los secretos o vulnerar la intimidad de otro, sin su consentimiento, se apodere de sus papeles, cartas, mensajes de correo electrónico o cualesquiera otros documentos o efectos personales, intercepte sus telecomunicaciones o utilice artificios técnicos de escucha, transmisión, grabación o reproducción del sonido o de la imagen, o de cualquier otra señal de comunicación, será castigado con las penas de prisión de uno a cuatro años y multa de doce a veinticuatro meses». También tenemos las Leyes Orgánicas de protección al menor, que hablan de que «los menores tienen derecho al honor, a la intimidad personal y familiar y a la propia imagen». Y añade en su apartado 4: «Los padres o tutores y los poderes públicos respetarán estos derechos y los protegerán frente a posibles ataques de terceros».

A lo largo de mi experiencia como docente son muchos los comentarios que he escuchado sobre cómo sentían las personas zoomers el control de las familias sobre el uso de sus redes y su privacidad, así como de familiares desesperados y con cierto pánico por recibir tanta información sobre los peligros de las redes sociales y sentirse sin conocimientos ni recursos de actuación. Dejemos a un lado el alarmismo (ya hemos visto que los datos muestran una generación mucho más concienciada que las anteriores) y centrémonos en el bienestar digital.

PROCURANDO EL BIENESTAR DIGITAL

No creo que existan recetas mágicas sobre cómo acompañar como adultos de referencia en un buen uso de las TRIC a las nuevas generaciones. Pero sí sabemos que esto es un proceso que se tiene que dar desde que nacen, que no se trata tanto de controlar, juzgar o censurar, sino de facilitar herramientas tendiendo puentes de comunicación y participación activa que debe tener como objetivo que realicen un uso adecuado y responsable de las redes y tecnología favoreciendo su autonomía.

Para llevar a cabo esta iniciativa necesitamos desarrollar un Plan de Pedagogía Familiar en los Cuidados Digitales que trate algunas de las siguientes cuestiones:

- Evita criminalizar las redes sociales que utilicen. Las redes representan su mundo y a ninguno nos gusta que critiquen nuestro mundo, y menos sin profundizar en él.
- Cada referente o referentes tendrán su propio estilo educativo y estará bien, siempre y cuando sea consensuado y llevado a cabo por todas las partes del equipo familiar o educativo y no se encuentre en ninguno de los polos educativos que ya sabemos que son contraproducentes: la total permisividad o el autoritarismo represivo.
- Más que en la edad legal establecida, tendremos que observar las subjetividades del zoomer. La responsabilidad que muestre en

las diferentes áreas de su vida puede ser un buen indicador que favorezca o no darle mayor autonomía.

- En España no es legal que las personas menores de catorce años tengan una cuenta en redes sociales. Si se tiene, se recomienda que esta sea supervisada por una persona adulta. Existen programas de control parental específicos en los navegadores para menores de esas edades.

- Tendremos que hablar sobre los contenidos inapropiados, como el porno masivo (hay un capítulo específico sobre ello más adelante) y concienciar acerca de la privacidad y la gestión de la intimidad (propia y del resto de los miembros de la familia).

- No solo las familias tienen que intervenir en este acompañamiento. Las ciberviolencias, al igual que las violencias fuera del entorno virtual, forman parte de una ciudadanía que tiene mucha responsabilidad a la hora de prevenirlas, señalarlas y denunciarlas.

- Podéis realizar un «contrato para una navegación segura»[22] en el que podéis pactar los tiempos y lugares de usos, qué hacer frente a los discursos de odio o cómo actuar ante una noticia que puede ser falsa.

- Diversos estudios muestran cómo el control hacia las hijas es mayor que hacia los hijos. Al igual que fuera del espacio virtual, las niñas, mujeres y sujetos feminizados tienen mayor vulnerabilidad en nuestra sociedad **cisheteropatriarcal**. Por otro lado, y debido a los mandatos de género, las chicas se muestran en general más prudentes en el uso de las TRIC. Cuidemos entonces de coeducar en el buen uso de las redes sin revictimizar a las niñas y mujeres jóvenes. A los chicos debe llegarles también el mensaje claro sobre su privacidad, seguridad y protección de su intimidad en redes y su responsabilidad en no generar ni compartir contenido que reproduzca violencias.

- Van a buscar sus respuestas en el espacio virtual y tenemos que facilitarles herramientas para reconocer las *fake news*, así como

22 Encontraréis un modelo de contrato al final del libro.

para propiciarles fuentes fiables de información, con especial atención a los recursos de calidad de información sexual.[23]

- Podemos acompañarlos para, si no lo han hecho ya, que vean todas las posibilidades que tienen sus redes sociales en la opción de ajustes. Solo así tendrán un mayor control sobre sus perfiles: sobre los comentarios que reciben, el etiquetaje..., y sabrán dejar de seguir, silenciar, restringir o bloquear a determinados usuarios y cuentas. Desactivar el contabilizador de *likes* o silenciar las notificaciones cada vez que haya actividad en una de tus aplicaciones es positivo para tu cuerpo y tu mente.

Visto en Facebook

Como comentábamos en el capítulo 4, las redes sociales tienen una amplia posibilidad de ajustes y nivel de privacidad, y debemos conocer las opciones disponibles para ser agentes activos en los cuidados digitales. El apartado de «Nunca sin mi consentimiento» *(Not without my consent)* de Facebook, Instagram y Messenger te posibilita una serie de herramientas, como reportar y contactar con especialistas, si eso ocurriera.[24]

- No debemos quitar las redes sociales como castigo. Las redes sociales pueden representar todo su universo, en el que incluimos a nuestros iguales de referencia, que a estas edades son muy importantes. A veces, por proteger, podemos pensar que ir a «lo rápido» puede ser lo más favorable, pero tendremos que valorar otras consecuencias, como el aislamiento.
- Se recomienda que el tiempo de exposición a pantallas *(screen time)* no supere las dos horas (o la hora y media, si tienen menos de dieciséis años). Habrá que negociar los tiempos y acompa-

23 Si necesitas algunas opciones te dejo este *post*, en el que aparecen muchos recursos de calidad: https://www.instagram.com/p/CDlsRlHlbxd/?utm_source=ig_web_copy_link.
24 Puedes encontrarlo aquí: https://www.facebook.com/safety/notwithoutmyconsent/.

ñar a la regulación, organización y priorización con el resto de actividades. Las *apps* tienen medidores de tiempo que pueden ayudar en la regulación. Se recomienda que dentro de las habitaciones no haya televisiones. También se recomienda que no se vayan a dormir con la *tablet* o el móvil.

• ¿Cuándo regalar un *smartphone*? Aquí cada persona tendría su respuesta (que puede ser más o menos realista según el contexto familiar y del menor). Si quieres profundizar en este tema te recomiendo el libro que he escrito junto a Fran Jódar, *Acompañando a las nuevas generaciones en la era de las pantallas*.

• Es interesante que conozcamos cómo cuidar nuestros dispositivos y el planeta. Muchos de los materiales con los que se fabrican ciertos *smartphones* tienen graves consecuencias ambientales y de explotación de personas y materias primas. En un contexto social en el que asumimos la obsolescencia programada o la corta vida que tendrán nuestros dispositivos tecnológicos como algo natural, tener en cuenta los cuidados de nuestros teléfonos para prolongar su vida será clave.

¿Sabías que...?

La fabricación de un teléfono inteligente requiere doce litros de agua limpia. Pero también de unos minerales cuya extracción no está exenta de polémica. Además del impacto a nivel medioambiental de estas materias primas, el coltán y el cobalto, conocidos como «los minerales de sangre» o el «oro blanco», extraídos del Congo, han provocado conflictos bélicos y la explotación de menores.

Te muestro algunos datos con respecto a la huella ecológica que seguro que no te dejan indiferente:

• La batería de un *smartphone* puede contaminar 600.000 litros de agua, cifra que representa el consumo de agua de todos los hogares españoles durante 24 horas.

- Un solo móvil produce 95 kilos de CO_2 en dos años de duración.
- Para fabricar un *smartphone* de 80 gramos de peso se consumen 45 kilos de materias primas.
- Solo se recicla el 21% de los *smartphones* obsoletos. Cada dispositivo contiene unos cuarenta materiales tóxicos, tales como arsénico, zinc, plomo, cadmio o mercurio.

Por todo ello, muchas personas están adquiriendo cada vez más móviles de segunda mano y consumen marcas comprometidas con el medioambiente que garantizan el uso de materiales reciclados para su elaboración y que aseguran que se respetan las condiciones laborales y los derechos humanos de las trabajadoras del lugar de procedencia de las materias primas.

- Configurar nuestros navegadores para bloquear las ventanas emergentes.
- No proporcionar nuestros datos personales, claves o datos de pago. Usar diferentes contraseñas para las distintas redes y crear contraseñas «fuertes» que combinen mayúsculas, minúsculas, letras y números.
- Cuidado con los engaños y las estafas. Mientras escribía este capítulo me han llegado varios SMS de supuestas empresas de mensajería que me pedían mis datos para entregar un supuesto paquete que no había pedido.
- Cuando no utilices tu **geolocalización**, desactívala. Presta atención a las *cookies* que decides o no aceptar y con qué condiciones.
- Ante la duda, no compartas. Asegúrate a través de servicios de verificación de si eso sobre lo que dudas es verídico o no.
- Parece que las radiaciones de las ondas que emiten los *routers* y nuestros dispositivos puede afectar a nuestra salud. Se recomienda apagar el *router* por la noche y mantener los *smartphones* no muy pegados al cuerpo.

- Favorecer la actividad física, el descanso y el sueño (se recomienda que las criaturas y adolescentes duerman entre 9 y 11 horas al día). Dormir es especialmente importante en estas edades, en que el desarrollo cognitivo va a gran velocidad y muchos de los procesos emocionales asociados a las situaciones que vivimos durante el día se elaboran cuando estamos durmiendo. Como ya hemos comentado, las *apps* están diseñadas para que pases el mayor tiempo posible en ellas, así que incidir en un buen descanso va a ser prioritario para un buen desarrollo psicofisiológico.
- Más allá de los afectos que podamos trasladarnos a través de las pantallas, tenemos que promover el contacto físico. Aún no sabemos las consecuencias que tendrá todo lo relacionado con la distancia social que ha provocado la crisis sanitaria. El contacto físico, dentro de las posibilidades y los deseos propios, favorece la aparición de hormonas como las endorfinas, la dopamina, la oxitocina y la serotonina, que provocan sensaciones placenteras que bajan los niveles de miedo y ansiedad, y fortalecen nuestro sistema inmune.

Si queremos llevar a cabo todo esto no se nos puede olvidar, como he comentado a lo largo del libro, que la mayor clave va a ser la actitud con la que nos acerquemos. La escucha activa libre de juicios y **adultismos** para que sientan comodidad y seguridad y nos acerquen a su mundo (que a veces sentimos tan lejano a lo que fue el nuestro) es imprescindible para acompañarles en su camino.

BUENOSTRATOS *ONLIFE*

Los mensajes de odio han encontrado en el espacio *online* un lugar donde proliferar de forma exponencial y a sus anchas. El traspaso de las violencias estructurales al espacio digital ha sido tan rápido que la mayoría de la población se ha visto perdida a la hora de actuar frente a estas violencias y sin encontrar el apoyo necesario en el espacio judicial. Pero tenemos la suerte de que hay grandes especialistas en ciberviolencias con perspectiva de género repensando la protección legislativa y colectiva frente a las violencias en el entorno digital, y que el trabajo que se está realizando verá la luz en las próximas leyes.

Como referentes, trabajar la prevención de las violencias en las redes pasa por enseñar a las infancias a relacionarse sin violencia y a tener mayor conciencia de las repercusiones que de hacer ciertos comentarios sobre otras personas o compartir bulos. Así como fomentar los *buenostratos*, ese concepto que no existe en nuestro diccionario y que tenemos que llenar colectivamente de reflexiones, pero sobre todo de actitudes y prácticas.

Educamos y modelamos con nuestras acciones. Somos ejemplos 24/7. Incluso muchas veces da igual lo que digamos, el cerebro de las personas que nos escuchan está recibiendo *inputs* sensoriales sobre si existe coherencia entre lo que decimos y hacemos, prevaleciendo y poniendo la atención en los actos.

La desinformación y los discursos de odio no son algo «aislado», sino que son algo que pasa constantemente delante de nuestros ojos y de lo que participamos cada vez que compartimos un bulo o no reportamos un contenido ofensivo que vemos por redes. Todos, como ciudadanos y ciudadanas, tenemos responsabilidades en las (ciber)violencias que ocurren delante de nuestros ojos, incluidas las que suceden en la pantalla de nuestro móvil, *tablet* u ordenador. Somos cómplices y podemos hacer mucho en la condena de las (ciber)violencias y en la evitación de la propagación de paparruchas.

A tener en cuenta

¿De dónde surge el concepto de «buenostratos»? La psicóloga y sexóloga Fina Sanz propone poner en alza y llenar de contenido este concepto. En el libro *El buentrato como proyecto de vida* explica que existe una definición de «malos tratos» y que en

> nuestro imaginario colectivo tenemos más o menos claro en qué consiste, pero no pasa lo mismo cuando nos referimos a los buenostratos. Su propuesta sería la de crear nuevos modelos relacionales en los que se erotizara y llevara a la práctica el buentrato.

Este capítulo ha estado repleto de recursos que te proporcionan herramientas para ser un agente activo en el buen uso de las TRIC y para que diseñemos, individual y colectivamente, el entorno *onlife* que deseamos.

Por último, te dejo un manifiesto que te ayudará a evitar las ciberviolencias:

MANIFIESTO DE LA COMUNICACIÓN NO HOSTIL[25]

Desde el proyecto social de sensibilización *online* Parole O_Stili promovieron la difusión de una carta con 10 principios para promover valores positivos en la red que desde 2017 se ha pasado por muchos muros de redes sociales, centros educativos, universidades, empresas... Quizá te quieres sumar a este "Manifiesto de la comunicación no hostil".

1. Lo virtual es real. Digo y escribo en la red solo las cosas que tengo la valentía de decir en persona.
2. Se es lo que se comunica. Las palabras que elijo relatan la persona que soy: me representan.
3. Las palabras dan forma al pensamiento. Me tomo todo el tiempo necesario para expresar lo mejor posible mi pensamiento.
4. Antes de hablar hace falta escuchar. Nadie tiene siempre la razón, tampoco yo. Escucho con honradez y apertura.

---

25 Encontrarás el manifiesto descargable en varios idiomas y más materiales en: https://paro leostili.it/es/.

5. Las palabras son un puente. Elijo las palabras para comprender, hacerme entender y acercarme a los demás.

6. Las palabras tienen consecuencias. Sé que cada una de mis palabras puede tener consecuencias, grandes o pequeñas.

7. Compartir es una responsabilidad. Comparto textos e imágenes solo después de haberlos leído, valorado y comprendido.

8. Las ideas se pueden discutir. Las personas se deben respetar. No convierto a quien sostiene ideas que no comparto en un enemigo al que hay que eliminar.

9. Los insultos no son argumentos. No acepto insultos ni agresividad, ni tan siquiera para apoyar mi punto de vista.

10. También el silencio comunica. Cuando la mejor elección es callar, callo.

CAPÍTULO 7

VIOLENCIA DE GÉNERO
EN JÓVENES Y CÓMO ABORDARLA

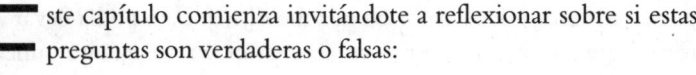ste capítulo comienza invitándote a reflexionar sobre si estas preguntas son verdaderas o falsas:

1. Los amores en la adolescencia van y vienen, y no hay que darles demasiada importancia.
2. A los «malotes» les viene bien tener una pareja que haga que «sienten la cabeza».
3. El maltrato en adolescentes se da en niveles socioeducativos y/o económicos bajos.
4. Los hombres tienen más deseo sexual que las mujeres.
5. El amor verdadero puede con todo.
6. Los celos, en su justa medida, son una muestra de amor.
7. Si una mujer es maltratada continuamente, la culpa es suya por seguir conviviendo con ese hombre.
8. Las parejas requieren de ciertos sacrificios.
9. Si una chica no quiere dejar a su agresor, no hay nada que podamos hacer.
10. A las chicas adolescentes les atraen los «chulillos».
11. Las adolescentes controlan y maltratan a sus parejas psicológicamente lo mismo que ellos a ellas.

12. Las mujeres jóvenes que no salen de las relaciones de maltrato son un poco tontas.

13. Existe un perfil concreto de victimario. Está relacionado con el consumo de alcohol y otras drogas o comportamientos agresivos.

14. Si detectamos que una menor está sufriendo violencia de género, la mejor forma de prevenir que la cosa vaya a peor será aislándola y quitándole las redes sociales para que no pueda contactar con él.

15. Las mujeres que se meten en relaciones de malos tratos lo hacen porque tienen muy poca autoestima.

16. Existen muchas denuncias falsas por violencia de género.

17. Las chicas a veces se buscan los problemas por ir provocando.

La primera historia de amor que viví fue una relación marcada por el maltrato psicológico. Nunca me dijo que no podía llevar X ropa o que no saliera con mis amigas, tampoco me insultó nunca. El tipo de violencia emocional que ejerció consistía en la psicológica por omisión.[1] Por ejemplo, si no actuaba como él esperaba, se ponía muy tenso, serio y afligido. Se podía sentir tan mal por lo que había dicho o hecho (ese día o hace meses, todo valía) que generaba una situación muy incómoda en la que él se callaba y se marchaba muy dolido. Y yo me quedaba sintiéndome la persona más culpable y mala del mundo. Esto no fue así desde el principio, ni era así todos los días. Él esperó a que yo estuviera bien «enchochada» para empezar a hacerme sentir mal por-cualquier-cosa, y después de la tensión venía la calma. Él me pedía perdón y ponía excusas a su comportamiento, casi siempre asociadas a su situación familiar para, cuando estábamos tan bien y yo bajaba la guardia, volver a montar un conflicto por-cualquier-cosa y desestabilizarme entera. Él no quería sacar la mejor versión de mí como yo pensaba,

---

1   La violencia psicológica se puede realizar a través de actos o a través de la omisión de estos, teniendo siempre el objetivo de dañar la estabilidad psicológica sobre quien recae esta violencia. El abandono o la indiferencia serían algunos ejemplos. En las próximas páginas profundizo en este tipo de violencia.

él quería que yo fuera como él consideraba que tenía que ser. Él me quería pequeñita, él me quería insegura, él me quería dependiente, para tener todo el control y dominio sobre mí. No sé si este relato te es familiar, imagino que si has tenido una vida romántica activa, seguramente y, por desgracia, sí.

En ningún momento fui consciente del tipo de relación en la que estaba. Y te aseguro que yo era de las «espabiladas y sabidillas». Me acuerdo de que había cosas de la relación que no contaba a mis amigas, protegiéndome de lo que me pudieran decir sobre él, y eso ya debería de haber sido un indicador de que algo no iba bien. Pero no fue hasta los ocho años, una vez finalizada la relación, justo cuando llegó a mis manos el test «¿Alguna vez has sufrido maltrato psicológico?», y me dispuse a hacerlo pensando en esa relación. Salió un sí rotundo. Y entonces empecé a comprender muchas cosas de esa época de mi vida y de lo que me sucedía en la actualidad en las vinculaciones afectivas. Y me di cuenta de cómo una relación de ese tipo podía marcarte para toda la vida.

Desde ese momento, uno de los talleres que más realizo es el de «#VivaElAmorDelBueno: otras formas de querer son posibles». He recorrido toda España compartiendo con jóvenes (y no tan jóvenes) esa experiencia en el marco de una charla en la que hablamos de multitud de cosas en relación con los amores y las amistades (sí, amistades, ya que muchas relaciones de amistad no están exentas de violencias). Hay un momento del taller en el que interpreto una escena (que viví en primera persona) para que detecten cómo la violencia de género no va solo de golpes o insultos, sino que puede ser también un silencio cargado de manipulación o un no responsabilizarse de sus comportamientos y hacerte sentir que estás loca. Siempre me dicen «¡Qué bien lo haces!», y entonces yo les cuento que la persona que recibía esa violencia psicológica era yo. Después de esa charla se abre un espacio para compartir y que hagan preguntas anónimas. En todas las formaciones salen varias mujeres jóvenes que se ven reconocidas y que están sufriendo o han sufrido maltrato. Mi mensajería privada de Instagram está llena de relatos de chicas que están viviendo o han vivido una relación de violencia de género. También me escribe alumnado que reconoce ejercer esos comportamientos abusivos y quiere cambiarlo.

> —*Maestra, el amor te llega así de repente* —me dijo un alumno de 4.º de la ESO.
> —*¿Así de repente?* —*contesté yo*—. *A ver, explícame eso.*
> —*Sí, mira: a mí otra persona me manda un punto (.) por Instagram y entonces opino y digo si querría algo serio o solo lío con esa persona, o también puede que me esté pidiendo que opine sobre su persona.*
> —*Sí* —*contestó otra compañera, y prosiguió*—: *También puede ser que de repente veas cómo una persona le ha dado mucho likes a varias fotos de tu* **feed**. *Lógicamente está stalkeando tu perfil y quiere llamar tu atención para que lo sigas o la sigas o te fijes en él o en ella.*
> —*¿Y el siguiente paso cuál sería?* —*pregunté.*
> —*Seguramente empezar a responder a tus* stories,[2] *mandarle algún emoticono de fuego, seguirnos en Insta y empezar a hablar por DM.*[3]

Parece, como también confirman los datos del informe INJUVE, que no es necesario usar *apps* específicas de ligue para conocer a gente. Utilizar Instagram de una manera concreta puede ser tu mejor herramienta para ligar. O, por lo menos, lo es para algunas personas de la generación Z.

Es curioso cómo algunos centros educativos y parte de la ciudadanía no le dan importancia a este tipo de formaciones y hablan de que solo sirven para perder clase. Lo que hubiera dado por recibir alguna charla sobre estos temas cuando iba al instituto... Todo lo que estamos viviendo en nuestra esfera relacional (amistades, familia, vínculos amorosos...) afecta, y mucho, a nuestro rendimiento escolar. Creo que lo mejor que podríamos hacer en favor del desa-

---

2 Las *stories* son historias en Instagram en formato foto, texto o vídeo que duran 24 horas y luego se borran.
3 La función Instagram Direct nos permite mandar DM (mensajes directos) o mensajes privados a otras personas a través de la aplicación.

rrollo de la infancia es trabajar, entre otras, la **inteligencia emocional** e interpersonal y los *buenostratos*.

¿Sabías que...?

La declaración de la ONU sobre la Eliminación de la Violencia Contra las Mujeres en 1993 marca un importante hito al afirmar que «la violencia contra las mujeres designa todo acto de violencia basado en la pertenencia al sexo femenino, que causa o es susceptible de causar a las mujeres daño o sufrimiento físico, sexual o psicológico, e incluye las amenazas de tales actos y la restricción o privación arbitraria de la libertad, tanto en la vida pública como privada». De esta manera, la ONU explicita cómo este tipo de violencia es una violación de los derechos humanos, incluye otros tipos de violencia más allá de la física y resalta el género como factor de riesgo.

La violencia de género en las mujeres jóvenes es una realidad. Así que vamos a ir profundizando en los aspectos más importantes para poder abordarla correctamente: comprendiéndola, revisándonos y teniendo las herramientas para trabajar en la prevención y la detección.

A QUÉ NOS REFERIMOS CUANDO HABLAMOS DE VIOLENCIA DE GÉNERO

La violencia de género es un tipo de violencia fruto de la discriminación, situación de desigualdad y relaciones de poder de los hombres sobre las mujeres. Aunque las manifestaciones de la violencia por razón de género vayan mucho más allá del ámbito relacional afectivo, en el marco legislativo español la violencia de género hace referencia a la violencia que es ejercida por una pareja o expareja, hayan estado estas dos personas o no conviviendo.

Se trata de un tipo de violencia instrumental constituida por un conjunto de comportamientos y actitudes que, de forma activa, pasiva o por omisión, se realizan de forma reiterada y con una clara intencionalidad: controlar, dominar y someter a la mujer para imponer las pautas que el hombre considera que tiene que tener su pareja según el sistema de creencias de este.

La violencia de género en el marco de la pareja o expareja va más allá de la imagen que podamos tener en nuestro imaginario de una mujer de edad media con un golpe en el ojo. La violencia de género no entiende de edad ni de clases o grupos sociales ni tiene que ver solo con la violencia física. Según el criterio que se utilice (escenario, etapa del ciclo vital, forma en la que se ejercen las agresiones, si son directas o indirectas, realizadas de forma activa, pasiva o por omisión...), podemos encontrar diversas manifestaciones de la violencia. Debemos tener en cuenta que en la práctica muchas de estas violencias van entrelazadas y, por ejemplo, siempre que hay violencia física, sexual y/o social hay también maltrato psicológico. Como recoge la Delegación del Gobierno para la Violencia de Género, algunas de estas violencias, según la naturaleza de la agresión, serían:

- Violencia física: acto no accidental que implique el uso deliberado de la fuerza del hombre contra el cuerpo de la mujer, así como los ejercidos en su entorno familiar o personal como forma de agresión a esta con resultado o riesgo de producir lesión física o daño. (Ley 7/2018, de 30 de julio, de medidas de prevención y protección integral contra la violencia de género.) Este uso de la fuerza se puede traducir en bofetadas, golpes, palizas, empujones, heridas, fracturas o quemaduras que provoquen o puedan provocar una lesión, daño o dolor en el cuerpo.

Visto en YouTube

La actriz y activista Pamela Palenciano cuenta a través del monólogo autobiográfico «No solo duelen los golpes» su experiencia de maltrato desde los doce hasta los dieciocho años. Pamela aborda de forma teatralizada e impactante pasajes de su antigua relación que ayuda a entender este proceso, así como a verte reflejado o reflejada en muchas de las cosas que cuenta. Puede ser una herramienta muy interesante para jóvenes y no tan jóvenes que estén sufriendo una relación de malos tratos.[4]

- Violencia sexual: según la OMS (Organización Mundial de la Salud), sería todo acto sexual, la tentativa de consumar un acto sexual, los comentarios o las insinuaciones sexuales no deseados, o las acciones para comercializar o utilizar de cualquier otro modo la sexualidad de una persona mediante coacción por otra persona, independientemente de la relación de esta con la víctima, en cualquier ámbito, incluidos el hogar y el lugar de trabajo. La coacción puede abarcar el uso de grados variables de fuerza, o intimidación psicológica, o extorsión, o amenazas (por ejemplo, de daño físico o de no obtener un trabajo o una calificación, etc.). También puede haber violencia sexual si la persona no está en condiciones de dar su consentimiento; por ejemplo, cuando está ebria, bajo los efectos de un estupefaciente, dormida o mentalmente incapacitada.

En el contexto de pareja o expareja, la OMS la define según tres variables:

1. Ser obligada a tener relaciones sexuales en contra de su voluntad.
2. Tener relaciones sexuales por temor a lo que pudiera hacer su pareja.
3. Ser obligada a realizar algún acto sexual que considerara degradante o humillante.

4 Puedes verlo aquí: https://www.youtube.com/watch?v=3Q0RfnjGSJc&t=576s.

«¿Que te insistan para tener relaciones sexuales y tú no quieras porque no estás segura y él se enfade se considera manipulación?», me preguntaba anónimamente una alumna en un taller realizado con 1.º de bachillerato. De todas las violencias que podemos encontrar en la pareja, la sexual suele ser la más difícil de detectar, ya que la **cultura de la violación** normaliza las violaciones por confianza que se dan dentro del marco de relaciones de pareja o «de rollo».

Se calcula que el 45% de las mujeres maltratadas tienen sexo de forma forzada y el 74% son coaccionadas sexualmente. Aquí también incluiríamos la sextorsión y el *sexpreading*, comentados en el capítulo anterior.

Sigamos con los principales tipos de violencia:

- Violencia económica: privación intencionada y no justificada legalmente de recursos, incluidos los patrimoniales, para el bienestar físico o psicológico de la víctima, de sus hijos o hijas o de las personas de ella dependientes, o la discriminación en la disposición de los recursos que le correspondan legalmente o el imposibilitar el acceso de la mujer al mercado laboral con el fin de generar dependencia económica.

- Violencia psicológica: conductas verbales o no verbales, que produzcan en la mujer desvalorización o sufrimiento, a través de amenazas, humillaciones o vejaciones, exigencia de obediencia o sumisión, coerción, control, insultos, aislamiento, culpabilización o limitaciones de su ámbito de libertad, así como las ejercidas en su entorno familiar, laboral o personal como forma de agresión a la mujer. (Ley 7/2018, de 30 de julio, de Medidas de Prevención y Protección Integral contra la Violencia de Género.)

«Si yo no hago nada malo, pero el otro se enfada, y yo me siento mal por él, ¿la culpa es mía por no ser responsable de mis emociones?», me preguntaba una alumna de una charla *online* de 4.º de la ESO, y continuaba su mensaje diciendo: «La culpa inducida no es problema del otro, sino de uno mismo, ¿me equivoco?». Me llegó esta pregunta por la mensajería privada de Instagram a raíz de una charla que hice, y tuve que releerla varias veces para comprender lo que estaba pasando. Al hablar con ella se dio cuenta de que lo que sucedía era que, indirectamente, él la responsabilizaba por su malestar, pero también por sentirse culpable haciéndole sentir que «estaba loca» y eximiéndose él totalmente de su responsabilidad.

¿Sabías que...?

El *gaslighting* o luz de gas es un tipo de violencia psicológica indirecta difícil de detectar. El nombre surgió de una película que hicieron a raíz de una obra de teatro en la que el marido de la protagonista pone en duda todo lo que dice su mujer (incluidos unos ruidos que ella escucha realizados perversamente por él), desestabilizándola poco a poco hasta caer en la anulación total y llevarla a la sensación de enloquecimiento. Es un tipo de violencia instrumental con graves secuelas para la salud de la víctima en las que se entremezclan muestras de afecto con el cuestionamiento y con mensajes que promueven la dependencia tipo «me tienes preocupado», «menos mal que estás conmigo y te cuido», «no puedes pensar bien porque estás enferma, hazme caso a mí»..., lo que provoca una gran confusión mental. Es impresionante la anulación de la capacidad de agencia que provoca esta violencia; es, sin duda, lo más duro que acompaño en la consulta. Como digo a lo largo del capítulo, detectar las *red flags* («banderas rojas o señales de peligro», hablo de ellas más adelante) y trabajar por una sociedad libre de violencias machistas será clave en la prevención de este tipo de violencias.

- Violencia social: se basa en la limitación, el control y la inducción al aislamiento social de la mujer. Se separa a la víctima de la familia y amistades, privándola de apoyo social y alejándola de su entorno habitual. En ocasiones se pone a la víctima en contra de su entorno, consiguiendo que la víctima o el entorno decidan desvincularse.

- Violencia ambiental: forma de violencia que atenta indirectamente contra la mujer utilizando todo aquello que quiere, ama, posee y tiene. Suelen ser conductas explosivas que generan miedo, sumisión y sufrimiento en la mujer víctima, aunque no se realicen sobre ella ni su cuerpo, sino sobre lo que la rodea y es importante para ella.

VIOLENCIAS POR CUESTIÓN DE GÉNERO

Si ampliamos la mirada más allá del ámbito conyugal, la violencia por razón de género puede adoptar múltiples formas, de ahí que utilicemos el plural y la nombremos como «violencias». Se considerarán violencias por cuestión de género: el **feminicidio**, las agresiones sexuales, la trata de seres humanos, la mutilación genital femenina, el matrimonio precoz o forzado, las derivadas de conflictos armados, las ciberviolencias machistas, la violencia institucional, la violencia económica, la violencia en los medios de comunicación, la violencia obstétrica, el acoso en el ámbito laboral, etc. Y cualquier otra forma que sea susceptible de lesionar la dignidad, la integridad o la libertad de las mujeres y las niñas.

¿Sabías que...?

Según la columnista Julia Evelyn Martínez, en su artículo «Violencia simbólica contra mujeres», la **violencia simbólica** está constituida por la emisión de mensajes, iconos o signos que transmiten y reproducen relaciones de dominación, desigualdad y discriminación que naturalizan o justifican la subordinación y la violencia contra las mujeres en la sociedad. Son muchos los mensajes que se transmiten en este tipo de violencia, entre ellos se pueden destacar tres:

1. el desprecio y la burla por lo que son y/o hacen las mujeres;
2. la desconfianza por lo que son y/o hacen las mujeres, y
3. la justificación de la subordinación femenina y/o de la violencia contra las mujeres.

Esta violencia simbólica se ejerce a través de la publicidad, las letras de canciones, del refranero y de los dichos populares. También en videojuegos, novelas, revistas y caricaturas políticas, entre otros. Voy a ponerte un ejemplo de hace poco tiempo. La marca de maquillaje Krash Kosmetics sacó una paleta de sombras llamada «**Suggar Daddy**» con un diseño con forma de tarjeta de crédito y con alusiones tipo «*Daddy*, saca la cartera», haciendo referencia a las relaciones que se dan entre mujeres jóvenes y hombres mucho más mayores y adinerados, por interés económico. Debido a la presión de varias instituciones retiraron el producto del mercado. Este suceso me recordó a una cosa que me contó una vez una alumna en una ronda de presentación en la que, además de presentarse, tenían que decir lo que esperaban del amor: «Yo espero en unos años casarme con un hombre mayor que tenga mucho dinero y que me mantenga a base de regalos». La miré sonriendo con cara de «me estás vacilando», y mi asombro fue aún mayor cuando ella se puso seria y dijo que iba totalmente en serio. Automáticamente pensé en Virginia Woolf[5] y en toda la investigación y literatura que se ha realizado sobre la importancia de la independencia económica de las mujeres como herramienta de supervivencia en un sistema patriarcal y me puse una *mijita enmorecía...*[6]

---

5   Hago referencia a Virginia Woolf, escritora referente del siglo xx. En concreto a su libro *Una habitación propia*, de 1929, en el que la tesis principal es la de que «una mujer necesita tener dinero y una habitación propia para poder escribir novelas».

6   He recuperado esta expresión del proyecto @hablatuandaluz, que reivindica las hablas andaluzas frente a los comentarios andaluzofóbicos del tipo «habla bien», «eres un cateto», «no sabes hablar», etc. «Enmorecer» hace referencia a «desfallecer, a perder el aliento por agotamiento». La escritora Brigitte Vasallo habla en su último libro de «lenguaje inclusivo y exclusión de clase» y analiza la exclusión de clase que provocan determinados usos del lenguaje. A pesar de intentar ser lo más pedagógica posible, asumo la dificultad que implica el uso del lenguaje que hago para muchas personas. Hete aquí mi asunción de responsabilidad y mi homenaje a la cultura andaluza.

Las violencias que se ejercen contra las mujeres son la manifestación más extrema de los desequilibrios de poder y de la desigualdad histórica que existe entre hombres y mujeres. No es una violencia circunstancial ni neutra. Es un fenómeno complejo en el que confluyen factores muy diversos. Es una **violencia estructural** e ideológica que actúa como mecanismo de dominación y control.

Volvamos a la figura del iceberg para explicar cómo funcionan las violencias por razón de género:

- En la base del iceberg (sumergida) estarían las formas más sutiles e invisibilizadas, como los **micromachismos**, la publicidad sexista, el lenguaje y humor machista, ciertos tipos de control...
- Si vamos ascendiendo, podemos encontrar formas más explícitas, pero que aún no están en la superficie, como culpabilizar, desvalorizar, ignorar, el chantaje emocional...
- En la parte visible del iceberg es donde estarían los gritos, los insultos, las agresiones físicas y el asesinato. Recordemos que estás agresiones se dan en el espacio *onlife*. Es decir, en el *offline* (agresiones físicas y maltrato psicológico) y en el *online* (cibercontrol, ciberacoso, ciberignorar, creación de contenido sexista, *sexpreading*, cibermisoginia, etc.).

MODELO EXPLICATIVO DE LA VIOLENCIA DE GÉNERO

¿Por qué se da la violencia de género?

Desde los años noventa se han intentado explicar desde diferentes perspectivas por qué se produce la violencia hacia las mujeres en el marco de la pareja. Se ha intentado explicar desde la psicología, la sociología... Y desde todas las perspectivas se asociaba con factores individuales como el tipo de personalidad, la baja autoestima, el bajo control de impulsos...

Estos modelos, que solo justifican la violencia de género según el individuo de forma aislada, han quedado obsoletos. De los modelos más contemporáneos, el modelo piramidal de Esperanza Bosch y Victoria Ferrer[7] sería el más acertado. Este modelo pretende ser aplicable a la violencia contra las mujeres en sus diferentes formas, y está centrado en factores explicativos clave, que ordena y jerarquiza, al tiempo que profundiza en los mecanismos que diferencian a agresores de no agresores. El modelo tiene una estructura piramidal y consta de cinco escalones. Cuatro de ellos constituyen los mecanismos explicativos de la violencia: sustrato patriarcal, procesos de socialización, expectativas de control y eventos desencadenantes, y el quinto sería, propiamente, el estallido de la violencia contra las mujeres, en cualquiera de sus diferentes formas.

Lo que me gusta de este modelo es que contempla la existencia de un mecanismo de filtraje o fuga en cada uno de los escalones. Ello visibiliza la existencia de todos aquellos hombres que, aun habiendo sido socializados dentro de los mandatos patriarcales (como todos), en algún momento del proceso inician una toma de conciencia que los lleva a renunciar a sus **privilegios** de género en sus relaciones sociales con las mujeres y en sus relaciones afectivas.

¿Y cómo explicaría este modelo que se llegase a una agresión? Sería aquel hombre que no se sale de la pirámide y asciende hacia la violencia de la siguiente manera. Serían aquellos que, de forma consciente e inconsciente, asumen el mandato de género masculino tradicional (y la ideología patriarcal subyacente) y ante un evento (desencadenante) que frustra sus expectativas de mantener un control sobre sus parejas o que refuerza (o ellos creen que refuerza) su posición, considerarían legítimo pasar a la acción y poner en práctica estrategias (que incluirían desde el control hasta la violencia en sus formas más extremas) para recuperar, mantener o aumentar ese poder.

---

7   Bosch-Fiol, Esperanza, y Ferrer-Pérez, Victoria Aurora. «El Modelo Piramidal: alternativa feminista para analizar la violencia contra las mujeres», *Investigaciones Feministas*, 2019.

En 2011 se celebra el Consejo de Europa sobre la prevención y la lucha contra la violencia contra las mujeres conocido como Convenio de Estambul. Los 34 países europeos que ratifican el convenio (España lo hace en 2014) se comprometen a trabajar para «eliminar toda forma de discriminación contra la mujer y promover la igualdad real entre mujeres y hombres, incluyendo el empoderamiento de las mujeres y ayudando a establecer políticas y medidas de protección y asistencia a todas las víctimas», incluyendo en el concepto «mujer» a las menores de edad.

CICLO DE LA VIOLENCIA DE GÉNERO

La teoría del ciclo de la violencia de género (Leonore Walker, 1979)[8] hace referencia al mecanismo que comparten este tipo de violencias y que ayuda a entender la espiral en la que se sienten envueltas las víctimas y las supervivientes. Según este ciclo, existen patrones similares en los procesos de maltrato, en los que, de manera cíclica, la relación pasa repetidamente por las siguientes etapas:

1. Acumulación de la tensión o fase de gestación de la dependencia. Desde el inicio de la relación existe una acumulación de la tensión debido a que la mujer no se ajusta a las expectativas sexistas que de forma explícita el agresor tiene sobre ella y sobre la relación, y se disgusta por todo aquello que en la relación no es como él considera que debería ser. Se van acumulando los conflictos y los cambios repentinos de ánimo por parte del agresor, que la mujer no acierta a comprender y que suele justificar, ya que no es consciente del proceso de violencia en el que se encuentra involucrada. De esta

8   Walker, E. Leonore. *The battered woman*, HarperCollins, 1979.

forma, la víctima siempre intenta calmar a su pareja, complacerla y no realizar aquello que le moleste, con la creencia de que así evitará los conflictos e, incluso, con la equívoca creencia de que esos conflictos son provocados por ella en algunas ocasiones. Se trata en realidad de una serie de tácticas coercitivas con el objeto de aislar a la mujer de sus posibles redes de apoyo y hacerla dependiente del propio agresor.

2. Fase de agresión o afirmación contundente de dominio. Se trata de uno de los mecanismos correctivos usados por parte del agresor para que la chica se comporte según sus expectativas sexistas. Es una reacción intensa de fuerza destinada a asustar y establecer definitivamente el control. Estos mecanismos correctivos pueden incluir diversos comportamientos, desde ridiculizarla hasta abandonarla en situaciones o lugares que se pueden considerar peligrosos, romper o golpear objetos comunes o propios de la chica, insultarla, gritarle, amenazarla, golpearla... Es la fase en la que estalla la violencia, ya sea física, psicológica y/o sexual. Esta explosión no tiene una causa real, aunque el agresor siempre la encuentra en un acto de la mujer. Esta situación provocará en la víctima estados de ansiedad y temor, temores fundados que, en el mejor de los casos, pueden conducirla a consultar a alguna amiga o familiar, a pedir ayuda o a tomar la decisión de denunciar a su agresor.

3. Fase de conciliación, de «luna de miel» o de arrepentimiento Es una fase de manipulación afectiva, un proceso que utiliza el agresor para mitigar el sentimiento de culpa y evitar que la relación termine. Esta etapa también es conocida como «luna de miel», porque después de los episodios violentos, el agresor suele pedir perdón, mostrarse amable y cariñoso, prometiendo que no volverá a repetirse. Se justifica en que ha explotado por «otros problemas» siempre ajenos a él, excusando su comportamiento en cuestiones externas (problemas familiares, estrés, actitudes o comportamientos de otras personas...), o en comportamientos de ella (responsabilizándola

de llevarle al límite). Se trata de un falso arrepentimiento, ya que sus expectativas sexistas no se han modificado. El agresor incluso llega a comprometerse con un cambio si ella le da una oportunidad. Con estas manipulaciones, el agresor tratará de hacer creer a su pareja que «no ha sido para tanto», que «solo ha sido una pelea de nada», e intentará que ella vea la parte cariñosa de él. La mujer, que desea el cambio, suele confiar en estas palabras y en estas «muestras de amor», creyendo que podrá ayudarle a cambiar. Sin embargo, esta es solo una fase más del ciclo, que vuelve a iniciarse una vez que se ha mitigado el sentimiento de culpa del agresor y el riesgo de ruptura, comenzando de nuevo con la fase de acumulación de la tensión. Pero este ciclo de la violencia es dinámico, sus fases no duran siempre igual y, a medida que pasa el tiempo, se van modificando, de manera que:

- La fase de gestación de la dependencia va acortándose en el tiempo y se intensifican las estrategias utilizadas por el agresor, que actúa de forma menos impulsiva y más controlada, adaptándose, en busca de una mayor eficacia en el dominio. La gratificación obtenida al lograr la superioridad a través de la agresión (en la fase de explosión del ciclo) refuerza sus actitudes violentas y le da mayor seguridad, ya que ve que la chica está más vulnerable, sumisa y asustada. Permanece atento a cualquier indicio que le haga percibir que hay un ataque a su posición dominante y elige cuándo agredirá y por qué, responsabilizándola a ella de lo que ocurra. Sus silencios y/o sus enfados van resultando cada vez más frecuentes e impredecibles para ella.
- En la fase de afirmación del dominio, las agresiones son más severas y desmedidas respecto a las causas que el agresor esgrime para justificar su conducta.
- La fase de arrepentimiento se hace cada vez más corta, llegando incluso a desaparecer.[9]

9 Guía Didáctica. *Conectar sin que nos raye*, CMIM Andújar, 2020.

MANIFESTACIÓN DE LA VIOLENCIA POR CUESTIÓN DE GÉNERO A NIVEL GLOBAL

Si ponemos la atención en algunos datos a nivel global en los que se visibilizan las violencias por cuestión de género, encontramos que:[10]

- Todos los años dan a luz más de 14 millones de adolescentes debido, principalmente, a relaciones sexuales forzosas y embarazos no deseados.
- Tres millones de niñas en el mundo corren el riesgo de sufrir mutilación genital femenina cada año.
- A nivel mundial, la brecha salarial entre mujeres y hombres es del 18,8%. En España es del 22,4% en mujeres blancas. En mujeres racializadas y/o migrantes la brecha es aún mayor.
- En 102 países no existe legislación que obligue a la igualdad salarial por un trabajo del mismo valor.
- El 42% de las mujeres, frente al 6% de los hombres, en edad de trabajar no forma parte de la mano de obra remunerada debido al trabajo de **cuidados** no remunerado que deben asumir.
- El 18% de los ministros y el 24% de los parlamentarios de todo el mundo son mujeres.
- El 21,7% de las mujeres en edad de trabajar realizan cuidados no remunerados a tiempo completo, frente al 1,5% de los hombres en edad de trabajar.
- En promedio, las mujeres solo tienen tres cuartas partes de los derechos legales concedidos a los hombres en términos de seguridad económica, crecimiento profesional y conciliación entre la vida laboral y familiar.
- El 28% del personal de investigación en ciencia, tecnología, ingeniería y matemáticas son mujeres.
- A nivel global, los hombres poseen un 50% más de riqueza que las mujeres.

---

10   Focus 2030 y Women Deliver. «Expectativas ciudadanas a favor de la igualdad de género: una guía para el cambio», 2021.

- A nivel global, las mujeres tienen, en promedio, solo el 75% de los derechos jurídicos de los hombres.
- El 80% de las personas desplazadas por la crisis climática son niñas y mujeres.
- 47.000 mujeres embarazadas mueren cada año por complicaciones derivadas de abortos en condiciones de riesgo.
- Hay 225 millones de mujeres que tienen una necesidad de planificación familiar desatendida.
- 1 de cada 3 mujeres sigue sufriendo situaciones de violencia física o sexual en todas las regiones del mundo.

¿Sabías que...?

Según el informe Tiempo para el cuidado, publicado por 2020 por la confederación Internacional OXFAM, el valor del trabajo de cuidados no remunerado realizado por niñas y mujeres en todo el mundo es de al menos 10,8 billones de dólares al año. Esta cantidad supondría, por ejemplo, el triple de la cifra del tamaño de la industria tecnológica global.

VIOLENCIA CONTRA LAS MUJERES EN ESPAÑA

Se ha realizado en España una macroencuesta para medir, entre otras cosas, la prevalencia de violencia hacia las mujeres. En la «Macroencuesta de violencia contra la mujer»[11] de 2019 se entrevistó a 10.000 mujeres de dieciséis años en adelante. En este estudio, y de forma novedosa, se puso la atención en mujeres especialmente vulnerables a la violencia, recogiendo información específica sobre mujeres con discapacidad, mujeres de más de sesenta y cinco años, nacidas

11 Subdirección General de Sensibilización, Prevención y Estudios de la Violencia de Género. «Macroencuesta de violencia contra la mujer», Ministerio de Igualdad, 2020.

en el extranjero, residentes en municipios pequeños y mujeres jóvenes. Algunos de los datos que se mostraron en este informe y en otro que lleva por título «La situación de la violencia contra las mujeres en la adolescencia en España» son:

- Un 14,2% de las mujeres residentes en España de dieciséis o más años ha sufrido violencia física y/o sexual por parte de su pareja actual o pasada a lo largo de su vida, mientras que el 1,8% lo ha sufrido en los últimos doce meses, lo que supone 374.175 mujeres víctimas de violencia de género en el último año.

- El 97% de las mujeres que ha sufrido violencia física y/o sexual, ha sufrido también violencia psicológica, y el 75% ha padecido secuelas psicológicas como consecuencia.

- El 14% de las chicas afirma haberse sentido presionada para actividades de tipo sexual, presión realizada en casi todos los casos (97,4%) por un hombre, que suelen provenir del chico con el que salen en un 55,7% de los casos.

- Las situaciones de violencia de género en el ámbito de la pareja que han vivido de forma más frecuente las chicas adolescentes son las de abuso emocional (17,3%), control abusivo general (17,1%) y control a través del móvil (14,9%).

- El 11,1% afirma que se ha sentido presionada para situaciones de tipo sexual en las que no quería participar por el chico con el que salen actualmente (16,9%), o por el chico con el que salían, querían salir o quería salir con ella.

- En la mayoría de las opiniones sexistas y de justificación de la violencia, el porcentaje de chicos que está claramente de acuerdo es el triple que el de chicas, aunque la comparación temporal de los resultados de 2010, 2013 y 2020 refleja una disminución significativa de la mentalidad dominio-sumisión que conduce a la violencia.

- El 21,9% de adolescentes afirma haber escuchado a menudo o muchas veces que «los celos son una expresión de amor», y el 39,9% ha recibido el consejo de que «para tener una buena relación de pareja debes encontrar tu media naranja y así llegar a ser como una sola persona».

- Aumenta significativamente el número de adolescentes que destacan la defensa de la igualdad entre todas las personas como uno de los tres valores más relevantes con los que se identifican y que buscan en su pareja ideal. En 2013 destacaban dicho valor el 12,5% de los chicos y el 15,6% de las chicas; en 2020 lo destacan el 17,1% de los chicos y el 31,8% de las chicas.

¿Sabías que...?

Los directores milenials conocidos como Los Javis, Javier Calvo y Javier Ambrossi, llevan la vida de Cristina Ortiz, conocida como La Veneno, al formato serie. La Veneno fue actriz, prostituta, *vedette*, cantante, modelo y una de las primeras mujeres en visibilizar la transexualidad en España. En sus últimos años de vida, Cristina sufrió violencia de género, y en la serie se ve representado claramente el círculo y la escalada de este tipo de violencia. Empezando por violencias más difíciles de detectar hasta llegar a otras muestras más evidentes, como la violencia física, la violencia económica y la violencia ambiental, entre otras.

VIOLENCIA DE GÉNERO Y JUVENTUD ESPAÑOLA

En la última década, hemos visto cómo los medios se hacían eco de algo que se veía reflejado en los estudios y las macroencuestas: un aumento de la violencia de género en el marco de la pareja o expareja en menores de edad.

Como ya hemos comentado en el capítulo 3, no es que la juventud actual sea más machista que antes. Lo que encontramos ahora es que tienen más herramientas para detectar y denunciar esta violencia. Las adolescencias reproducen modelos que observan a lo largo de su **socialización diferencial de género**, y ya sabemos que la lacra de la violencia machista aún perdura en nuestra sociedad.

La prevención de las violencias machistas pasa por la **coeducación** desde que las criaturas tienen cero años, o desde antes incluso. Desde que estamos en el útero, a la mayoría de las personas nos van a asignar un género en función del cual se van a ir construyendo un mundo «azul» o un mundo «rosa». Y en el color azul o rosa no hay nada malo, pero todo lo que se va a construir en torno a ellos va a estar marcado por una jerarquía simbólica que será el caldo de cultivo para el ejercicio de la violencia.

A través de un conocido experimento[12] demostraron cómo el género al que asociemos a una criatura condiciona la forma de tratarla y de asignar ciertas características, interfiriendo todos estos mensajes desde bien pequeños y pequeñas en la creación de nuestro autoconcepto. En el experimento, al mismo bebé le colocan un pijama azul o rosa, y personas que no lo conocen interactúan con él. Se ve cómo estas personas, cuando piensan que es una niña, la tratan de forma más frágil y débil, destacan su belleza y lo buena que es, asociándola con trabajos como el de actriz, esteticista o bailarina. La protegen, la acunan y le hablan más delicadamente. Cuando el mismo bebé lleva el pijama azul y piensan que es un niño lo tratan de forma más vivaz y dura. Destacan sus atributos fuertes y lo asocian con trabajos como policía, luchador o futbolista.

Si analizamos, además, los atributos asociados a lo masculino, nos damos cuenta de cómo la fuerza está más valorada que la delicadeza en nuestra sociedad, o cómo los trabajos asociados con el género masculino están mejor remunerados. Esto no es casualidad, sino que responde a un modelo androcéntrico y patriarcal que pone en alza lo «masculino» frente a lo «femenino». Desde los tres o cuatro años se observa cómo las criaturas instauran esta **jerarquización de género** y saben que lo asociado a las chicas está «peor valorado».

Desde muy pequeñas, las personas socializadas como niñas aprenderán que van a ser valoradas por su imagen y que se espera de

---

12 Puedes verlo aquí: https://www.youtube.com/watch?v=gpEhKQMEtko.

ellas que sean amables, cuidadoras y dulces. Los niños aprenderán que se espera de ellos que sean seguros, fuertes, duros y atléticos. Habrá emociones que estarán más validadas en las niñas, como el miedo, la alegría y la tristeza, y otras en los niños, como la ira, restringiendo otras como la tristeza. Cada vez que escucho que le dicen a un niño «no llores, hay que ser fuerte» (o cosas peores) me dan ganas de invitar a esa persona adulta a mi consulta y reflexionar sobre el sentido de las emociones y los efectos que tiene para la salud el negarlas.

¿Y qué tiene que ver esto con la prevención de los **feminicidios** o asesinatos de mujeres? Pues todo. Como dicta el lema feminista: «Para dejar de decir "NI UNA MENOS" tenemos que dejar de criar a princesas indefensas y machitos violentos».

No solo aprendemos cómo relacionarnos según si somos chicos o chicas en el marco de la familia o a través de los juegos infantiles. Desde que somos bien pequeños y pequeñas vemos dibujos, series, pelis, telenovelas, *realities*, vídeos de YouTube..., que pueden girar en torno a un temazo: el AMOR. Mejor dicho: el amor romántico centrado en la pareja, que amores hay muchos, pero en nuestra sociedad parejocentrista se pone más en alza ese tipo de amor.

¿Y qué sucede cuando analizamos los mensajes que están dando a las nuevas generaciones esas pelis, series, dibujos...? Pues que observamos cómo se moderniza el continente, pero no el contenido. Es decir, que se siguen reproduciendo los mismos mitos sobre el amor, pero con un toque moderno y contemporáneo.

Devoro todo lo que socializa sobre el amor enfocado a público joven. TODO. Son de estos deberes que no te importan porque en el fondo disfrutas mientras ves el *reality* o lloras viendo el momento álgido de la peli, pero además te sirve luego para poner ejemplos de lo que no es #amordelbueno, como me gusta llamarlo.

A tres metros sobre el cielo, la saga de *Crepúsculo*, *50 sombras de Grey*, las pelis de *After*, *Culpa mía* o *365 días* (de esta me niego a hablar, porque casi vomito a los 10 minutos) son algunas de las pelis que he estudiado a fondo. Y por no enrollarme mucho, resumiré todas en:

- Ellos: chicos malotes, cachas y poco expresivos y comunicativos. Blancos (algunos muy blancos, como Edward, protagonista de la saga *Crepúsculo*) y sin **diversidad funcional** manifiesta. Hombres **cis** y heterosexuales. Han sufrido diversas situaciones en la infancia difíciles que no han superado, y por ello parece que pueden justificar cualquier tipo de comportamiento violento, siendo percibidos como víctimas de sí mismos. Son controladores y obsesivos con sus parejas, les gusta jugar con los límites (consumo, carreras de coches...), tienen madres que aparentan veinte años y han tenido muchas experiencias sexuales. El top de encuentros sexuales me imagino que lo ostenta el vampiro, al tener 119 años (ojo, que se fija en una de diecisiete), pero el señor Grey, que sería «más humano», entre comillas, también ha estado con quince mujeres antes de acostarse con la protagonista.
- Ellas: dulces, responsables, pasivas, muy delgadas, sin diversidad funcional aparente, torpecillas, que se sonrojan con facilidad, blancas y con tendencia a morderse el labio inferior. Son cis y heteros. ¡Ah! Y «vírgenes». Ellos van a ser las personas con las que van a tener su primer encuentro sexual con penetración vaginal. Me he analizado todos esos primeros encuentros y te aseguro que sin comunicación ni estimulación previa ninguna, ellos introducen el pene en la vagina de ellas, que están tumbadas y quietas cual Playmobil en la playa, y llegan a tener de esta guisa hasta cuatro orgasmos. Claro que sí, como la vida misma. Ellos no sabemos si disfrutan, porque su expresión facial es la misma en toda la película: una mezcla de parálisis facial + sensación de aturdimiento interno, pero fingiendo ser el protagonista sexy y seguro de anuncio de perfume.

Por supuesto que hay personajes en las pelis que tienen la misma actitud que los protagonistas hombres, como el personaje de Mara (Andrea Duro) en *A tres metros sobre el cielo*. Le gustan las motos, ha vivido su sexualidad como ha querido, es decidida, se ha enrollado con el protagonista y podrían tener una relación si él quisiera... Pero ellas no son las *protas*, son las «otras», las guarrillas, las malas de las pelis. Y el *prota* no las quiere de pareja, solo para «lo otro». Interesante... Cuánto ha cambiado el cuento... ¿eh?

El común denominador entre todas estas personajes femeninas es que tienen una vida que más o menos les va bien hasta que aparece el príncipe (digo el *prenda*), y entonces todo va a girar en torno a él dándole sentido a su vida, que ahora resulta que era una mierda sin él. Lo de antes deja de ser importante y el *prenda* va a dar sentido a su vida colocándose en un lugar de prioridad frente a todo. Y cuando digo a todo, es a todo: estudios, familia, amistades...

Visto en YouTube

«Soy un cerdo, un animal, un bestia, un violento, pero te dejarías besar por mí», «Porque estoy muy jodido, tengo muchas más sombras que luces», «Te quiero dolorida... solo yo, eres mía», «El amor concede a los demás el poder de destruirte». Son algunas de las frases que no te dejan indiferente y que aparecen en las pelis «de amor» más vistas en nuestro país. Desde el proyecto Psico Woman dediqué (con mucho cariño) unos minutos[13] a estas películas de amor analizando con gafas de rayos-X (**gafas violetas**) lo que en realidad nos transmiten filmes como *A tres metros sobre el cielo*, *Crepúsculo* o *50 sombras de Grey*.

Este papel de dominante del hombre y de sumisa de la mujer no solo está presente en las películas de amor, sino también en muchos *realities*, como *La Isla de las Tentaciones*, *Love is Blind* (El amor es ciego) o *Jugando con fuego*, que darían para un capítulo entero. En ellos es como si cogieran todos los mitos del amor romántico, o esos mitos que hemos interiorizado sobre lo que se supone que es el amor desde que veíamos *La bella durmiente*, que están cargados de violencias

---

13   Puedes verlo aquí: https://www.youtube.com/watch?v=FiIRUvfFUTI.

y se encarnarán en personas jóvenes con cuerpos operados que se lucen todo el rato, y que o bien tienen muchas ganas de casarse, o de poner a prueba a su pareja en un contexto paradisíaco en el que hay mucho alcohol, hombres y mujeres que pueden tentar y cámaras.

Está claro que ni a los hombres jóvenes (ni adultos) ni a las mujeres jóvenes (ni adultas) nos han enseñado cómo tener relaciones sanas y positivas. Pero en esta **socialización diferencial** del amor, las mujeres se llevan la peor parte. La escritora y artista Kate Millet escribió en los años setenta la siguiente reflexión: «El amor ha sido el opio de las mujeres, como la religión el de las masas. Mientras nosotras amábamos, los hombres gobernaban. Tal vez no se trate de que el amor en sí sea malo, sino de la manera en la que se empleó para engatusar a la mujer y hacerla dependiente, en todos los sentidos». Pienso en Tessa, Baby, Anastasia o Bella (nombres de las protagonistas de las películas mencionadas anteriormente que, por cierto, tremendos nombres) y son la encarnación de las palabras de Millet. En el momento en el que aparecen, ellos son los que dan sentido a la vida por encima de cualquier cosa. Y estaremos de acuerdo en que ponerse en esta situación de «estoy aquí para todo lo que tú quieras» junto con un protagonista que reproduce los mandatos patriarcales es una situación en la que saltarían muchas *red flags* o señales de alarma de una relación de maltrato.

A tener en cuenta

«Yo es que soy muy dependiente de las parejas, Isa... No sé qué hacer.» Son muchas las mujeres, y algunos hombres, que me dicen esta frase. Y yo siempre contesto que todas somos dependientes. Aparte de la interdependencia, que es necesaria para la supervivencia, la dependencia afectiva nos atraviesa a muchas personas. Y tiene que ver muchas veces con algo estructural, ya que hemos sido socializadas, como decía Kate Millet, para que lo más importante de nuestra vida sea el amor de pareja. Y que por supuesto, al ser aprendido, podemos deconstruirlo.

A todo este escenario socializador se le sumaría lo que cada cual haya vivido en su entorno familiar desde su más tierna infancia de forma más o menos directa. Es decir, por un lado estaría lo que observamos (el 90% de información que procesa nuestro cerebro es visual), pero también todas las creencias que vamos interiorizando en función de lo que escuchamos a nuestros referentes sobre cómo son los hombres o las mujeres, sobre el amor... y, por supuesto, todas las experiencias vividas desde bebés (positivas y traumáticas también) que determinan nuestro estilo de apego.

Así que, como ya has intuido, será esencial que tú, como referente educativo, hayas trabajado y deconstruido este gran tema de las formas de relacionarnos, del que no está exento nadie. La educación será la clave. Inténtalo, aunque sea complejo, porque desaprender todo lo aprendido en torno a los vínculos amorosos es un camino interminable, a la par que fascinante. Podemos entrenarnos en conseguir crear vínculos cada vez más sanos y acompañar a los que te sigan en ello.

INDICADORES DE VIOLENCIA DE GÉNERO EN JÓVENES

«¿Es malo que a tu pareja no le parezca bien que te desahogues con tus amigas?» Esta pregunta me la hacía una alumna de dieciséis años y, por supuesto, hizo que mis alarmas saltasen.

Como agentes clave en el acompañamiento a jóvenes, que conozcamos los indicadores de que una mujer adolescente está sufriendo violencia de género será esencial para la detección de este tipo de violencia desde su inicio. La rapidez de actuación en el caso de relaciones de maltrato en parejas jóvenes va a ser vital, ya que el ascenso de la violencia en estos vínculos puede ser muy rápido.

Algunos de los indicadores que podrían señalar que una mujer adolescente está siendo víctima de violencia de género, recogidos por Paola Fernández y Juan Ignacio Paz,[14] son:

---

14 Paz Rodríguez, J. I., y Fernández Zurbarán, P. *Guía para padres y madres con hijas adolescentes que sufren violencia de género*, Instituto Andaluz de la Mujer, 2014.

- Justifica los celos de él (es celoso porque su expareja lo engañó con otro chico, es así porque piensa que su exnovio quiere volver con ella y se siente inseguro de la relación...) o los minimiza (refiriendo que ella también es celosa, que son cosas naturales al principio de la relación, que son muestras de amor...).
- Cuestiona sistemáticamente, de forma directa o indirecta, a quienes habían sido sus amistades hasta ahora («él me ha abierto los ojos porque mis amigas no se portan muy bien conmigo», «las cosas que hacen mis amigos ya me aburren o me parecen infantiles», «como ellas y ellos no tienen pareja no entienden lo que significa el compromiso»...), así como sus aficiones o las actividades que antes realizaba («ya no estoy a gusto», «no me gusta lo que hacemos», «me quita tiempo para estudiar»...).
- Se producen enfrentamientos con la familia («me tratan como a una niña pequeña», «ellos no pueden decidir por mí», «ellos no lo conocen, así que no tienen derecho a opinar sobre él o sobre nuestra relación»...).
- Se muestra más reservada o se comporta de una forma diferente cuando él se encuentra presente. Está excesivamente atenta a sus deseos, opiniones y comportamientos. Trata de agradarle y/o complacerle de una forma que parece poco natural en ella.
- Ante situaciones desagradables o violentas en fiestas, celebraciones sociales o reuniones familiares que él provoca, ella se muestra bloqueada, intenta calmarlo, le pide que se marche o responsabiliza a otras personas o situaciones de lo ocurrido («es que alguien lo estaba mirando mal», «es que en el fondo no os cae bien», «es que está teniendo problemas en casa»...).
- Justifica su escasa participación en las redes sociales o grupos de WhatsApp, diciendo que le resultan aburridas, infantiles o indiscretas.
- Se refiere a sí misma en ocasiones como una persona loca, rara, inútil, torpe, agresiva (una persona difícil, en resumen).
- Se muestra agradecida, sorprendida y/o afortunada porque él la quiera, con lo difícil que es ella.
- Informa permanentemente a su pareja de todo lo que hace en

el día y durante la noche, van juntos a todos sitios, él se presenta por sorpresa en situaciones en las que no ha sido invitado, y ella lo justifica como un signo de amor, de no poder estar el uno sin la otra.

- Expresa que en una relación de pareja hay que ceder, si bien muestra dificultades para reconocer que es ella quien cede siempre, aunque sea evidente para los demás.
- Cambia su estilo de vestir, justificándolo por cuestiones de moda, por comodidad o porque no se ve guapa ya con cosas así.
- Se siente culpable y responsable de los problemas de la relación.
- Se compara desfavorablemente con otras chicas.
- Se llama a sí misma con apodos despectivos o ridículos.
- Expresa dudas sobre su valía, su salud mental o sus comportamientos.
- Muestra miedo a ser abandonada por él.
- Expresa que cree que él no soportaría la idea de terminar la relación.
- Muestra miedo y dudas sobre cómo decirle las cosas, porque no quiere hacerle daño.
- Muestra miedo a que él le cuente a todo el mundo quién es ella verdaderamente.
- Reconoce que él golpea paredes, muebles o puertas, que tira y/o rompe objetos (a veces de valor para ella), que conduce de forma temeraria... Lo justifica responsabilizándose a sí misma, a otras personas o a otras circunstancias («perdió los nervios porque no le avisé de que había cambiado de planes», «al final, por no pegarle a mi amigo le dio a la pared», «está muy nervioso últimamente porque le va fatal en el instituto, porque no encuentra trabajo, porque sus padres se pelean mucho»...).
- Reconoce que alguna vez la ha empujado, escupido, pellizcado, golpeado, tirado del pelo, abandonado en algún sitio... pero ella lo vive como algo puntual, dentro del contexto de una pelea de pareja, o siente que ella fue la responsable de que él se pusiera así de nervioso y perdiera el control.

- Toma medidas anticonceptivas de forma poco controlada.
- Expresa que los chicos y las chicas tienen necesidades sexuales muy diferentes, que es normal que su pareja «siempre tenga ganas» y ella no, pero que mantiene relaciones sexuales, aunque no le apetezca, porque lo quiere o porque piensa que él la puede dejar por otra chica.
- Solicita la «píldora del día después» justificando que se les ha roto el preservativo, plantea que ella es un poco exagerada preocupándose, aunque él le asegura que controla la eyaculación cuando practican sexo sin usar métodos anticonceptivos.
- Padece infecciones genitales de forma repetida, asociado a que él se niega a usar preservativo.
- Baja su rendimiento escolar o laboral.
- No participa en actividades del centro educativo, como el viaje de fin de curso o excursiones, excusándose en que no le apetece ir, que ya conoce el sitio o que tiene mucho que estudiar.
- Acude a consulta médica o psicológica con sintomatología de depresión, ansiedad, trastorno por estrés postraumático, trastornos conductuales, trastornos de la conducta alimentaria, trastornos psicopatológicos, intento de suicidio, autolesiones, abuso de alcohol, drogas y psicofármacos. Si acude acompañada de su pareja, él está interesado en estar siempre presente, habla por ella o ella se expresa de forma vaga.
- Muestra alteraciones en su apetito.
- Muestra ritmo de sueño modificado o da signos de no descansar bien o lo suficiente.
- Muestra dificultades para concentrarse en sus actividades.
- Plantea problemas a su familia para ir con ellos de vacaciones o pasar fines de semana fuera. También plantea problemas si él no la acompaña a esas vacaciones.

Llevo desde 2005 tratando en consulta muchas temáticas, pero ninguna tan dura como el acompañamiento a supervivientes de este tipo de violencia. Este es un proceso duro y quizá más largo de lo deseado. La persona que ha vivido esta violencia instrumental va a tener secuelas parecidas a las de alguien que ha estado en una secta y enganchada a una sustancia. Por supuesto, esta violencia hará mella en su forma de vida y dificultará muchas de las acciones que llevaba a cabo la víctima en el pasado. Algunas áreas que se puedan ver afectadas son: la social, la comportamental, la afectiva, la sexual, la intelectual y la salud física y mental. La víctima se sentirá muy anulada como persona e incluso habrá perdido muchos matices que formaban parte de su identidad. Además, el vínculo traumático generado por la violencia instrumental ejercida provocará que ella sienta una gran dependencia emocional hacia él, lo que le dificultará abandonar la relación. «Estoy en fase "yonki" del amor», me decía una mujer en consulta para referirse a este estado.

Como familiares afectados por esta lacra, vais a tener que idear estrategias, no perder la paciencia y estar incondicionalmente para ella, aunque no entendáis o compartáis ciertas acciones o recaídas. Probablemente, si sospechamos que una menor está siendo maltratada es muy probable que sea así y que lleve siéndolo un tiempo. Y lo primero y más importante es que no te sientas culpable y que busques espacios o materiales que te asesoren para saber cómo abordar esta violencia emocional tan compleja. En el apartado final del libro dejo la referencia de dos guías muy completas enfocadas a familiares y a profesionales que trabajan con jóvenes.

Dependiendo de si la mujer es consciente o no de que está en una relación de maltrato y de si quiere o no pedir ayuda, tendremos que diseñar diferentes estrategias de intervención (en la guía de familias encontraréis pasos detallados que seguir).

Por otro lado, tendremos que elegir el momento adecuado. Porque no es lo mismo acercarnos a ella cuando esté en la fase de «luna de miel» que en la de «explosión de la violencia». Como he desarrollado antes, en una relación de maltrato los episodios violentos no se realizan de forma continuada, sino que se suelen reproducir ciertos patrones en este tipo de violencia de forma cíclica, que constaría de tres partes:

- Una primera donde se acumula la tensión (o fase de gestación de dependencia).
- Una segunda donde se produce una agresión (o fase de afirmación de dominio).
- Una fase de conciliación (o de falso arrepentimiento).

Esta espiral provoca un estado psicológico de indefensión aprendida que se manifiesta como una sensación de «estar atrapada en una **telaraña**».

A este proceso cíclico habría que sumarle una escalera ascendente de violencia que nos ayudaría a poder evaluar en qué situación se encuentra la mujer joven. La escalera también estaría dividida en tres tramos:

- En el primero se encontrarían las situaciones más normalizadas por los mitos del amor Disney instaurados en nuestra sociedad (control, aislamiento, chantaje y culpabilización, agresión sexual por **falso consentimiento**).
- En el segundo ya se ha creado un vínculo afectivo y la violencia es más evidente (desvalorización, intimidación, agresiones físicas, amenazas...).
- En el tercero, la víctima se encuentra en un estado de desvalorización muy grande, con dependencia afectiva y con miedo a las represalias. Aquí habría agresión sexual por fuerza y violencia física severa.

Se ha observado cómo la violencia de género en mujeres jóvenes presenta las mismas características que en mujeres de mayor edad, solo que en las más jóvenes la rapidez en el ascenso de esta escalera puede ser mucho mayor. Encontrando que, en pocos meses, la violencia aumenta de forma exponencial.

A tener en cuenta

«Estoy en una relación tóxica y no sé cómo salir.» Es, seguramente, el mensaje que más recibo de mujeres jóvenes a través de las redes sociales y en las formaciones.

En los últimos años se ha puesto muy de moda la palabra «tóxico» y los conceptos de «persona tóxica» o «relación tóxica». Una relación en la que hay violencia de género no es una relación tóxica, y todas las personas podemos ser «tóxicas» en algún momento de nuestra vida. Debemos llevar cuidado con que lo que llamamos «tóxico» en una relación no encubra una violencia unidireccional.

Es importante que cuando exista un ejercicio continuado de control, dominio y sometimiento que tiene como objetivo imponer las pautas de comportamiento que el hombre (socializado con creencias machistas) considera que debe tener la mujer con la que mantiene la relación lo llamemos por su nombre: violencia de género. Así que propongo, como lo estamos haciendo varias compañeras desde hace años, eliminar eso de «tóxico» asociado a una relación. Tóxicas son algunas sustancias, no los vínculos humanos.

REPENSANDO LOS VÍNCULOS AMOROSOS

¿Te acuerdas de las frases del inicio del capítulo?, ¿recuerdas lo que has contestado?, ¿había alguna verdadera? Te lo adelanto: son todas falsas. Sí, como lo lees. Todas y cada una. Vuelve a ellas si quieres y léelas ahora con las **gafas violetas**.

Como referentes, debemos cuestionar esos mitos sobre el amor romántico para luego poder acompañar a la generación Z en esta tarea. Este ejercicio de reflexión y deconstrucción puede ser una herramienta muy potente para prevenir la violencia de género. Te dejo algunas observaciones que hay que tener en cuenta a la hora de abordar las temáticas de las frases y de trabajar la prevención de la violencia de género, además de invitarte a que pases por la bibliografía tan interesante que he dejado asociada a este capítulo.

CELOS

«¿Es normal sentir celos?» «¿Qué pasa si me gusta que mi pareja tenga un poco de celos?» «Si te quiere, ¿se pone celoso cuando estás con otros chicos?» «¿Qué puedo hacer para que mi pareja confíe en mí?» «Tiene muchos celos, pero yo no le he dado ningún motivo para ello.» «Soy una persona celosa y lucho contra eso a diario, pero no sé cómo evitar tener celos y pienso que soy lo peor.» Testimonios de alumnado de 3.º y 4.º de la ESO, participantes de una actividad sobre el amor.

Actualmente, hemos pasado de afirmar que los celos son «una muestra de amor» a decir que las personas celosas son tóxicas. Es importante que separemos los celos (como sentimiento que nos habla de miedos) de las conductas de control que podamos llevar a cabo si no podemos sostener esos miedos. Es decir, podríamos decir que no somos responsables de sentir celos, pero sí de lo que hacemos con ellos. Y poner el foco en cómo regularnos cuando sentimos celos no justificados.

Abordar la temática de los celos va mucho más allá de decir que «los celos son malos». La experiencia de sentir celos es bastante compleja y, además, ya sabemos que las emociones no son buenas ni malas. Lo bueno y lo malo es cómo las canalicemos y qué hagamos con ellas.

En el proyecto Psico Woman hicimos un vídeo[15] muy pedagó-

15   Puedes verlo aquí: https://www.youtube.com/watch?v=xEo4xxqNtmk.

gico en el que reflexionamos sobre los celos no justificados y proporcionamos algunos *tips* para lidiar con ellos, como:

- Identificar la emoción. Localiza en qué parte de tu cuerpo la sientes y pon nombre a lo que estás sintiendo («Me da miedo...»). Puedes hacerlo tú solo o sola o, si tienes alguna amistad de confianza, exprésale cómo te sientes.
- Al nombrar estos miedos ve respirando con la boca abierta para que tu cuerpo pueda rebajar las sensaciones molestas que provocan esos sentimientos, poniendo atención en que cada vez se relaje más esa parte de tu cuerpo.
- Puede ser que el miedo venga acompañado de otras emociones como la tristeza o la rabia; permítete expresarlas también.
- Cuando te sientas más tranquilo o tranquila puedes observar de dónde vienen esos miedos, qué información te están dando de ti, etc., mientras sigues respirando y acompañándote lo mejor posible en este momento.
- Si es algo repetitivo y que te está provocando un gran malestar, pide ayuda profesional. Y recuerda que aquí estamos hablando de celos no justificados. Puede haber ocasiones en que sintamos celos o enfado que se lea como celos, y que nos esté alertando de que la otra persona no está respetando los acuerdos de la relación y nos ayude a poner límites.

¿Sabías que...?

El concepto contrario a los celos sería la compersión, el estado empático de felicidad y deleite cuando la otra persona experimenta sensaciones positivas.

CIBERCONTROL

El cibercontrol hace referencia a la exigencia por parte de la pareja de saber dónde estás, qué ropa llevas puesta, con quién estás, controlar quién comenta tus publicaciones, a quién sigues o quién te sigue en redes, etc. Para ello te puede pedir la **geolocalización**, fotos que sirvan como comprobantes o preguntarte sobre las diferentes personas con las que interactúas por redes.

Este comportamiento está cada vez más normalizado entre la juventud actual. E incluso mujeres jóvenes lo pueden justificar y sentirlo como una muestra de cuidados y amor. Pero ¿dónde hemos aprendido que el control forma parte del amor?, ¿este comportamiento solo se da en parejas adolescentes?, ¿vivir pegados a un teléfono inteligente tiene que ir ligado a una constante disponibilidad?, ¿cómo cultivamos y defendemos nuestro espacio individual no compartido si estamos en línea 24/7?

Como me decía una alumna de dieciséis años: «¿Cómo le voy a decir a mi pareja que el control no es amor si mi familia me está todo el rato controlando dónde y con quién estoy y me dicen que lo hacen porque me quieren?».

Como ya hemos comentado en otro capítulo, para muchas familias es todo un reto acompañar sin vigilar a las personas centenials. Especialmente si estamos todo el día escuchando en la televisión mensajes alarmistas sobre lo que sucede en la juventud actual. Quizá en este apartado lo más interesante sea dejar claro el mensaje que tener pareja es sumar, no restar. Y que si tienes una pareja que de una u otra forma va provocando que cada vez te quedes más aislada, eso no es amor del bueno. Conocer las *red flags* también suelen ser una herramienta preventiva excepcional.

RED FLAGS

«¿Cómo puedo saber si sufro maltrato?» es una de las preguntas que me realizan las mujeres frecuentemente en las formaciones. Tanto es así que hicimos un vídeo[16] en el proyecto cuyo título es esa misma pregunta, y que trata de poner el foco en algo muy importante: ser capaces de reconocer las *red flags*[17] (banderas rojas) o comportamientos y actitudes machistas en la otra persona que hagan que nos salten las alarmas y tomemos precauciones.

Que la otra persona siempre sea la víctima, que recurra a tu pasado para echarte cosas en cara, que trate (de forma más o menos directa) de aislarte de tus amistades y familiares, que intente controlar lo que te pones, con quién vas, cómo usas las redes sociales, que tenga cambios drásticos de carácter, que excuse sus comportamientos y que nunca se responsabilice de ellos, que siempre le dé «la vuelta a la tortilla» y tú siempre termines siendo la «mala de la película», que provoque que sientas dependencia de él, que te haga sentir culpable por todo, que hable mal de las mujeres sistemáticamente... Aquí van algunos testimonios de alumnas y mujeres que he acompañado en consulta y que (imagino) provocarán que tus *red flags* salten:

«*"Tú no eres como las demás"*, me decía siempre mi ex. Yo lo vivía como algo positivo en el sentido de ¡soy especial!, hasta que me di cuenta de que en realidad odiaba bastante a las mujeres y lo que quería era moldearme como él consideraba que yo tenía que ser.» A., 18 años.

«*"Mis ex eran todas unas locas"*, me decía siempre J. cuando hablaba de sus exnovias. Yo me lo creía, porque me contaba unas movidas que flipas... Pero claro, ahora puedo ver que J. daba solo su versión, en la que no asumía nada de responsabilidad de lo que ahí estaba pasando. Menos mal que ya no estoy con él, tengo claro que seguro que he pasado a ser *"su ex loca"*. Ya he aprendido a detectar este tipo de red flags.» R., 24 años.

«*"Solo tú me entiendes de verdad..."*, con esa frase yo me sentía especial, hasta que me di cuenta de que me lo decía desde un lugar de superioridad y me hacía sentir una afortunada por tener acceso a su mundo emocional. Después se convirtió en un peso que no pude sostener sin apoyo psicológico. Yo era su madre,

16   Puedes ver el vídeo aquí: https://www.youtube.com/watch?v=PDNOGFVtlwI&t=5s.
17   Si te interesa esta temática, te recomiendo encarecidamente este fanzine: Lizarraga, Cristina. «Quítame la culpa», *Píkara Magazine*, 2020.

su psicóloga y la que todo lo comprendía. Él nunca se responsabilizaba de nada ni pidió ayuda.» M., 20 años.

«"Si me dejaras, no sé qué haría." Mi ex me decía muchas veces esta frase y en momentos muy íntimos. Yo me sentía muy importante y querida cuando me lo decía, hasta que me di cuenta de que en realidad era una amenaza y me impedía hablar de las cosas que no me gustaban o plantear que la relación no iba bien por miedo a cómo iba a reaccionar. Las amenazas cada vez fueron a más y fue todo muy duro… Ahora he aprendido que cada cual tiene que ser una naranja completa, aun estando en pareja. La relación será un gajo de toda mi persona, pero no lo único.» A., 18 años.

«Él conocía perfectamente mis gustos, y cuando me veía muy ilusionada con algo a veces me decía: "¿Realmente te gusta esta ropa (o serie, peli, música)…?", y yo me quedaba impactada porque nunca lo veía venir y me bloqueaba porque no sabía bien qué contestarle. Ojalá hubiera sabido que eso era una red flag y que realmente lo que quería era hacerme sentir que no valía para así sentirse él más poderoso en la relación.» B., 23 años.

MITOS DEL AMOR DISNEY

«¿Por qué antes de conocer a una persona de la cual nos hemos "enchochao" nos montamos una película sobre la relación?» «¿Por qué en las películas siempre aparece el mismo estereotipo de protagonista de mujer dócil, sumisa y tonta?» «¿Por qué cuando conozco a alguien solo quiero estar con esa persona?» «¿Es normal que a veces sienta que dejo de querer a mi pareja?» «¿Qué hago si la persona que me hace feliz es la misma que me destroza?». Todas estas son preguntas realizadas en el taller de amor por zoomers de quince a dieciocho años. ¿Te sorprenden o, más bien, te representan? Nadie se libra de los mitos del amor Disney.

Los mitos del amor romántico o mitos del Amor Disney,[18] como propone llamarlos la escritora Brigitte Vasallo, son el conjunto de

18 Personalmente prefiero llamarlos, como propone Vasallo, «mitos del amor Disney», ya que hay personas que no entienden cómo la construcción de lo romántico puede tener que ver con violencias, o simplemente sienten que su romanticismo está cargado de cosas sanas y positivas.

nociones socialmente aceptadas y reproducidas que dictan cómo deberían ser las relaciones amorosas. Estos mitos que hemos interiorizado desde que éramos infantes crean unas expectativas irrealistas que provocan grandes malestares y perpetúan sistemas de dominación y desigualdad.

Tenemos que acompañar a las adolescencias para que, con nuestra ayuda, sean capaces de detectar y desenmascarar los mitos que tenemos arraigados y que atraviesan nuestra forma de vincularnos.

Algunos de los mitos que más he escuchado en mis talleres y que siguen vigentes son los que te propongo a continuación. Mi idea es que los detectes y que puedas desmontarlos si aparecen ante ti, por ello los rebatiré uno a uno. Allá vamos, ¡abajo el amor Disney, arriba el amor del bueno!:

- El mito de la media naranja o la idea de que existe una persona en el mundo que es nuestra «mitad». En este mito se representan varias ideas erróneas: universalizar que debemos ir buscando por la vida el amor de pareja, la complementariedad como el estado ideal del encuentro de dos personas y la idea de que entre 7.000 millones de personas en el mundo solo hay una que se adapte a ti. Tenemos que recordar que en el marco relacional 1+1 es igual a 3: la persona A, la persona B, y el tercer miembro que crean conjuntamente que es la relación. De este modo, tener pareja es sumar, es mantener tu espacio individual no compartido y sumar un espacio relacional. Esta idea se ve reforzada con la **heterosexualidad obligatoria**, que presenta a hombres y mujeres como «opuestos complementarios».

- «El amor verdadero puede con todo.» Mec, error. «¿Qué pasa, no confías en mí?», «pero tú y yo nos queremos, ¿no?», «si me quisieras de verdad...» y un largo etcétera son algunas de las frases que escucho en los talleres y que vienen acompañadas de la realización de comportamientos sexuales no deseados. «Maestra, si yo te contara todo lo que he llegado a hacer por amor, fliparías...», me decía M., de 18 años. Hay veces que el amor no es suficiente ni todo lo puede ni tiene por qué poder con todo. Y cuando una relación está mermando a tu persona habrá que ver cómo salir de ahí aunque haya mucho cariño. Marcar las líneas rojas o situaciones que nunca harías aunque estuvieras muy enamorado o enamorada antes de tener una relación es un ejercicio necesario.

- «Los celos, en su justa medida, son una muestra de amor.» Como he comentado más arriba, que una persona tenga celos no justificados no tiene que ver tanto con el amor que se siente por el otro o la otra, sino con los miedos y las inseguridades que tenga. Los celos son una compleja combinación de sentimientos, sensaciones, experiencias y reacciones puestas en marcha por una emoción concreta, el miedo, y, por tanto, a veces no pueden evitarse, ya que tener miedo es un mecanismo de supervivencia. El problema no está en sentir celos como reacción o emoción, sino en canalizar esos celos con intención de manipular, controlar o degradar a otra persona. Ojo con eso.

- «Las parejas requieren de ciertos sacrificios.» Esta frase es un poco trampa, porque seguro que piensas que, claro, que en ocasiones hay que hacer sacrificios. La escritora y doctora en antropología Mari Luz Esteban[19] habla de la diferencia entre «ceder» y «sacrificar» en una relación: ceder formaría parte de las relaciones humanas, ya que para poner a dos personas de acuerdo hay que organizarse y ceder con el fin de compaginarse. Eso sí, la cesión debe venir dada por ambas partes y hacer sentir cómodos a los dos miembros. Si hay que hacer sacrificios, es importante que estos tengan una temporalidad clara, para evitar que luego se enquisten. Te pongo un ejemplo: cuando trabajo con jóvenes en el marco de la prevención de la violencia machista la idea que les lanzo es la siguiente: sacrificarse implica dejar de hacer algo que te gusta, ¿realmente alguien que te quiere de una forma sana te va a pedir repetidamente

19 Esteban, Mari Luz. *Crítica al pensamiento amoroso*, Bellaterra, 2014.

que dejes de hacer algo que te sienta bien? La respuesta, por supuesto, es no.

GREEN FLAGS

En ocasiones, cuando hablamos con la juventud sobre las relaciones, ponemos solo la atención en destacar los aspectos negativos, reflexionando sobre todo en lo que NO es amor. Generamos así un vacío en nuestro imaginario colectivo de cómo es una relación sana, y acabamos por sentir el #amordelbueno como algo utópico e inalcanzable. Y normalizando, por lo tanto, el sufrimiento en el amor.

Es muy importante que propiciemos referentes positivos y que acompañemos a la juventud a reflexionar sobre qué características tiene que tener una relación saludable tanto con uno mismo o una misma como con otras personas, ya que estas relaciones marcarán la forma de vernos, de vincularnos y de entender el mundo. Desde el proyecto Psico Woman hicimos un vídeo[20] junto a zoomers reflexionando sobre cómo son las relaciones positivas. Aquí van algunas sugerencias:

- Nos sentimos bien haciendo cosas conjuntamente. Acordamos las cosas que queremos hacer, no hacemos siempre lo que quiera(n) la(s) otra(s) persona(s).
- También realizamos actividades por separado. Mantenemos nuestro espacio personal, con nuestras aficiones, amistades y familia.
- No necesitamos comportarnos de manera diferente a como somos para agradar a la(s) otra(s) persona(s).
- Nos gusta la otra persona tal como es y no tratamos de cambiarla. Apreciamos sus cualidades y aceptamos sus defectos.
- Las opiniones de las personas implicadas son igual de importantes, aunque sean diferentes. No hay una imposición de creencias.

20 Puedes verlo aquí: https://www.youtube.com/watch?v=dStKfY6oehY&t=165s.

- Cuando discutimos o tenemos problemas intentamos buscar soluciones satisfactorias para todas a través del diálogo y la negociación, sin usar la amenaza o el chantaje afectivo («si me quisieras de verdad», «mi ex sí que me dejaba hacer estas cosas», «no sé lo que podría llegar a hacer...»).
- La confianza mutua y la honestidad son ingredientes básicos de la relación. Podemos hablar de cualquier tema y expresar nuestros sentimientos con confianza y sin miedo a la reacción de la otra persona.
- Utilizamos la comunicación, expresándonos con respeto. Controlamos las expresiones violentas.
- Respetamos los límites de la otra persona, aunque no estemos de acuerdo con ellos.
- Tenemos relaciones sexuales por deseo y mutuo acuerdo de las partes implicadas. Aceptamos un no sin problemas. Las relaciones son consensuadas y planificadas.
- Si una de las dos personas decide terminar la relación, puede plantearlo sin miedo, sabiendo que la otra persona va a respetar esa decisión, aunque no le guste o le duela.
- No esperamos que la otra persona nos haga siempre feliz o nos resuelva todos nuestros problemas. Cada una asume la responsabilidad de su vida.
- Respetamos que somos personas diferentes. Tenemos en cuenta las opiniones e ideas de la(s) otra(s) persona(s). Apoyamos sus proyectos y decisiones.
- Reconocemos el derecho de la(s) otra(s) persona(s) a la libertad y a cuidarse por sí misma(s).
- Reconocemos la igualdad de género en las relaciones, sin que puedan existir personas dominantes ni dominadas.[21]

21   Adaptación de la guía Paz, J. Ignacio. *Relaciones y parejas saludables: Cómo disfrutar del sexo y del amor*, Junta de Andalucía, Consejería de Salud, 2010.

¿Y dentro de una relación entre dos hombres o dos mujeres no puede darse este tipo de violencia? Sí. Se llama «violencia intragénero» y está aún bastante invisibilizada. Las formas de manifestarse serían las mismas que en la violencia de género, solo que tendrían otras causas, como la edad, el estado de salud, el diferente nivel económico, la discapacidad o **diversidad funcional**, la situación administrativa en el país de residencia, el estado serológico, la visibilidad de la **orientación sexoafectiva**, etc. La violencia intragénero está considerada como violencia doméstica y esta, está regulada en los artículos 153.2 y 173.2 del Código Penal.

Todas las personas hemos sido socializadas en los mitos del amor romántico, incluidas las personas LGBTQIA+, y es importante nombrar la existencia de este tipo de violencia para sacarla del anonimato. El riesgo de violencia física en la violencia de género sería mayor, ya que el agresor está respaldado por todo un sistema y estructura machista, y, por tanto, el poder que puede ejercer es mucho más fuerte. La asociación ALDARTE, de atención a gais, lesbianas y trans, lleva abordando esta temática de forma sistemática desde 2007. En su web[22] encontrarás estudios y herramientas para la sensibilización.

También debemos tener en cuenta cómo la violencia de género intersecciona con otras opresiones, como el formar parte del colectivo LGBTQIA+. Por ejemplo, las mujeres bisexuales en relaciones de violencia de género tendrían más factores de riesgo que las heterosexuales,[23] porque al machismo se le sumaría la **bifobia** (interiorizada o externalizada).

---

22 Puede consultarse aquí: www.aldarte.org.
23 *Bisexual Invisibility Report*. San Francisco Human Rights Commission, *2011. Invisible majority: the disparities facing bisexual people and how to remedy them, MAP, 2016.*

«Maestra, pero es que existen muchas denuncias falsas por maltrato...», me dice casi siempre alguna persona en los talleres. Existen denuncias falsas de todos los delitos tipificados. De todos. Especialmente los asociados a robos, seguros y demás. Y de ningunas se habla y blasfema tanto como las que tienen que ver con la violencia de género, lo que repercute negativamente en que las víctimas pidan ayuda por miedo a no ser creídas.

Según los últimos datos de la Fiscalía General del Estado, se investigaron un 0,001% de denuncias falsas en España. Este bulo crea un falso debate que tapa otros datos muy importantes para la erradicación contra la violencia de género: el 80% de las mujeres asesinadas por parte de sus parejas o exparejas no habían denunciado, y el 20% de las mujeres asesinadas que habían denunciado (algunas mujeres hasta once veces) no obtuvieron la protección suficiente para evitar el **feminicidio**.[24]

¿Sabías que...?

En 2016, la Asociación de Mujeres de Guatemala lanza la campaña #YoTeCreo[25] por la credibilidad de las víctimas de agresiones sexuales. A raíz del testimonio representado en dibujos de Ana, superviviente de violación de un hombre cercano a ella, y que no fue creída por el sistema judicial, la campaña visibiliza las barreras a las que se enfrenta una mujer que sufre agresiones sexuales cuando el agresor forma parte del entorno de la víctima. Barreras que se pueden convertirse en laberintos cargados de malestar psicológico y revictimización de las supervivientes por parte del entorno cercano, de las instituciones, de los medios de comunicación o de las personas que

---

24   Desde el proyecto Psico Woman hicimos un vídeo junto a zoomers desterrando este y otros mitos extendidos sobre la violencia machista. Puedes encontrarlo aquí: https://www.youtube.com/watch?v=nrfFQWyGOP0.
25   Puede visitarse aquí: http://mujeresdeguatemala.org/yotecreo/.

conformamos la sociedad, y que en muchas ocasiones miramos para otro lado en cuanto a violencia sexual se refiere. Desde entonces movimientos como «Yo sí te creo» o el #MeToo han movilizado a muchas personas para destapar la violencia institucional y denunciar la violencia sexual recibida.

NO MONOGAMIAS O RELACIONES NO CONVENCIONALES

«¿Cómo hacer que las personas que me rodean aprueben las relaciones poliamorosas?» Esta era la duda que me planteaba una alumna de diecisiete años. Y bien es cierto que, hasta ahora, he tratado en el libro las violencias, el amor, los celos... vinculándolos con parejas de dos personas en relaciones monógamas, pero ¿es este el único modelo? Por supuesto que no. Hay tantos modelos de relacionarse como personas, y ningún modelo, por muy canónico que sea, debe estar por encima de otro ni considerarse mejor.

La idea construida socialmente que tenemos en nuestra cabeza sobre lo que es una pareja no es universal y surge en el siglo XIX, asociada al capitalismo. Es en este siglo cuando el amor se relaciona directamente con la tarea reproductiva femenina y se enmarca dentro de un espacio concreto: el hogar. Se instaura la boda como rito oficial y se perpetúan las normas de exclusividad, fidelidad, convivencia y responsabilidad, consolidando estas costumbres sociales como algo natural, lógico y dado por supuesto. Se conforma así el amor romántico como el estado civil ideal, cuyo fin sería la creación de una familia nuclear tradicional.

Todo ello provocaría un imaginario colectivo en torno al amor basado en la **amatonormatividad**[26] o, lo que es lo mismo, el supuesto de que una relación amorosa central y exclusiva es normal para los seres humanos, siendo una meta compartida universal-

---

26 · Brake, Elizabeth. *Minimizing Marriage*, Studies In Feminist Philosophy, 2012.

mente, y que tal relación es normativa, en el sentido de que debe ser deseada por encima de otros tipos de relaciones.

Hay muchas personas que van a establecer vinculaciones que no se ajusten a este modelo que, entre otras cosas, se basa en la exclusividad sexual, el parejocentrismo y la jerarquía afectiva. Las no monogamias o relaciones no convencionales harían referencia a modelos que ponen en jaque la construcción del amor que se nos ha sido dada. Algunos de estos modelos serían las relaciones abiertas, el poliamor o la anarquía relacional. Te explico cada uno de ellos brevemente:

- Relaciones abiertas: relación en la que existe una exclusividad romántica, pero no exclusividad respecto a mantener encuentros sexuales con otras personas.
- Poliamor: su significado puede ir cambiando dependiendo de los contextos. Según los autores del libro *More tan two*,[27] sería el «estado o la práctica de mantener múltiples relaciones sexuales y/o románticas simultáneamente, con el pleno conocimiento y consentimiento de todas las personas involucradas».
- Anarquía relacional: según la sexóloga y activista de las relaciones no convencionales Roma de las Heras, «la anarquía relacional es una forma de entender y vivir las relaciones que o no diferencia los vínculos entre románticos y no románticos o, si lo hace, no privilegia los románticos sobre los no románticos. Parte de la idea de que con cada persona construyes un vínculo diferente, con sus propias dinámicas internas. No hace exclusivas de las relaciones románticas el compromiso, la intimidad física o afectiva y el sexo; rompe el **privilegio** que tienen en nuestro contexto las relaciones románticas sobre las demás, que son por definición social las más valiosas».[28]

27 Veaux, Franklin y Rickert, Eve. *Más allá de la pareja: una guía práctica para el poliamor ético*, Continta me tienes, 2019.
28 Puedes ver la entrevista completa que le hicieron desde Proyecto Khalo aquí: https://www.proyecto-kahlo.com/2018/07/roma-al-reves-es-politica/ Desde el canal de YouTube Psico Woman

Es importante que tengamos claro que cada relación es única y resultante de la forma en que las personas implicadas se sitúan frente a determinados ejes en cada momento (exclusividad romántica–poliamor, opacidad–transparencia, unión–libertad...) y que, además, tengamos en cuenta la flexibilidad y el dinamismo que forman parte de las relaciones humanas.

A tener en cuenta

Vas a encontrar mucho contenido en redes sobre las relaciones no convencionales, especialmente sobre el poliamor, que se ha puesto muy de moda en los últimos años. Algún contenido es más acertado, y otro más *mainstream*.

El neoliberalismo se cuela en todo y puede apropiarse de las no monogamias desde una perspectiva individualista, reproduciendo las estructuras de poder y **cosificando** a las personas, tratándolas como cuerpos «que consumir». Como reza un **meme**,[29] «poliamor sin responsabilidad afectiva es policonsumo». Las no monogamias no van de poder tener experiencias sexuales con un montón de personas, sino de cuestionar, entre otras cosas, la jerarquía afectiva, tejiendo redes en las que se colectivizan los afectos y los cuidados. Como dice Brigitte Vasallo: «Lo más poliamoroso que puedes hacer es comprobar que tu vecina, a la que hace días que no ves y que sabes que es mayor, está bien, y llevarle un plato de sopa. [...] Tenemos que desenmascarar el sistema que nos confronta y nos convierte en sujetos activos en una competición sangrante».

---

realizamos un conversatorio con Roma y puedes verlo aquí: https://www.youtube.com/watch?v=20Up1mqOoF8.

29 Puedes encontrar este y otros memes sobre el poliamor en la página de IG @poliamorymemes. El que menciono está aquí: https://www.instagram.com/p/B8JOZNrg9yh/.

CISHETEROALORROMANTICISMO

No podemos dar por hecho que todas las personas son **cis** y **heteronormativas**. Nuestra socialización en el amor se realiza en torno a la presunción de la heterosexualidad y de la **cisnormatividad**, invisibilizando la amplitud de identidades y expresiones que existen en torno al género, la identidad y la orientación sexoafectiva.[30]

Antes de nada, te explico brevemente estos tres conceptos:

- Género: construcción sociocultural que hace referencia a las atribuciones que asignamos a las personas de forma diferencial según nacen con unos genitales u otros. Una persona puede no identificarse con un género determinado de manera continua, con varios o con ninguno.
- Identidad: percepción subjetiva, individual e incuestionable de quiénes somos. Nuestra identidad puede coincidir (o no) con el sexo registrado al nacer.
- Orientación sexoafectiva: capacidad de sentir atracción romántica y/o sexual por personas de tu mismo género, de género diferente al tuyo o de más de un género. En función de tu atracción encontramos a personas gais, lesbianas, heterosexuales y bisexuales. También existen personas que no sienten atracción sexual, como las asexuales.

Del mismo modo, tampoco podemos pensar que todas las personas son alorrománticas o, lo que es lo mismo, que experimentan atracción romántica. Existen personas arrománticas, es decir, que no se sienten atraídas románticamente por ninguna persona.

«Isa, yo veo una película de amor y a mí no se me mueve nada por dentro ni siento nada. Es más, esto de tener pareja me parece una chorrada. No le veo ningún sentido. Creo que soy arromántico.» «¿Qué diferencia hay entre "arro-

---

30   En el capítulo 9 profundizo en todos estos aspectos de la diversidad humana.

bamiento" y "crush"?» «*Tengo una amiga con la que quiero estar 24/7, pero no quiero nada romántico, tengo un* squish *con ella.*»

Esta fue mi primera experiencia con el arromanticismo gracias a una clase de 2.º de bachillerato, en la que aprendí muchas cosas hace ya unos cuantos años.

Así como en el *crush* (flechazo) hay atracción romántica, el *squish* o arrobamiento se basa en el interés no romántico. Y más allá del alorromanticismo, y al igual con las personas **asexuales**, existe toda una escala de grises y matices en la forma de vivir (o no) la atracción romántica.

¿Sabías que...?

Según la Asexualpedia (la AvenWiki),[31] el arrobamiento sería «el deseo de tener una relación sin romance ni sexo con alguien. Esta relación es visualizada a menudo más emocionalmente íntima que una típica amistad. La diferencia entre el enamoramiento y el arrobamiento sería que los primeros a veces implican celos hacia las parejas de la persona de interés y un deseo de contacto romántico o de una relación de pareja, mientras que los arrobamientos no. No importa si están en una relación de pareja, mientras ambos puedan tener una conexión profunda. Un arrobamiento es un sentimiento de atracción, de que te gusta, aprecias y admiras a otra persona a la que quieres conocer mejor y mantener cercana. Es diferente de ser solo amigos en el sentido de intensidad y júbilo cuando se ve que la otra persona te aprecia y le gusta como eres».

---

31   Véase: http://es.asexuality.org/wiki/index.php?title=Arrobamiento.

Es posible que nos encontremos con ciertas situaciones de violencia de género que confundamos con violencia cruzada. Me explico: la violencia cruzada haría referencia a una pareja en la que, sin que existan jerarquías de poder, hay un alto nivel de conflicto. Debemos tener cuidado, porque muchas veces podemos encontrarnos con víctimas muy reactivas y que responden a su maltratador y que estas no encajen con el imaginario que tenemos de mujer maltratada y pensemos que el abuso es mutuo, e incluso que ella es la agresora. Que intenten evitar los mecanismos de dominación de su pareja (sobre todo al principio) no quiere decir que sean agresoras ni que no les pueda afectar el sistema de dominación que se puede ir implantando sutilmente.

Te pongo un ejemplo que me encuentro a veces en los centros educativos, y es el que se detecta en una pareja joven en la que hay indicadores de violencia de género, pero sobre la que el profesorado comenta: «Ella es muy conflictiva, tiene muchos problemas y es muy echada para adelante, no creo que nadie pueda ponerse por encima, creo que son los dos así de agresivos el uno con el otro». Socialmente se ha construido una imagen «ideal» de víctima y nos cuesta encajar otros estilos de personalidad. Pero recordemos que no hay un perfil de víctima y existen muchas formas de reaccionar a la violencia. Yo en los talleres siempre les cuento que en una pareja formada por A y B puede ser que haya niveles altos de agresividad, que se griten, que exploten mucho... y que hay parejas que son así. Pero que si A le grita a B y B ni se inmuta, pero B le grita a A y A, aunque a veces reaccione, poco a poco se va sintiendo más pequeña, deja de hacer cosas, empieza a tener miedo a lo que le pueda decir B, empieza a cambiar y a estar más aislada. Ahí se está estableciendo una jerarquía de poder, y eso es violencia.

¿Y qué hacer si estamos ante una mujer joven con multitud de problemáticas, aparte de la de encontrarse en una relación de violencia de género? La psicóloga experta en violencia de género en adolescentes Paola Fernández Zurbarán indica que el protocolo adecuado sería empezar por su relación de maltrato, ya que el ascenso de la violencia en estas edades es muy rápido y no nos podemos olvidar que lo que hay en la zona más alta de la escalera es el feminicidio.

AGRESIVIDAD VS. VIOLENCIA

Muchas veces confundimos estos dos términos, aunque sean distintos. La agresividad es algo instintivo que forma parte de todas las especies y que está ligado a la supervivencia, especialmente como sistema de defensa ante peligros potenciales externos. La violencia es algo instrumental, su objetivo no tiene que ver con defendernos, sino con la obtención del control y el poder. Todas las formas de violencia tienen la finalidad de mantener el poder que tenemos sobre la otra persona o aumentarlo. Es algo cultural asociado a las ideologías, los valores y los roles sociales. La violencia transformaría esta agresividad para hacer daño a otra persona, algo que solo existe en la especie humana.

Quizá te haya pasado (espero que sí, porque querrá decir que estás vivo o viva, que sientes, que no eres un robot, como digo siempre en consulta) que estando con tu pareja (o con una persona con la que tienes un vínculo significativo) ha habido momentos donde te ha salido agresividad muy inconscientemente y, sin poder controlarla, ha acabado en una subida de tono, una mala cara, una explosión... Y luego, cuando te relajas o coges perspectiva, eres capaz de responsabilizarte de ello y decir «se me ha ido, lo siento». La diferencia entre esto y la violencia instrumental es que esta última se va a ir dando con bastante frecuencia de forma cíclica y la persona que la ejerce, en vez de responsabilizarse, va a hacerte creer que tú tienes la culpa y te va a responsabilizar de su violencia (con las secuelas emocionales que esta situación repetida tiene psicológicamente en la víctima). Puede ser que haya momentos de «falso arrepentimiento», como comentábamos más arriba, en los que el agresor busque el perdón a través de detalles, de regalos... Pero no son momentos de responsabilidad y autocrítica, sino que más bien forman parte de esta manipulación afectiva para generar mayor dependencia y control en la víctima, que poco a poco se sentirá atrapada como en una **telaraña**.

TERROR SEXUAL Y LA CULPABILIZACIÓN DE LAS MUJERES

*«¿Y por qué yo tengo que llegar antes a casa por la noche que mis amigos "por si me violan" cuando yo no voy a violar a nadie y ellos puede que sí?», «¿por qué me castigan a mí y no me dejan hacer determinadas cosas por si me pasa algo, cuando si me pasara algo sería por culpa de ellos?», «¿por qué tengo que vivir con miedo solo por haber nacido con vulva?», «siento que ser mujer es una mierda, no tengo libertad ninguna», «si no hago X cosas, soy una monja, y si hago X otras, una puta», «no voy a denunciar, porque nadie me va a creer», «fue él el que cometió el delito (**sexpreading**) y, sin embargo, he sido yo la que me he quedado sola; mi familia no me habla, y me he tenido que cambiar de instituto», «a pesar de que, avalada por profesionales, he sufrido violencia de género, él sigue haciendo lo que quiere y yo me he quedado sola y me tengo que andar escondiendo».*

Por desgracia, estos y muchos más son los testimonios que me llegan cada semana, algunos de ellos muy desgarradores.

El abordaje de las violencias machistas ha estado marcado por el cuestionamiento y la culpabilización de las mujeres, así como por el terror sexual. La doctora en **feminismos** y género Nerea Barjola reflexiona sobre cómo el terror sexual sirve para controlar y someter la vida de las mujeres. En su libro *Microfísica sexista del poder, el caso Alcàsser y la construcción del terror sexual*[32] reflexiona acerca de cómo el tratamiento mediático que se dio al triple asesinato a las adolescentes del caso Alcàsser en los años noventa tenía como ob-

---

32 Barjola, Nerea. *Microfísica sexista del poder. El caso Alcàsser y la construcción del terror sexual*, Virus, 2018.

jetivo aleccionar a las mujeres. Al igual que en otras narrativas, en este suceso se ponía en cuestión lo que habían hecho o no las chicas, lanzando el mensaje al resto de las mujeres jóvenes de que, si te pasaba algo en el espacio público, sería porque algo habrías hecho mal. No sé a qué edad te pillo a ti, pero yo recuerdo vivir con mucho pánico a que me sucediera lo que a ellas. Han pasado treinta años desde entonces, pero seguro que si yo te digo la palabra «manada», podremos ver que no han cambiado muchas cosas de fondo: se sigue banalizando la violencia sexual, eximiendo de culpa a los agresores e incluso indultando y poniendo el foco en las mujeres y en cómo debería comportarse la «perfecta víctima».

¿Sabías que...?

¿Conoces a Las Tesis? Las Tesis son un colectivo feminista que hizo la *performance* «Un violador en tu camino» en Valparaíso, Chile, en diciembre de 2019, y que ha recorrido todo el mundo. Su mensaje es muy claro: «Y la culpa no era mía, ni dónde estaba ni cómo vestía», y tiene mucho que ver con lo comentado en este apartado.[33]

Metemos mucho miedo a las mujeres jóvenes, sobre todo en lo que tiene que ver con su sexualidad. En nuestra sociedad parece que la sexualidad de las mujeres incomoda, pero más aún la de las jóvenes. Miedo (e incluso pavor) a lo que llamamos «la primera vez», miedo e invisibilización de la menstruación, miedo a quedarte embarazada (como si eso fuera cosa de una sola), miedo y rechazo a sus propios genitales, miedo a lo que te hagan los chicos porque «les das la mano y te cogen el brazo», miedo a lo que te puedan hacer por la calle, miedo a que te metan droga en la bebida, miedo a lo que te

---

33   En este vídeo te explican todo el significado de la *performance*: https://www.youtube.com/watch?v=2l6SQqdn2Y8.

pueda pasar en espacios festivos... Miedo por existir y haber sido socializada como mujer.

Hablar de esto en profundidad daría para otro libro (amenazo desde ya con hacerlo), pero creo que sí es importante que tengamos claras algunas cuestiones básicas:

- La importancia de interpelar a los chicos.[34]
- Que la mayoría de la violencia sexual no pasa en la calle ni se realiza por desconocidos, sino que la lleva a cabo personas cercanas a la familia y/o familiares, entrenadores, profesores, etc.
- Es vital una educación sexual empoderante que favorezca la autonomía corporal.
- Participar en espacios de autodefensa (digital y *offline*) con perspectiva feminista puede ser una herramienta muy interesante para muchas mujeres y personas LGTBQIA+.

No me canso de decir en consulta que NADA va a legitimar que suframos violencia sexual. NADA. La semilla de esta culpa tan estructural que nos atraviesa y que nos ha plantado desde pequeñas, esta **cultura de la violación** de la que hablo más abajo, provoca que, por muy feministas que seamos, no pare de escuchar testimonios de mujeres cargados de culpabilidad. ¡Basta ya! La culpa no es nuestra, ni de dónde estemos ni de cómo vistamos.

¿Sabías que...?

Según en Fondo de Población de las Naciones Unidas (UNFPA), la autonomía corporal consiste en tener el poder y la capacidad de decidir sobre nuestros cuerpos y nuestros futuros, sin violencia ni coacciones. Esto incluye decidir si queremos tener relaciones se-

---

34 En el proyecto Psico Woman realizamos, junto al CMIM de Cabra, un vídeo dirigido a jóvenes en el marco de la prevención de la violencia sexual. Puedes verlo aquí: https://www.youtube.com/watch?v=XZUeglctDJE&t=31s.

xuales, cuándo y con quién. Incluye decidir si queremos quedar embarazadas, cuándo o de quién. Significa la libertad de acudir a un médico cuando sea necesario.

Mi cuerpo me pertenece[35] es el informe que han realizado desde esta entidad en 2021, en el que recogen la situación a nivel mundial de la vulneración de este derecho, y dan claves sobre cómo garantizar la autonomía de todas las personas.

¿Y QUÉ PASA CON LOS HOMBRES JÓVENES?

En los últimos años (o décadas, porque ahora se ha puesto muy de moda y lo escuchamos por todos lados, pero las personas que trabajamos en **coeducación** siempre lo hemos abordado) se ha empezado a poner sobre la mesa la importancia de centrar la mirada también en los hombres. Esto se ha podido ver, por ejemplo, en cómo se ha pasado de hacer campañas de «cómo evitar que te violen», culpabilizando a las mujeres nuevamente, a hacer campañas[36] en las que se apela a los chicos, señalando las acciones que son agresiones o poniendo el foco en los iguales como elementos claves para frenar estas violencias.

Como dice una compañera, los agresores son «hijos sanos del **patriarcado**». Así como no hay ningún perfil concreto de víctima (todas las mujeres, por el hecho de haber sido socializadas en este modelo de amor romántico, podemos vivir una relación de maltrato), tampoco lo hay de agresor. Y un chico socializado en un sistema basado en creencias machistas, que no se cuestione y ni decida deconstruir su masculinidad patriarcal, puede ser un potencial agresor.

---

35 Puedes encontrarlo aquí: https://www.unfpa.org/es/sowp-2021.
36 Ha habido muchas campañas muy interesantes en los últimos años. Una de ellas es la de la Concejalía de Igualdad del Ayuntamiento de la Laguna, en la que ponían el acento en que los hombres jóvenes no fueran cómplices de la violencia machista. Puedes verla aquí: https://www.instagram.com/p/CFPYsYPF0xX/.

¿Sabías que...?

La «cultura de la violación» es un término que se empieza a utilizar en los años setenta por parte de feministas de Estados Unidos. Hace referencia a la normalización y la aceptación de la violencia sexual hacia las mujeres y sujetos feminizados y a todas las maneras con las cuales la sociedad culpabiliza a la víctima por sufrirla. Existen muchas prácticas culturales cotidianas que toleran la violencia sexual. Un ejemplo de ello sería el no tomar en serio a las víctimas de agresiones sexuales o cuestionar, por ejemplo, qué ropa llevaba la víctima, que los programas de prevención de violencias sexuales pongan el foco en las mujeres y no se centren en decirles a los hombres que no tienen que violar, o que solo pisen la cárcel el 3% de los violadores.

Desde 2003, la ONU[37] ya decía que debemos apostar por incrementar el número de varones implicados y evitar responsabilizar solo a las mujeres de la lucha por la igualdad. La construcción de la masculinidad y la feminidad hegemónicas es una cárcel para las mujeres y para los hombres. Las ideas preconcebidas que existen en general sobre los hombres jóvenes suelen ser muy negativas y, desde mi experiencia en las aulas, muy alejadas de la realidad.

Aquí van algunos datos que, lejos de tener que ver con causas biológicas, están asociadas a las consecuencias de cómo construimos la masculinidad:

- El 93% de los delitos en España los cometen hombres.
- El 90% de las mujeres y el 96% de hombres asesinados en el mundo ha sido a manos de otros hombres.
- Casi el 100% de las muertes por *balconing* ha sido de hombres.
- El 92,1% de la población reclusa son hombres.

---

37   UNESCAP. *Involving Men in Eliminating Violence Against Women: Examples of Good Practices*, ONU, 2003.

- Los hombres tienen más del doble de riesgo de morir al volante que las mujeres.
- La esperanza de vida de los hombres en España es de seis años menos que las mujeres.

¿Recuerdas el modelo piramidal explicativo de la violencia? Pues es importante que se eduque a los chicos para que no estén en ninguno de los cinco escalones de esta pirámide. Si un chico conoce el modelo y trata de alejarse de él en cuanto lo detecte, puede tener claro que no llevaría a cabo ninguna agresión (5.º escalón), puede tener claro que nada justifica una agresión (4.º escalón), puede cuestionar que él tenga que ejercer un sistema de control y dominación sobre las mujeres (3.er escalón), puede cuestionar su proceso de socialización (2.º escalón) y también puede ir a la base de todo y cuestionar el sistema patriarcal (1.er escalón).

Como comenta el especialista en masculinidades Josetxu Riviere: «Señalar los efectos negativos de la idea de masculinidad en los hombres no significa desviar la mirada de la desigualdad y del machismo; de hecho, esos efectos son producto de la misma concepción machista y sexista de nuestra sociedad. Tampoco supone victimizar a los hombres colectivamente y situarlos como afectados por el patriarcado en la misma forma que las mujeres. Debemos trabajar desde la perspectiva de que un cambio en la concepción de las masculinidades supone fomentar nuevos valores que consideramos más positivos y, asimismo, fomentar prácticas sociales beneficiosas para la ciudadanía y también para los hombres, como, por ejemplo, la importancia del reparto del poder, el **cuidado** y la vida».[38]

Los hombres jóvenes tienen que sentirse interpelados en la lucha por la equidad. Hay muchos hombres que ya se han puesto las **gafas moradas** y trabajan por un mundo más justo, y pueden ser grandes referentes para otros chicos. Porque, aunque reconocer los **privilegios** no es algo agradable en ocasiones (te sugiero que te pases

38 Serra Sánchez, Clara; Garaizabal, Cristina y Macaya, Laura (coords.). *Alianzas rebeldes*, Bellaterra, 2021.

por el capítulo 10, en el que te invito a hacerlo), todos y todas salimos ganando.

VIVA EL #AMORDELBUENO

«Sin ti no soy nada,
una gota de lluvia mojando mi cara.
Mi mundo es pequeño, y mi corazón, pedacitos de hielo.
Solía pensar que el amor no es real,
una ilusión que siempre se acaba,
y ahora sin ti no soy nada.
Sin ti niña mala,
sin ti niña triste
que abraza su almohada.
Tirada en la cama,
mirando la tele y no viendo nada.
Amar por amar y romper a llorar

---

39 Puedes consultarlo aquí: https://www.youtube.com/watch?v=QNOLnBExrJs&t=97s.
40 Puedes encontrar muchos recursos sobre cómo trabajar las masculinidades igualitarias aquí: https://lapsicowoman.blogspot.com/2023/05/charla-online-sobre-masculinidades-que.html.

en lo más cierto y profundo del alma.
Sin ti no soy nada.
Los días que pasan,
las luces del alba,
mi alma, mi cuerpo, mi voz, no sirven de nada.
Porque yo, sin ti no soy nada,
sin ti no soy nada,
sin ti no soy nada
[...]

AMARAL, «SIN TI NO SOY NADA», 2002.
CANCIÓN QUE CANTABA A GRITO PELADO EN LOS PUBS
CREYÉNDOME LA MÁS GUAY MIENTRAS VIVÍA UNA RELACIÓN DE
MALTRATO PSICOLÓGICO. SIN TI, SIGO SIENDO YO. VIVA EL
#AmorDelBueno.

A lo largo del capítulo he intentado transmitir lo complejo que es el abordaje de la violencia por cuestión de género. Si estás viviendo una situación cercana, puede ser que la vergüenza o la culpa te paralicen, pero recuerda que lo mejor que puedes hacer es ir a un servicio especializado a que te asesoren y te indiquen cómo actuar (en el último apartado del libro encontrarás adónde acudir).

El 50% de los hombres jóvenes consideran que deben actuar de forma «dura» ante cualquier situación, aunque sientan miedo. La masculinidad tradicional mata, a hombres y a mujeres. La violencia sexual y la violencia de género en el marco de la pareja o expareja tienen que ver con una cuestión de poder. No tienen que ver con una sexualidad «exacerbada» o con problemas con el consumo. A los chicos les hemos enseñado desde muy pequeñitos a que no sean débiles, a que no se muestren vulnerables. Quizá tengamos que empezar a cambiar nuestros discursos y resignificar lo que quiere decir ser fuerte. Porque, para mí, lo que te hace verdaderamente fuerte es reconocer tus vulnerabilidades. Y también debemos responsabilizarnos de nuestros actos y hacer que los demás se responsabilicen de los suyos. Y pedir ayuda cuando la necesitemos.

Siempre termino mis talleres con una diapositiva que pone:

«Pedir ayuda es de valientes», y los animo a que lo hagan facilitando recursos para ello. Te animo también a ti a que hagas lo mismo.

Rellenaría folios y folios de esta temática. Es la formación que más realizo con adolescentes, familias, profesionales y ciudadanía en general. Sin duda, es el tema sobre el que más años llevo especializándome de todo el libro (junto con la educación sexual). Y no me canso. Mientras que los datos en España sigan diciendo que en los últimos doce meses más de un millón y medio de mujeres han sufrido violencia psicológica, con las secuelas que ello conlleva, es nuestro deber afrontar esta **violencia estructural** y sistemática y comprometernos con la erradicación del terrorismo machista. Debemos hacerlo todas y todos.

A tener en cuenta

Acompañar desde el paradigma coeducativo desde los cero años, detectar y analizar el humor sexista, la **socialización diferencial de género**, los mitos del amor romántico, el **sexismo benévolo**, los **micromachismos** o machismos más invisibilizados... y ponerlo en relación con la parte más visible de las violencias por cuestión de género (**feminicidios**), así como fomentar referentes basados en buenostratos son algunas de las claves para la prevención de las violencias machistas en jóvenes.

CAPÍTULO 8

HABLEMOS DE PORNO

Sí, vamos a hablar de porno. No sé si hablar de esto te incomoda, te remueve, te sonroja, te supera... o, por el contrario, te encanta. Pero lo que sí sé es que hay que abordar este tema. Y con urgencia.

Seguramente, si te pregunto cuál fue tu primer acceso al contenido pornográfico se te vengan a la cabeza ciertas revistas, esas pelis a altas horas de la madrugada con una «ligera escena» sexualizada, las primeras películas con rombos, como *Emmanuelle*, o quizá te recuerdes viendo en la televisión por la noche el Canal + codificado y poniendo los cinco sentidos en intentar entrever un pecho o un pene entre las rayitas grises, con toda la atención en escuchar un gemido distorsionado. Está claro que antes acceder a este contenido no era tarea fácil.

¿Sabías que...?

La primera película pornográfica de la historia fue *El atardecer de la casada (Le coucher de la mariée)*. Se rodó en 1896 en Francia, el mismo año en el que la madre del cine Alice Guy dirige la primera película narrativa de ficción, *El hada de los repollos (La fée aux choux)*. Así que podemos afirmar que el cine pornográfico nace a la par que la industria cinematográfica.

Pero esta dificultad para ver una teta o un pene o escuchar un gemido ya quedó en el pasado. Imagino que no te tengo que decir que en la actualidad el entorno virtual ha provocado una gran facilidad de acceso al porno *mainstream* o comercial. Especialmente desde la aparición de la tecnología 4G. Acceder a este tipo de contenido es tan sencillo que incluso hasta puede que estés simplemente navegando por la red con otro objetivo y empiecen a aparecerte *banners* o anuncios publicitarios cargados de contenido pornográfico. Según un estudio de la Universidad de New Hampshire,[1] el 66% de los zoomers contaron que accedieron a porno *online* por accidente mientras navegaban por la red.

Se denomina a la generación Z como «pornonativa», haciendo referencia a toda la pornografía audiovisual a la que pueden acceder desde su nacimiento. Pero recordemos que, al igual que ser nativa digital y que con seis años sepas utilizar las aplicaciones con gran soltura no implica que sepas de cuidados digitales, haber nacido con un fácil y rápido acceso al porno *mainstream* no hace que sepas todo lo que deberías saber para vivir la sexualidad de forma sana, responsable, consensuada, deseada, placentera y planificada. De hecho, más bien significa lo contrario.

Así que pongámonos las pilas y demos a la juventud las herramientas necesarias para que, si ven porno, sepan que no es un reflejo de la realidad para que puedan tener relaciones sexuales positivas y consensuadas. Por ello, antes de centrarnos en el consumo de este porno masivo en jóvenes y ver cómo podemos actuar vamos a profundizar sobre esta temática.

1   Wolak, Kanis; Mitchell, Kimberly, y Finkelhor, Davia. «Unwanted and Wanted Exposure to Online Pornography in a National Sample of Youth Internet Users», *Pediatrics*, 2007.

¿A QUÉ ME REFIERO CUANDO HABLO DE PORNOGAFÍA *MAINSTREAM*?[2]

Hablamos de pornografía *mainstream* para hacer referencia al porno que llega a la población de forma más masiva. Este porno no ético es un porno cargado de violencias dentro y fuera de la pantalla. El 95% de las búsquedas de contenido pornográfico van a *tubes* (webs) de porno *mainstream* o comercial.

Algunas características de este tipo de porno son las siguientes:

- Los actores y las actrices no tienen un mínimo de condiciones laborales. Sus salarios son cada vez más precarios y no les aseguran un trato igualitario, ni consensuado ni seguro. Las actrices se ven forzadas a realizar cada vez trabajos más extremos, llegando incluso a utilizar medicamentos para relajar músculos y forzar penetraciones que en muchos casos llevan a desgarros.

Visto en redes

El documental *Pornocracy* (2017) muestra la evolución del negocio de la pornografía masiva y las consecuencias que ha tenido, especialmente para las actrices. La aparición de Internet, la piratería digital y el acceso gratuito e ilimitado de algunas páginas ha provocado una gran precarización, explotación y presión para la realización de prácticas de *hardporn* (porno duro o porno extremo). El programador Fabian Thylman, conocido como el «Zuckerberg del Porno» (en alusión al CEO de Facebook), compra en 2009 las acciones de YouPorn (web creada en 2006 que arrasa en pocos meses, siendo la 26.ª web con más visitas del mundo). Va absorbiendo otras plataformas, provoca el cierre de muchas productoras e instaura el capitalismo salvaje en el negocio del porno. Posteriormente se crea la multinacional

2 Para referirme a este tipo de porno puedo utilizar indiferentemente los adjetivos *mainstream*, comercial o masivo.

MindGeek, centrada en el blanqueo de capital que monopoliza el sector y precariza las condiciones de los y las trabajadoras. La directora Ovidie nos invita a tomar conciencia de los cambios en los modelos de producción y distribución del sector y a reflexionar sobre la responsabilidad que tenemos los consumidores y consumidoras de este tipo de porno, en esta industria que cada vez se está volviendo más turbia y dañina para la salud de las mujeres y otras colectividades y en la que no existe la ética.

- Los encuentros están desprovistos de un diálogo que muestre la personalidad de los personajes y de comunicación emocional. Hay una despersonalización de los actores y actrices y los planos que aparecen se centran en partes concretas de sus cuerpos, provocando así una fragmentación de los cuerpos e identidades.
- Existen variaciones según las categorías, pero en general el guion que aparece suele ser el siguiente: se conocen los personajes, realizan tocamientos, sexo oral, masturbación conjunta... para pasar a la penetración pene-vagina o pene-ano y llegar a la eyaculación masculina, que suele ser en el pecho, la cara o la boca de la actriz. Todo ello acompañado de gemidos, posiciones acrobáticas y supuestos estallidos de placer, principalmente de ellas. Muestra un modelo de sexualidad donde la finalidad es el coito vaginal.
- En general no se muestra el uso de métodos anticonceptivos de barrera ni cuadrantes de látex,[3] naturalizando las prácticas sexuales de riesgo.
- Los actores suelen ser los sujetos de deseo activos, son los encargados de dirigir, dominar e incluso realizar encuentros sexuales cargados de violencia. Todo su peso está en el pene y en lo que tarda en eyacular. El pene se muestra siempre erecto y

3   Los cuadrantes o barreras de látex (también existen de poliuretano) se utilizan como barrera protectora de ITS en las prácticas de *cunnilingus* o *annilingus*.

de gran tamaño. Para ello suelen realizar filtraciones previas a la grabación y distorsionar la imagen con objetivos concretos y en la digitalización, en la posproducción.

¿Sabías que...?

No siempre la eyaculación masculina ha sido algo que formara parte de las películas pornográficas. La primera vez que aparece una eyaculación de un hombre en primer plano es en el primer largometraje porno de la historia en 1972, la famosa película *Garganta profunda (Deep Throat)*, una de las películas más rentables de la historia del cine. Desde entonces, visibilizar la eyaculación se ha convertido en todo un fetiche y en un elemento básico de la pornografía, tanto que este momento se conoce como «*money shot*» (o la escena del dinero). Existen empresas, como Magic Money Shot, Spunk, Mancunt o Jizzle Juice, que producen semen artificial y dispositivos para dispararlo para que las eyaculaciones en los vídeos sean más abundantes o potentes. Esta fetichización de la eyaculación puede provocar mucha presión y malestar en las personas con pene, así como la normalización de la realización de prácticas como la eyaculación en la cara (facial), de varias personas a la vez en tu cara (*bukkake*) o beber varias eyaculaciones de un recipiente (*gokkun*) de forma no segura y, en ocasiones, no consensuada ni deseada.

- Se representa a las mujeres como objetos pasivos y sumisos de placer para el otro. Sus cuerpos están al servicio del placer masculino, y muchas veces se visibilizan formas de violencia física y simbólica. Las prácticas no están centradas en la fisiología del placer de las vulvas, sino en el deseo y la mirada masculina. Hay una teatralización del placer exagerado a través de expresiones faciales, gemidos y gritos.
- No existe una comunicación de sentimientos y se suele utilizar un lenguaje muy humillante e insultante para la mujer.

- Se muestra una hiperexcitación continua en los actores y las actrices. Se muestra una disponibilidad total en ellas para las prácticas propuestas por ellos, y cuando no es así, el protagonista insiste ante la negativa de ella. No hay comunicación previa y las prácticas tampoco son consensuadas. En ocasiones se normalizan situaciones en que no puede existir consenso previo porque la víctima está drogada o dormida.

- Muchas veces este porno favorece la **cultura de la violación** reproduciendo escenas cargadas de violencia hacia las mujeres. Existen escenas donde las protagonistas gritan, muestran caras de dolor, lloran, gritan..., y ellos muestran una indiferencia total hacia el sufrimiento de ellas. Hay vídeos que dan una visión erótica del sufrimiento de las mujeres, como los de la categoría «doble penetración» (una mujer siendo penetrada por dos hombres o por dos dildos simultáneamente) o la categoría «*gagging*» (tener arcadas durante la felación). Existe también contenido «*barely legal*» o, lo que es lo mismo, «casi ilegal», que infantiliza a las mujeres dándoles una apariencia de niñas, e incluso vídeos en los que se graba a menores de edad. También existen categorías de «adolescentes» y de «jovencitas/viejos».

- El contenido suele ser racista y **etnocentrado**. Se exotiza a las personas no blancas y se les define con categorías separadas del «porno normal». Las mujeres negras y latinas se representan con estereotipos raciales y una mirada **colonial** que perpetúa mitos como que son mujeres exóticas, fogosas e hipersexuales. Los hombres negros se representan con grandes penes, muy musculados y agresivos. A las mujeres asiáticas se las representa como niñas indefensas y serviciales.

- Cuando ponemos la atención en categorías asociadas al colectivo LGTBQIA+ vemos, por ejemplo, que los encuentros lésbicos y bisexuales suelen estar interpretados por mujeres heterosexuales que realizan actos que nada tienen que ver con el sexo real entre mujeres. El encuentro entre ellas está focalizado en el disfrute de la mirada de un hombre heterosexual. Se suele mostrar la necesidad de que aparezca en escena un hombre que practique el coito y realice «lo que realmente hay que hacer en el sexo». Se da por hecho que las actrices son bisexuales, estereotipando la identidad bisexual y asociándola al «vicio»; sin embargo, a los actores se los visibiliza como heterosexuales.

¿Sabías que...?

En las películas porno muchas veces se parcializa a los actores o actrices, focalizando los planos en una parte de su cuerpo, que suele ser la de los genitales, y favoreciendo así la **cosificación**, tratándolos como un objeto. Este tipo de planos favorece que reduzcamos la sexualidad a la genitalidad en nuestro imaginario y que obviemos los dos metros cuadrados de terminaciones nerviosas placenteras de toda nuestra piel.

- En el porno gay se representa a través de cuerpos muy musculados y se focalizada todo el encuentro sexual en el pene y el coito, reproduciendo relaciones de poder a través del «rol activo» (persona que penetra) y «rol pasivo» (persona que es penetrada). En este tipo de porno se suelen encontrar subcategorías, como las de musculosos, osos (hombres grandes con mucho vello), jovencitos, negros, asiáticos o latinos.
- Cualquier tipo de contenido trans/*queer* está totalmente desconectado de las experiencias reales de estas personas. Se representa a las mujeres trans como un fetiche para el deseo masculino y se reproducen dinámicas de poder. Se da un único modelo de **mujer trans** y se invisibiliza a las personas **no binarias** y **hombres trans**.
- En las últimas décadas se muestran categorías en las que se divide a las mujeres según los cuerpos, y podemos encontrar las clasificaciones de embarazadas, tatuadas, gordas, delgadas, altas, pequeñas, tetas grandes, culonas y según el color del pelo o

peludas (haciendo referencia a que tienen vello púbico), entre otras. En el caso de los hombres solo una categoría hace referencia a la diversidad de los cuerpos masculinos: la de grandes penes.

- No se visibiliza a personas con **diversidad funcional** o discapacidad, y cuando se hace se las **cosifica** y se las retrata como objetos de exhibición fuera de la norma.

CONSUMO GLOBAL DE PORNO

El consumo de porno por Internet es tan masivo que es complicado disponer de datos totales, pero sí que se sabe que es una industria que mueve alrededor de 4.000 millones de euros al año, que el 12% de las páginas web en Internet son pornográficas y que 1/3 del tráfico en la red es de este contenido. Algunos de los portales con más visitas serían YouPorn, RedTube o PornHub. Este último recibió, en 2019, 42 billones de visitas, 115 millones al día. Respecto al consumo según el contexto geográfico, España ocuparía el puesto número 12 en el *ranking* mundial. En el primer puesto se encontraría Estados Unidos (concretamente Nueva York), y en segunda y tercera posición, Japón y Reino Unido. Analizando por géneros, encontraríamos que acceden a Pornhub un 32% de mujeres y un 68% de hombres. El acceso a esta plataforma por parte de las mujeres ha ascendido un 3% respecto al año anterior.

El 61% de consumo se realiza por personas de entre dieciocho y treinta y cuatro años (de los que el 36% tienen entre veinticinco y treinta y cuatro años y el 25% entre dieciocho y veinticuatro años), y el 17% entre cuarenta y cuatro y cincuenta y cuatro años. Al tener que aceptar que somos mayores de edad para acceder a este portal, podemos suponer que quizá la cifra real de edad de acceso sería más baja. El perfil de consumidor más habitual es el de un hombre de cuarenta y un años y que busca contenidos de *hentai* o maduras. El 76,6% del tráfico mundial de Pornhub se realizaría a través de *smartphone*, seguido de ordenadores y tabletas.

Cuando accedemos a plataformas pornográficas *mainstream* podemos hallar multitud de subgéneros y encontrar, gracias a palabras claves que pongamos en el buscador, un sinfín de vídeos de todo tipo. De todo, TODO, todo tipo. También encontramos vídeos seleccionados según categorías. Algunas de las categorías más conocidas son:

- *Hentai*: es una palabra japonesa que significa «pervertido» y «transformación». En Occidente lo usamos para referirnos a un subgénero dentro del manga con contenido sexual explícito. Suelen destacar los personajes femeninos infantilizados, y genitales y pechos desorbitados.
- MILF: siglas en inglés cuya traducción literal es «madres a las que me gustaría follarme» (Mothers I'd Like to Fuck). Hace referencia a mujeres maduras atractivas.
- Anal: se refiere a prácticas en las que se penetra analmente, casi siempre a las mujeres. En las dobles penetraciones, dos personas penetran a la vez a otra. También pueden existir el «triple anal» o cuádruple penetración. Puede realizarse con el pene o con juguetes sexuales, e incluye tres variantes: penetración doble en la vagina, penetración anal doble o a la vez en ano y vagina.
- Amateur: se refiere a grabaciones caseras realizadas por personas no profesionales.
- *Bukkake*: en japonés quiere decir «arrojar agua o salpicar». Es una práctica de sexo grupal mediante el cual varios hombres se turnan para eyacular sobre una mujer, generalmente. Alrededor de 2015 varios **youtubers** popularizan este término entre la juventud.
- Facial: término que hace referencia a la eyaculación en las caras de las actrices.
- *Fisting*: en esta práctica se introduce total o parcialmente la mano y el brazo en la vagina o el ano.
- *Gangbang*: orgía en la que una persona recibe el placer del resto sin que exista relación entre ellos y ellas. El actor o actriz principal mantiene relaciones con el resto de los participan-

tes, llegando a incluir un número ilimitado de personas en el sexo grupal.

- *Creampie*: práctica sexual que consiste en la eyaculación dentro del ano o de la vagina para posteriormente retirar el pene y observar cómo es expulsado el semen.

- *Squirting*: hace referencia a la expulsión de líquido eyaculatorio en las mujeres y personas con vulva.

- *Voyeur*: una persona observa a otra u otras manteniendo prácticas eróticas de carácter privado, sin que participe en la actividad observada.

- *Lesbian* o lesbiana: se visibilizan prácticas entre dos mujeres. Las prácticas que aparecen, lejos de representar el placer entre mujeres, están enfocadas a la mirada y el deseo masculinos.

- *Webcams*: se trata de vídeos caseros realizados principalmente por mujeres y retransmitidos desde las webcams o cámaras de sus ordenadores.

- 360 grados o realidad virtual: el desarrollo digital proporciona el ver contenido pornográfico en 360 grados. En las escenas, el consumidor o consumidora toma las decisiones del rumbo que debe tomar cada situación y formula el desarrollo de la escena gracias a la selección de posiciones sexuales, localización y vestuario.

- BDSM: en estas siglas se incluye el bondage o ataduras, la dominación, la sumisión y el masoquismo. Puede incluir prácticas como el spank (azotes), juegos de inmovilización con cuerdas o shibari, pinzas, collares y atrezos varios. El BDSM que se representa en el porno no coincide con las prácticas bedesemeras, en las que se contextualiza muy claramente el juego de roles y se realizan prácticas consensuadas y creando espacios seguros y protegidos.[4]

4   Si te interesa profundizar en las prácticas kink y BDSM te recomiendo el artículo de la psicosexóloga María de Elena Amor: «¿Qué es BDSM? Aclarando algunas cuestiones sobre la erótica no normativa y las prácticas sexuales alternativas». Puedes encontrarlo en: http://lasexologia.com/bdsm-que-es/.

Según los últimos datos disponibles de la plataforma PornHub, las categorías más visitadas segregadas por géneros serían las de lesbianas, japonesas, trío, *ebony* (hace referencia a mujeres negras) y *amateur* para las mujeres. Para los hombres, las categorías de japonesas, *amateur*, maduras, MILF, *hentai* y *ebony*. Como para acceder a la plataforma tienes que decir que eres mayor de edad, desconocemos cuáles son las más visitadas por la población adolescente.

Algo que he podido contrastar con los testimonios de varias mujeres jóvenes es que, frente al porno heterosexual cargado de violencias, los vídeos de sexo entre mujeres les parecía más excitante:

> *«Durante la adolescencia no consumí mucho porno porque no me excitaba todo lo que quería, e incluso a veces me parecía violento. No fue hasta los dieciocho que empecé a consumir porno lésbico, y es el único que me ha llegado a excitar lo suficiente. Para mí, ver cómo una mujer únicamente complace a un hombre me produce hasta ganas de vomitar. Tuve que consumir porno lésbico porque era el único en el que se esforzaban porque disfrutase la mujer.» Mujer de 22 años.*

¿Sabías que...?

Durante el primer mes de la crisis sanitaria de la COVID-19, y según la plataforma Pornhub, las cifras del consumo mundial de porno *mainstream* experimentaron un incremento masivo del 18,5% el día 24 de marzo de 2020. Además, incrementó el número de visitas a esta web por parte de mujeres en un 17,4%. En el Estado español, el punto máximo de consumo se produjo el 17 de marzo, que coincidió con el tercer día de confinamiento y también con el día en el que la web anunció la gratuidad de su categoría Premium. Este aumento fue de un 61,3% en comparación con el tráfico habitual diario.

Y ahora que ya conocemos un poco más en qué consiste el porno *mainstream* vamos a centrarnos en el consumo de este tipo de porno por parte de la juventud actual.

«El primer contacto con el porno lo tuve a los diez años buscando en Internet por curiosidad. Creo que el porno masivo hace más mal que bien a la sociedad. Yo consumo porno casero de gente que quiere dedicarse a ello realmente, sobre todo en Twitter. Puede ser que mucha gente joven se meta en el porno para ganar dinero sin saber bien las consecuencias.» Hombre de 22 años.

«Mi primer encuentro fue de niña de manera accidental en Canal +, tendría unos seis o siete años. Zapeando debí dar con un canal porno y de alguna manera lo contraté sin darme cuenta. Me sorprendió tanto que llamé a mi abuelo para que viera el canal tan chulo que acababa de encontrar. Lo siguiente que recuerdo es ver libros eróticos y películas porno en casa. Si hablamos del porno actual, los primeros vídeos me los enseñó algún chico de clase o los envió por el grupo de WhatsApp.» Mujer de 24 años.

En 2020, la organización que trabaja por los derechos de la infancia Save the Children[5] realiza una investigación sobre el porno entrevistando a 1.753 adolescentes de entre trece y dieciocho años. A través de la información recabada de la encuesta y de los grupos de discusión, se señalan datos como que el 54% de las personas encuestadas habían accedido a la pornografía antes de los trece años, siendo la edad media de acceso a contenido pornográfico en torno a los doce años. El acceso por parte de los chicos suele ser mucho mayor que el de las chicas, y la principal vía de acceso sería el *smartphone*.

Realizando un análisis más profundo acerca de las tendencias del consumo de pornografía en la población adolescente encontramos datos como los siguientes:

- El 62,5% de las personas adolescentes encuestadas de entre trece y diecisiete años ha visto pornografía alguna vez en su vida. Al segregar por géneros se encuentra que los chicos duplican el consumo de las chicas.

---

5 Sanjuán, Cristina. Informe *Desinformación sexual-Pornografía y adolescencia*, Save The Children España, 2020.

- El 53,8% de las personas encuestadas ha accedido por primera vez a la pornografía antes de los trece años, y un 8,7% antes de los diez años. La edad media es de doce años de manera global (antes de los doce años para los chicos y los doce años y medio para las chicas).

Respecto a las formas de acceso a este porno encontramos que:

- En un 51,2% es a través del grupo de iguales, siendo la vía principal por la que se tiene el primer contacto con la pornografía. Este intercambio se da sobre todo entre chicos, formando parte de la socialización y la creación de la **masculinidad hegemónica**. Si en las generaciones precentenials se intercambiaban revistas o películas en VHS, en la actualidad se hace a través de **memes**, **gifs**, fotos, enlaces a vídeos o vídeos completos. En ocasiones, el objetivo de compartir este material es entretener o hacer reír.
- A través del cine y la televisión.
- De forma accidental, ya sea a través de anuncios o ventanas emergentes o de la descarga de series y películas no pornográficas en plataformas de descargas. Se ha observado que en los accesos accidentales (17,4%) las chicas encontraron pornografía por accidente casi un 7% más que los chicos (22 y 15, 3%, respectivamente).
- A través de un familiar. Puede ser que el contenido se lo enseñe directamente un familiar (1,7%) o que alguien de la familia le hable de ello y lo busque posteriormente (0,7%). Se encontró este acceso solo en chicos y siguiendo el patrón de un familiar hombre de más edad «inicia» al más joven.
- En un 0,4% a través de personas desconocidas; solo las chicas comentaban haber recibido sin desearlo contenido sexualizado de otra persona.
- Por búsqueda activa un 28,5%, y principalmente los chicos.
- El 93,9% de los jóvenes que participaron en la encuesta consumen el material pornográfico en la intimidad.

- El consumo es algo frecuente: el 68,2% de los adolescentes ha visto pornografía en los últimos 30 días, llegando a consumir ellos el doble que ellas (81,6 y 40,4%, respectivamente). Los chicos confirman que buscan este tipo de material casi a diario. Las respuestas de las chicas expresan variaciones entre el consumo semanal o mensual.
- Los chicos adolescentes hacen búsquedas más dirigidas que las chicas. En general, parece que se dejan guiar por las sugerencias hechas por las propias webs.
- El acceso principal es a través de sus *smartphones*.
- El 70,3% de la población adolescente considera su consumo como razonable. Los chicos muestran una especial preocupación por «no poder quitarse el porno de la cabeza».
- El 36,8% de quienes consumen con más frecuencia pornografía no distingue entre la ficción de la pornografía y sus propias experiencias sexuales.
- Los y las adolescentes homosexuales, lesbianas y bisexuales son quienes menos consideran que las prácticas de la pornografía se parecen a la realidad, a diferencia de las personas heterosexuales.
- Un 72% de los zoomers coincide en que la pornografía es a veces violenta. Las chicas y las adolescentes con **género no binario** afirman con mayor seguridad que el contenido es violento.
- El 55% de las chicas y la mayoría de las adolescentes con género no binario niega con rotundidad que son igualitarias, frente al 31,1% de los chicos.
- El 59,4% de la población adolescente prefiere los vídeos en los que no hay jerarquías de poder (especialmente las chicas). Sin embargo, quienes ven pornografía con frecuencia muestran mayor interés por los vídeos en los que existen jerarquías de poder explícito.
- El 72,5% reconoce que se dan prácticas de riesgo en la pornografía, pero un 10,2% no las identifica y el 20,2% no sabe expresarlo. A mayor edad, mayor identificación: el 42,4% de los

adolescentes de 14 años es capaz de identificar las prácticas de riesgo en la pornografía, porcentaje que aumenta hasta casi el 62% en los adolescentes de 17 años.

- El 52,1% de quienes ven pornografía frecuentemente confirma que esto ha influido mucho o bastante en sus relaciones sexuales, frente al 21,2% de quienes no la consumen tan a menudo. Los chicos notan más esta influencia que las chicas, con diferencias de hasta un 20%, y los adolescentes de género no binario. Los adolescentes homosexuales son quienes más niegan la influencia del consumo.

- La mayoría de los adolescentes heterosexuales (85%) perciben sus relaciones sexuales como igualitarias (buscan el placer de las dos personas). Sin embargo, el 5,4% de las chicas heterosexuales reconoce que su principal motivación es satisfacer los deseos del chico, y busca satisfacer su deseo y el de su pareja un 8,6% más que ellos.

- El 54,1% de los adolescentes cree que la pornografía da ideas para sus propias experiencias sexuales (en mayor medida ellos) y al 54,9% le gustaría poner en práctica lo que ha visto. Esta tendencia aumenta aún más entre quienes consumen pornografía más a menudo.

- Los chicos manifiestan haber puesto en práctica con sus parejas escenas vistas en la pornografía con una frecuencia muy superior a las chicas: 46,6% de los chicos frente al 22,8% de las chicas. En cuanto a la puesta en práctica sin el consentimiento explícito de la pareja y sin que a esta le haya parecido bien, el 12,2% de los chicos lo ha hecho, frente al 6,3% de las chicas.

También arroja algunos datos interesantes en relación con los comportamientos en el hogar y el consumo del porno:

- El 82,1% de los adolescentes que nunca cenan en familia sí ha visto pornografía en los últimos 30 días. Se toma el dato de las cenas como indicador de la comunicación familiar.
- Las personas que nunca han visto pornografía respetan en ma-

yor medida las pautas establecidas en sus casas respecto al uso de Internet.

A raíz de todo lo comentado hasta ahora, queda claro que:

- Hay que aceptar que, te guste más o menos la idea, es un hecho que la persona adolescente que tengas cercana a ti está expuesta a material pornográfico.
- Mientras la industria pornográfica siga moviendo tanto dinero no va a desaparecer. El fácil acceso al porno *mainstream* y la ausencia de una educación sexual integral provocan un imaginario distorsionado de lo que es la sexualidad humana.
- Las **TRIC** no han creado el porno, pero sí lo han hecho más accesible. El aumento de este porno fácilmente accesible, gratuito e ilimitado se ha convertido en algo clave en la construcción de la sexualidad adolescente y que afecta a su forma de relacionarse y puede derivar en conductas de riesgo o nocivas.
- Un tanto por ciento significativo de adolescentes aprenden sobre la sexualidad a través del porno, un porno cargado de violencia hacia las mujeres, que muestra cuerpos irreales y que además de machista es homófobo, lesbófobo, bífobo, tránsfobo, **etnocentrista**, **capacitista**, **gordófobo** y racista. En las categorías donde se representa la diversidad lo hacen únicamente privilegiando la mirada, el poder y el deseo del hombre blanco cis heterosexual.
- En edades tempranas, la exposición a material sexualmente explícito no se realiza a través de una búsqueda concreta, sino a través de *banners* y *pop-ups* o ventanas emergentes en Internet. También a través de **gifs**, **memes**, fotos o vídeos que les muestran chicos de mayor edad, así como de folletos o *flyers* que encuentran en la calle o imágenes en las películas, series o anuncios.
- Existen tantas formas de vivir y entender la sexualidad como individuos, es decir, tantas sexualidades como personas. Todas las formas de vivir nuestros gustos, de expresar nuestros deseos,

nuestra identidad, nuestro género..., son válidas siempre que haya respeto propio y mutuo. Pero el porno *mainstream* solo nos muestra un guion sexual muy concreto en el que el **coito-centrismo** impera.

- La diferencia de acceso al porno por géneros es evidente. Se observa en los estudios y en los testimonios de las mujeres jóvenes que he recogido. La mayoría de los chicos hablaban de un acceso en torno a los diez años y por curiosidad propia de cosas que habían escuchado a los amigos en la escuela, siendo en una edad más avanzada y por otros motivos el acceso al porno de las chicas:

«*El primer contacto que he tenido en mi vida con el porno posiblemente sería en los anuncios de Internet para ver películas piratas. La primera vez que busqué porno deliberadamente fue bastante «tardía», posiblemente tendría unos dieciséis años, fue en **Tumblr** y eran **gifs**. Lo único de lo que me acuerdo es que solo había una página que me gustaba, porque las demás las encontraba muy brutas. Nunca tuve acceso al porno fácilmente, ya que mis padres tenían mucho control sobre ese tema.*» *Mujer de 19 años.*

«*Por raro que parezca no consumo ni he buscado jamás un vídeo porno. Lo único que he visto es solo lo típico que mandan al grupo de WhatsApp o lo que ha llegado a compartir la gente en Twitter. El motivo de no consumir es que todo gira entorno a la penetración a la mujer, en ocasiones muy violenta, sin apenas preliminares y con un trato despectivo hacia ellas. No me siento cómoda al verlo, porque es como si fuera una violación.*» *Mujer de 24 años.*

También se veía reflejado en los cuestionaros cómo las mujeres parecían tener mucho más claras las consecuencias en todas las esferas de su vida del consumo de este porno, incluido en la relación con el propio cuerpo:

«*El porno es muy influyente en los cánones de belleza de las mujeres, ya que se nos bombardea constantemente con un tipo cuerpo idílico según la sociedad patriarcal, esto es: mujeres sin estrías, con las tetas redondas y levantadas, con chochos de una rejilla, cuerpos depilados desde las cejas hasta abajo (como el de una niña; pedofilia, vaya) y un largo etcétera. No existe un único cuerpo de mujer, y esto hace que las mujeres jóvenes o niñas comencemos a odiar nuestro cuerpo por ser diferente, cosa que nos lleva no solo al ataque del propio cuerpo, sino al cuerpo de nuestras predecesoras y las que nos sucederán.» Mujer de 20 años.*

«Actualmente no sé si el porno que consumo es ético o no, no sé las diferencias que existen. Hago mis playlists de porno según mis actrices favoritas al igual que con la música, y el uso que hago es básicamente para desestresarme y divertirme.» Hombre de 25 años.

«Esto afecta de manera individual, porque idealizas el sexo y crees que tus experiencias sexuales van a ser alucinantes: vas a tener orgasmos mastodónticos en cuestión de segundos e introduciendo únicamente el pene en la vagina. Y, por otro lado, afecta de forma social, porque si todos crecemos con el mismo tipo de porno de manera individual se crea una realidad social totalmente falsa. De esta manera, los hombres creen que tienen que imitar las cosas que ven en el porno y las mujeres cumplir con ese rol en la cama. Conclusión: decepción al canto». Mujer de 23 años.

- Como agentes educativos no podemos eximir nuestra responsabilidad en desmentir y cuestionar el porno *mainstream* o masivo y separarlo de la sexualidad sana. La sexualidad compartida es una sexualidad consensuada y deseada en la que los cuidados y el **buentrato** tienen que formar parte siempre.

SOBRE EL CONSENTIMIENTO

El porno hegemónico naturaliza encuentros sexuales no deseados, algo que también ha aparecido en los testimonios recogidos. Por ello es importante que hablemos de este tema con la juventud.

«Además de afectarnos mentalmente, nos afecta físicamente y en las prácticas que tenemos cuando follamos. Se han normalizado unas prácticas que no nos dan placer, es decir, nos convertimos en mujeres guapas y deseables que no dis-

frutan de su sexo, el sexo lo tenemos mayoritariamente para complacer al otro (por ejemplo: está muy normalizado que en los encuentros sexuales, las chicas les hagamos felaciones a los tíos, independientemente de si nos apetece o estamos incómodas, y no pasa lo mismo con el cunnilingus). Y no solamente se nos hace sentir vergüenza de nuestro propio cuerpo en unas relaciones sexuales en las cuales nuestro placer está en segundo plano, sino que, además, fomenta prácticas extremadamente violentas y denigrantes hacia nosotras, como violaciones, follarnos mientras estamos dormidas, correrse en cualquier parte de nuestro cuerpo sin consentimiento, coitocentrismo, sexo anal, ahogarnos sin previo consentimiento, escupirnos...» Mujer de 21 años.

Los datos del informe INJUVE[6] mostraban cómo las personas en el tramo de veinte a veinticuatro años refieren con más frecuencia esta ausencia de consentimiento, siendo las mujeres y personas LGTBQIA+[7] los colectivos más vulnerables a esta violencia sexual. Casi un 10% de la muestra reconoce que ha mantenido relaciones sexuales que no habría querido tener y un 8% que ha hecho cosas durante la relación sexual de las que no estaba convencida o convencido y luego se sintió mal. Las mujeres doblan en esta categoría las cifras de los hombres.

Ahora que ya sabemos qué es el porno *mainstream*, cómo lo consume la juventud y qué mitos sobre el mismo debemos erradicar para educar en una salud sexual positiva, hablemos de algo que hemos escuchado mucho los últimos años: el consentimiento. El consentimiento es el acuerdo para participar en un encuentro sexual. Sería la forma de establecer que las partes involucradas en la relación sexual lo hacen de forma deseada y consciente y, para ello, siempre es necesario establecer ciertas normas, saber comunicar cómo queremos relacionarnos y respetar los límites de las demás

6 Simón, Pablo; Clavería, Silvia; García Albacete, Gema; López Ortega, Alberto, y Torre, Margarita, *Informe Juventud España*, 2021.
7 En este capítulo me centro en la violencia sexual que se da en las relaciones hombre-mujer, al ser lo que más he investigado. Pero, por supuesto, las dinámicas de poder y el ejercicio de esta se da entre personas de diversos géneros e identidades. Te recomiendo los fanzines traducidos y editados por la Distribuidora Peligrosidad Social: *A algunos maricas les gustan los coños... (provocaciones de un marica trans)* y *Consentimiento sexual. Una movida... ¿de maricas?*

personas. Cualquier relación no consentida es violencia sexual y está condenada como un delito. El **falso consentimiento** haría referencia a cuando una relación no es deseada y la víctima está sufriendo violencia sexual camuflada por el modelo de sexualidad imperante en nuestra sociedad **heteropatriarcal**. Por ejemplo, cuando una persona joven no quiere realizar cierta práctica y, al no ser interpelada o incluso siéndolo, no se atreve a decir que no porque cree que es lo que debe hacer, pues así lo ha determinado el modelo sexual imperante. Por eso es importante hacer hincapié en que las relaciones sexuales tienen que ser no solo consentidas, sino también deseadas en todo momento. Si te has fijado a lo largo del capítulo, en vez de hablar de consentimiento hablaba de consenso. ¿Por qué lo explicito así? El consentimiento presupone una negativa inicial al sexo, es decir, coloca a las mujeres y otras colectividades en un lugar de objetivos pasivos en vez de agentes con deseo. Pudiendo, desde el consenso, tomar una posición activa, desde el deseo.

Pero hablar del deseo es muy complejo (de eso sabemos mucho las psicoterapeutas con orientaciones psicoanalíticas), y va más allá de utilizar ciertos eslóganes que se escuchan dentro de la cultura del consentimiento. La escritora y psiquiatra Katherine Angel habla en su último libro[8] sobre ello, y dice cosas como: «No siempre sabemos lo que queremos y no siempre somos capaces de expresar nuestros deseos con claridad. Esto es debido, en parte, a la violencia, la misoginia y la vergüenza, que dificultan el descubrimiento del deseo y hacen su expresión peligrosa, pero también forma parte de la naturaleza del deseo ser social, incipiente y sensible: al contexto, a nuestro pasado y a los deseos y comportamientos de los demás. Somos criaturas sociales y nuestros deseos siempre han nacido, desde el primer día, de la relación con aquellos a quienes importamos o no importamos. El deseo nunca existe en soledad».

Asumir que la clave para unos encuentros sexuales libres de violencias pasa por tener un gran autoconocimiento en nuestra se-

8 Angel, Katherine. *El buen Sexo Mañana. Mujer y deseo en la era del consentimiento*, Alpha Decay, 2021.

xualidad (y me refiero a la sexualidad femenina en este caso, esa totalmente castigada y mitificada) y ser capaz de expresar nuestros deseos (si es que sabemos los que son) abiertamente a la otra persona (cuando expresar nuestros deseos siempre ha estado tildado de ser «una guarra»), quizá sea reduccionista e iluso. Además, como comentábamos en el capítulo anterior en el subapartado acerca del terror sexual, y como dice K. Angel: «¿Por qué debería la mujer conocerse a sí misma para estar a salvo de la violencia?».

En los abordajes acerca del consentimiento también es importante, como señala Katherine, reflexionar sobre el consentimiento de quién es importante y cuál va a ser creído. Estudios realizados muestran cómo las declaraciones de las mujeres negras que han sufrido violencia sexual tienen menos probabilidades de ser creídas que las de las mujeres blancas[9] y que la punición por violación es más severa cuando la víctima es blanca.[10] Percibiendo a las mujeres negras desde las fantasías **colonialistas** exotizantes. Y como hemos comprobado en sentencias de nuestro país, que te crean no va a ser a veces fácil, e incluso el llevar determinado tipo de ropa, o no ser la «perfecta víctima» que se espera, puede utilizarse como atenuantes en la medida punitiva.

Tampoco me parece justa ni real la imagen que se da de los hombres jóvenes en torno a la sexualidad. Un alumno de 15 años me dijo un día en un taller lo siguiente: «Estoy cansado de que a los chicos nos traten como si fuéramos unas hormonas con patas». Sabemos que las bases biológicas de deseo sexual no entienden de géneros, y que todos y todas nacemos con el mismo deseo. Pero, sin embargo, diseñamos un modelo sexual masculino que pasa por dar por hecho que ellos siempre están dispuestos para el sexo. Para ellos existen pastillas por si tienen problemas de erección, en el caso de las mujeres, para el deseo. Cuando me formé como sexóloga nunca me hablaron sobre el deseo masculino, y, sin embargo, había un

9   Rebecca Epstein, Jamilia L. Blake y Thalia González. *Girlhood interrupted: the erasure of black girl's childhood*. Centre on poverty and inequality, 2017.
10   Gary D. LaFree. «The effect of sexual stratification by race on oficial reactions to rape», *American Sociological Review*, 1980.

seminario sobre el deseo femenino. Se da por hecho que en los hombres el deseo siempre está. La masculinidad es igual a libido, la masculinidad es igual a una hormona con patas, como decía el alumno.

K. Angel escribe que «el deseo no es siempre reconocible. La vulnerabilidad es el estado que permite ese reconocimiento». Y esto me llevó a pensar sobre cómo en los talleres[11] cuento que el encuentro sexual con otra persona (e independientemente de nuestra experiencia previa y de nuestros conocimientos teóricos) siempre viene acompañado de miedos y de vulnerabilidades. Y que lo suyo no es esconderlos y aparentar una seguridad que seguramente nadie tenga en esos primeros encuentros, sino hablar de lo que nos preocupa, explorar conjuntamente, observar cómo va respondiendo nuestro cuerpo y el de la otra persona, empatizar para saber qué está expresando y aprender a leer el cuerpo ajeno, sentir qué nos gusta más y qué menos, tomar conciencia de cuáles son nuestros límites, reírnos, jugar, explorar prácticas eróticas y amorosas que excedan los mandatos del orden sexual y de género... En definitiva, conocernos desde esa asunción de la vulnerabilidad (propia y conjunta). Les digo que se permitan, básicamente, todo eso que ha negado el modelo de masculinidad y feminidad tradicional. Y eso que nunca pasa en las películas (pornográficas y románticas), que es que se comuniquen emocionalmente, con palabras o sin ellas. Nunca en las películas se percibe ninguna expresión emocional. Como dice la sexóloga María Rodríguez: «El mayor tabú del porno hoy en día es incluir las emociones».

Visto en YouTube

Tenemos que acompañar y favorecer unas prácticas sexuales placenteras y, para ello, entre otros muchos temas, debemos

---

11 En el canal de YouTube Psico Woman encontrarás muchos vídeos que abordan esta temática. Hay uno que te recomiendo especialmente, en el que hablo sobre «la primera vez». Puedes verlo aquí: https://www.youtube.com/watch?v=x2w_Eaa_Oms.

concienciar sobre lo que es el consenso. Aquí te dejo varios vídeos educativos que hablan del tema:

- *Consentimiento a través de una taza de té* (Consent: It's simple as tea)[12] es un vídeo claro y didáctico que en dos minutos te explica las características del consentimiento haciendo una analogía a través de la preparación de una taza de té.
- La asociación Draga Espacio Feminista elaboró un vídeo[13] en el que, de una forma divertida, clara, entretenida y dirigida a público joven, se explican las claves para disfrutar de una sexualidad libre, consensuada y deseada.
- Desde el proyecto Psico Woman hicimos un vídeo[14] dirigido a zoomers sobre cómo detectar y prevenir las violencias sexuales.

¿SOMOS LO QUE FANTASEAMOS?

Las terapeutas sexuales estamos acostumbradas a que cuando acompañamos a mujeres en ocasiones nos digan muy avergonzadas cosas como: «Esto no se lo he comentado a nadie porque me da mucha vergüenza, pero a veces tengo fantasías que no debería tener... Fantaseo con personas que no debería e incluso sería ilegal que pasara algo entre nosotros. Fantaseo también con situaciones en las que me violan. Creo que hay algo mal en mí». Esto de pensar que «hay algo mal en nosotras» y automáticamente sentirnos culpables seguro que no te suena ajeno. O sentir culpa cuando te priorizas y piensas en ti. La periodista Catalina Ruiz Navarro[15] cuenta cómo «el control de nuestros cuerpos por parte del **patriarcado** comienza por convencernos de que no podemos disfrutar de nada sin sentirnos culpables». Pues bien, que fantasees con una violación, con tu padre, con

12 Puedes encontrarlo aquí: https://www.youtube.com/watch?v=E4WTnJCMrH8&list=PLapT7p-s -vz5efHQvgGUtxj5yUwtmrEfo&index=3.

13 Puedes verlo aquí: https://www.youtube.com/watch?v=fZbSoxO50rQ&list=PLapT7p-s-vz5e fHQvgGUtxj5yUwtmrEfo&index=4.

14 Puedes verlo aquí: https://www.instagram.com/cmim.cabra/.

15 Navarro Ruiz, Catalina. *Las mujeres que luchan se encuentran*, Grijalbo, 2019.

tu madre o con un pastor alemán no tiene nada que ver con que tengas una intención real de llevar a cabo tu fantasía. No somos lo que fantaseamos.

Como hemos comentado, el deseo y las fantasías son algo complejo y están impregnadas de multitud de aspectos inconscientes. Y de agresividad. La psicoterapeuta Cristina Garaizabal comenta[16] que «la sexualidad y todos los comportamientos humanos tienen una estrecha relación con la agresividad. La agresividad forma parte del ser humano y negarla no es buen punto de partida. En cambio, aceptarla en nosotras y jugar con ella en el sexo, en el deporte, en nuestras fantasías, etc., nos ayuda a gestionarla, a transitarla, a modularla y a elaborarla para evitar así, en muchos casos, convertirnos en personas violentas [...]. Los valores que intentamos que guíen nuestras vidas no pueden servir para juzgar nuestros deseos, sino para orientar nuestro comportamiento. Lo que en realidad importa son nuestras actuaciones, ya que son las que pueden resultar opresivas, denigrantes, discriminatorias».

Antes de la llegada del porno masivo se realizó una interesante investigación acerca de las fantasías sexuales de las mujeres, cuyos resultados causaron un gran revuelo en la época (y en la actualidad). En 1973, la periodista Nancy Friday hizo algo que nadie había hecho antes: recoger cientos de testimonios de mujeres en los que hablaban sobre sus fantasías más íntimas. Se creó un libro con ellas[17] y es bastante interesante observar cómo un significativo porcentaje hablan de fantasías de violación, perros que lamen, golpes, sexo con animales, sexo entre mujeres... Quizá conocer esta información sirva para, además de aliviarnos acerca de las fantasías que más guardamos en la sombra porque pensamos que son malas, cuestionar ciertos mensajes reduccionistas acerca de cómo se construye el deseo y, más aún, de «cómo deberían ser nuestras fantasías».

Pero ¿cómo podemos trasladar todo esto a la generación Z? Pues,

16 Garaizabal, Cristina. «Ese oscuro objeto de deseo», *Ctxt*, 6/03/2020.
17 Friday, Nancy. *Mi jardín secreto. Todas las fantasías sexuales de las mujeres contadas por ellas mismas sin inhibiciones*, Ediciones B, 1993 (original de 1973).

como dice la doctora en Filosofía y Letras Paloma Uría,[18]enseñando que «la pornografía responde en realidad a las fantasía sexuales, al deseo y no al orden de la realidad y del acto». Debemos lograr que entiendan que, al igual que vemos una película de acción en la que pasan cosas que sabemos que sería imposible e ilegal hacer en la vida real, mucho del contenido pornográfico es solo eso, películas fantasiosas. Debemos también educar desde lo positivo, desde el deseo, desde el placer, porque, como comenta Garaizabal, «actualmente parece que la violencia sexual ocupa un lugar primordial, apareciendo la libertad sexual desdibujada y asociada exclusivamente a la ausencia de violencia».[19]

Visto en redes

Aquí van dos recursos educativos en formato vídeo que nos explican las diferencias entre el porno *mainstream* y la sexualidad sana:

- En menos de dos minutos, el vídeo educativo creado por Kb *Creative Lab Porn Sex vs Real Sex: the differences explained with food*,[20] enfocado a adolescentes, desmitifica de forma divertida y a través de alimentos la diferencia entre el porno *versus* el sexo real.
- El gobierno de Nueva Zelanda hizo una campaña publicitaria[21] en la que dos estrellas del porno salen de la pantalla para explicar que no actuarían así en su vida real y animan a las familias a hablar con los menores sobre ello.

Las sexólogas en consulta muchas veces recomendamos como herramienta terapéutica el porno para trabajar la erótica, la fantasía,

---

18   Uría, Paloma. *El largo camino del feminismo: dogmas y disensos*, Alianza editorial, 2018.
19   Serra Sánchez, Clara; Garaizabal, Cristina, y Macaya, Laura (coords). *Alianzas rebeldes, Bellaterra*, 2021.
20   Puedes encontrarlo aquí: https://www.youtube.com/watch?v=q64hTNEj6KQ.
21   Puedes ver el vídeo aquí: https://www.youtube.com/watch?v=f29mh5ntlw4.

el placer..., frente a ese modelo tan culpabilizador del que venimos las mujeres. Y hacemos recomendaciones específicas de otro tipo de porno del que hemos hablado hasta ahora. Porque, a pesar de que muchas personas lo desconozcan (o al menos eso es lo que he visto claramente en las entrevistas que he realizado), existe una contraindustria mucho más ética y feminista.

MÁS ALLÁ DEL PORNO *MAINSTREAM*

Más allá del porno masivo existen otros tipos de porno: el porno ético, el llamado feminista o el porno *queer* o posporno, donde la ética se antepone a la economía. El porno ético se refiere a aquel en el que los actores y las actrices son tratados con respeto y en igualdad de condiciones, su trabajo es remunerado de forma justa y la seguridad, los límites, el consentimiento y el bienestar son puntos clave a la hora de establecer la grabación. En este tipo de porno muchas veces podemos ver asociado al vídeo pornográfico los testimonios de los actores y actrices de cómo ha sido la grabación.

Tendríamos que educarnos en la idea de que quien quiera consumir porno debe hacerlo de una forma ética. Y, por supuesto, este porno ético es de pago. En un contexto en el que se nos ofrece el contenido de forma gratuita parece una tontería el pagar por ello, pero ¿qué implicaciones tiene no pagar?, ¿qué responsabilidad tenemos en seguir precarizando a los actores y actrices y fomentando la piratería de contenido íntimo? Y, además, ya sabemos que tenemos que sospechar siempre de lo que supuestamente se nos ofrece como gratuito en la red. Busca quién lo produce, quién lo dirige, comprueba las condiciones en las que se ha rodado y cómo se ha tratado a los actores y actrices. Estos serían requisitos necesarios para constatar que no se ha generado ese contenido mediante prácticas abusivas.

Este tipo de porno también se caracteriza por mostrar prácticas sexuales diversas libres de violencia no consensuada, donde las mujeres y las personas no binarias tienen su propio deseo y no son un complemento para saciar la libido del hombre. Hay una representación igualitaria y respetuosa de todas las personas implicadas y se visibilizan corporalidades no estándar, expresiones de género, **diversidad funcional**, identidades diversas..., mostrándose así todos los cuerpos deseantes y deseables y evitando la fetichización y la objetualización.

Para tener en cuenta

No es lo mismo el porno que la pornificación. Debido a la influencia de la industria del porno y a los medios de comunicación, la pornificación se referiría a la generalización de las estéticas y los comportamientos propios de la pornografía masiva en otros contextos cotidianos, como, por ejemplo, a la hora de seducir o ligar.

Este porno no hegemónico crea otros imaginarios ampliando las fronteras de lo que nos muestran como lo que tiene que ser deseable, con todo el potencial que ello conlleva.

Algunas de estas productoras serían Lust Films (de la directora Erika Lust, donde encontramos el proyecto *X Confessions*, que lleva a la pantalla fantasías eróticas que le manda la gente), Alt-PornForYou (comunidad de creadoras de porno independiente de España), Erstiers (creada por mujeres cineastas y fotógrafas y con vídeos *amateurs* de mujeres solas o acompañadas), Four Chambres (creada por la actriz y cineasta Vex Ashley, está especializada en un cine erótico muy sofisticado estéticamente) o Pink & White (lanzada por la cineasta *queer* negra norteamericana Shine Louise Houston y que explora a través del porno la complejidad de los deseos de las personas *queer*). También encontramos a las actrices y directoras Maria Riot, Natalia Ferrari, Anneke Necro, Stoya o Amarna Miller, que abogan por la necesidad de generar contenido ético.

La sexóloga y doctora en género y diversidad María Rodríguez Suárez, autora de la guía *La construcción del imaginario sexual en las personas jóvenes: la pornografía como escuela*[22] elaboró desde su página de Instagram (@rizomasexologia) un *post* sobre lo que es el porno feminista y ético, visibilizando muchos proyectos y productoras que trabajan desde esta perspectiva.[23]

Ninguna de las personas entrevistadas de entre diecisiete y veintiocho años pagaban por consumir un porno más ético, y la gran mayoría no conocía la existencia de este tipo de contenido:

> *«Hubo un tiempo en el que me interesé por ver porno alternativo, pero realmente no vi la necesidad de consumir porno pudiendo tener imaginación. Además, era un porno de pago, cosa que, siendo adolescente, no te puedes permitir.»* Mujer de 21 años.

El posporno surge a mediados de los años ochenta en Estados Unidos y tiene un estilo más experimental. Más que llevarte al propio placer puede pretender orientarte hacia reflexiones y críticas. Se trataría de un movimiento artístico que intenta revolucionar el concepto de la pornografía a través de lecturas transfeministas y postestructuralistas. Llega al estado español en los noventa de la mano de artistas como Maria Llopis (autora del libro *El postporno era eso*), la *performer* Diana J. Torres o la periodista Itziar Ziga. Podemos encontrar dentro del posporno a los colectivos Post-Op o la Quimera Rosa. A nivel internacional afirmaremos que su precursora es la artista Annie Sprinkle, el filósofo Paul B. Preciado o a la filósofa posestructuralista Judith Butler.

---

22 Rodríguez Suárez, María. *Guía: la construcción del imaginario sexual en las personas jóvenes, la pornografía como escuela*, Conseyu de la Mocedá del Principáu d'Asturies, 2020.

23 Puedes encontrarlo aquí: https://www.instagram.com/p/CQ9d6GHsCcl/.

En 1993, la sexóloga, artista y actriz porno Annie Sprinkle realiza la acción performativa llamada *Public Cervix Announcement*. En la pieza política, que ha recorrido muchos países y museos, Annie se recuesta con las piernas abiertas mientras con un espéculo dilata su vagina para que, quien lo desee, pueda vislumbrar su cérvix con una linterna. Con esta *performance* pospornográfica, la pornoartista invita a los y las participantes a conocer cómo es realmente esa parte del cuerpo femenino cargada de estigma, mitos y tabúes.

Y ahora que ya dispones de toda la información necesaria para estar al día sobre lo que se mueve en las industrias pornográficas, y que queda claro que hay que hablar de ello, vamos al siguiente paso: cómo iniciar una conversación sobre el porno masivo con ese zommer o alpha que tienes cerca.

SUGERENCIAS PARA INICIAR UNA CONVERSACIÓN SOBRE EL PORNO

- Evita empezar por un «tenemos que hablar», por favor. Creo que esa frase hace que a todas las personas nos salten todas las alarmas y que nos pongamos en un estado de alerta y a la defensiva.
- No esperes a tener ningún indicio de que ha visualizado material pornográfico. Según los estudios, en torno a los diez-catorce años habrá tenido algún tipo de contacto.
- Evita que la persona joven sienta que está haciendo algo malo por haber visto o ver porno con asiduidad. No intentes fisgonear en, por ejemplo, qué amistad le ha pasado qué contenido. No crees un clima de cuestionamiento a su persona o sus comportamientos.
- Puede ser que el «abrir la veda» a hablar de esta temática te

asuste por si te pregunta algo y no sabes qué responder. En el Internet actual, web 3.0., donde hay tanto acceso a la información, es imposible que conozcamos, por ejemplo, todos los términos que existen para definir ciertas prácticas sexuales. No tenemos por qué saberlo todo, pero sí acompañar a buscar en fuentes fiables todas esas dudas y preguntas. Crear un espacio que invite a que pregunten sin miedo va a ser nuestro mayor objetivo.

• Si nunca has hablado de sexo con tu menor de referencia puede ocurrir que tu intento de hablar de la temática desconcierte a la otra persona y se cierre a ello. Es natural: a pesar de que estemos en el siglo XXI y, aunque a veces parezca lo opuesto, la sexualidad sigue siendo muy tabú. Dile que estás disponible para el momento que lo necesite y propíciale recursos de calidad[24] a los que pueda acudir si le da vergüenza hacerlo a ti. En el apartado de bibliografía vas a encontrar muchos libros, guías y vídeos educativos.

• Si te da mucho reparo iniciar la conversación sobre porno, quizá lo más interesante sea que empieces comunicándolo. Las adolescencias, al igual que las personas de más edad, agradecen mucho la honestidad y la humildad, y más cuando están expuestos y expuestas a tanto postureo y falsa expresión de autoconfianza en esta sociedad que fomenta la *happycracia*.

• Empezar por un... «me da un poco de vergüenza sacar este tema contigo, pero el otro día leí un estudio en el que decía que sobre los doce años ya se tiene acceso a material pornográfico, y bueno... No sé si te habrá pasado alguna vez como a mí, que de repente me saltan en Internet anuncios y *banners* con contenido sexualizado... ¿te ha pasado alguna vez a ti?». Es mucho menos agresivo que el «tenemos que hablar» y mucho más realista, ¿verdad?

---

24 En este *post* de Instagram encontrarás servicios de calidad y gratuitos de atención a las sexualidades dirigidos a zoomers: https://www.instagram.com/p/CDlsRlHlbxd/?utm_source=ig_web_copy_link.

¿Sabías que...?

MENSAJES QUE DEBEN SER CLAROS

- Existen diferentes tipos de porno. El porno al que se tiene acceso no es un porno ético, es justo lo que la chavalería llamaría «tóxico». El porno *mainstream* es como una película de acción fantasiosa y, al igual que las escenas que vemos en la película de *Superman*, cargados de efectos especiales; no son reales, en este tipo de porno lo que sale no es real. La sexualidad no suele tener nada que ver con lo que muestra el porno comercial.
- No hay nada escrito en un encuentro sexual. Existen tantas formas de relacionarnos sexualmente como personas. El guion que aparece en muchas películas (no solo en las pornográficas) nos muestra una única forma de cómo tiene que ser el sexo. Dar por hecho que a la otra persona le gusta lo que hemos visto en las películas puede ser hasta peligroso. Los encuentros

sexuales hay que hacerlos desde la comunicación y la escucha corporal y verbal y el deseo mutuo. Han de ser encuentros seguros, responsables y basados en los cuidados, y para eso hay que hablar de lo que cada cual espera y necesita que se dé para sentirse seguro o segura y planificar de cómo nos protegemos de las **ITS** (infecciones de transmisión sexual) o de embarazos si no se desean.

Visto en redes

The Porn Conversation (Hablemos de porno)[25] es el proyecto que, en 2017, lanzan Erika Lust y Pablo Dobner para incidir en la importancia de que las familias acompañen a sus hijos e hijas a poner una mirada crítica sobre el contenido pornográfico. Para ello han elaborado tres guías en función de la edad: para menores de once años, de once a quince y para adolescentes mayores de quince años, en las que te indican de forma muy clara y facilitadora cómo iniciar esa conversación y qué aspectos son importantes y debemos abordar. Usando como referencia la guía de Erika Lust y en base a los datos recogidos en su informe, la organización Save the Children elabora la guía[26] para familias sobre el consumo de pornografía en la adolescencia. Está dividida en apartados de edades: de nueve a doce, de doce a dieciséis y de más de dieciséis.

- Existen personas que deciden tener encuentros sexuales sin sentimientos amorosos de por medio. Ello no tiene que estar exento de que seamos cuidadosos y cuidadosas con los deseos y límites propios y de la otra persona. Haya amor o no, estamos

---

25 Puedes encontrarlo aquí: http://thepornconversation.org/.
26 Puedes encontrarla aquí: https://www.savethechildren.es/sites/default/files/2020-09/Tenemos_que_hablar_del_porno.pdf.

hablando de algo que tiene que ver con exponernos en un aspecto íntimo y de mostrar nuestro cuerpo sexuado. Siempre van a aflorar sensaciones y emociones, y tenemos que crear espacios donde nos sintamos seguros y seguras.

- Los cuerpos que aparecen en el porno masivo no son reales. No es natural tener esos pechos, ni penes, ni vulvas. Ni esas erecciones ni eyaculaciones. Aplican inyecciones en el pene, por ejemplo, para tener esas erecciones o para incrementar el grosor unas horas. Utilizan objetivos en las cámaras con gran angular que distorsionan los tamaños de las partes del cuerpo. En la posproducción del vídeo también photoshopean y digitalizan los cuerpos, convirtiéndolos en irreales. Es natural que los genitales tengan vello. El pelo sirve para proteger esta zona tan sensible; de hecho, existen estudios que relacionan la depilación integral genital con el aumento de ITG (infecciones de transmisión genital) como condilomas genitales, herpes, hongos o sífilis. La depilación genital no es obligatoria ni necesaria. La presión de la depilación genital es algo relativamente reciente y responde a intereses económicos.

¿Sabías que...?

La ausencia de vello púbico no siempre ha formado parte del porno. Antes de los años noventa, las vulvas que aparecían en las películas tenían mucho vello. Mucho más del que te imaginas. Y eso era lo erotizado en la época. Es a partir de los noventa cuando se empiezan a ver genitales sin vello con el objetivo de tener planos médicos (*medical shot*) en los que se vean mejor. Se buscaba tener unos primerísimos planos de las vulvas en los que se pudieran apreciar todos los detalles durante el coito vaginal. Esta práctica ha creado un imaginario colectivo de que lo normal es no tener pelo en los genitales, incluso provocando cierta exigencia social en la depilación genital, con mayor peso en las mujeres.

- Las prácticas sexuales que aparecen en estos vídeos no suelen ser las más deseadas ni realizadas por la población general. Desde los años ochenta disponemos investigaciones sexológicas que han estudiado las prácticas sexuales más deseadas y placenteras, y no son las que aparecen en el porno.
- En las películas no suelen comunicarse. Tenemos que erotizar la comunicación sexoafectiva. Es curioso cómo parece que no pasa nada por liarte con una persona que no conocemos incluso, pero que sí da vergüenza el comunicar qué nos gusta o no en un encuentro erótico. Cada cuerpo es diferente, y la única forma de saber qué prácticas se desean y cuáles no es hablando y explorando desde el respeto y la escucha corporal.
- En mucho del contenido pornográfico encontramos comportamientos cargados de violencias hacia las mujeres, así como racistas, tránsfobos, lesbófobos o bífobos. Se produce la fetichización de ciertos colectivos y la doble o triple estigmatización. Tenemos que alertar sobre los peligros de estos comportamientos en la construcción de nuestro imaginario erótico, cuestionar esas actitudes que van en contra de los derechos humanos e incluso denunciar este tipo de contenido. Podemos incluso propiciar materiales pornográficos éticos.
- El porno masivo saca muchos beneficios por hacerte creer que ciertos estereotipos sexuales son reales. Lo que estás viendo no está diseñado para el disfrute de los actores o actrices, sino para ganar la mayor cantidad de dinero posible.

¿SE PUEDE ELIMINAR EL PORNO *MAINSTREAM*?

Algunos de los testimonios de las zoomers que he entrevistado hablaban de la eliminación del porno: «Opino que el porno no debería existir, así de claro. Ya que, teniendo una educación sexual tan escasa, el porno acaba siendo el referente máximo de qué prácticas están permitidas o son normales en el sexo, además de fomentar prácticas y comportamientos denigrantes y humillantes hacia la mujer, (y en hombres en menos medida)», me decía una mujer de diecinueve años. «Pienso que el porno debería ser eliminado. Creo que aumenta el deseo de violación y de pensar violentamente y de una manera clasista y machista. Favorece la mercantilización del cuerpo de las mujeres. Es importante que desde que estudiamos Magisterio nos hablen de cómo educar en las consecuencias y que la pornografía debería abolirse», comentaba otra de veintiún años.

En un sistema en el que el capitalismo manda, creo que no es real plantear la abolición de la industria que se sitúa en el *ranking* de las que más dinero mueven en la red. Pero creo que si es interesante que hablemos de cómo regularla, ya que como hemos visto la ética de cuidados queda fuera de la industria masiva pornográfica y las malas praxis imperan en ella. Y reflexionando sobre cómo regular ciertos contenidos, me acordé de lo que sucedió con Pornhub.

A principios de 2020 nos encontramos con la siguiente noticia:[27] la plataforma Pornhub había eliminado 10 millones de vídeos, lo que suponía más de la mitad de su contenido. El motivo fue que un periodista denunció en *The New York Times* el origen ilegal y las conductas denunciables que salían en muchos de los vídeos del portal como vídeos grabados sin consentimiento, pornovenganza o violaciones a niños y niñas. En el mismo artículo proponía una serie de medidas para evitar este tipo de contenido, y Pornhub decidió aplicarlas y eliminar así el contenido ilegal. La presión vino desde Visa y Mastercard, que bloquearon los ingresos desde sus tarjetas al conocer el artículo. La plataforma se comprometió a verificar a los usuarios y las usuarias antes de poder subir contenido, así como a tener a trabajadores encargados de revisar los vídeos. Qué curioso cómo tuvo que ser la ética del «capital» quien presionó al gran imperio de Pornhub a hacer algo que debería haber hecho hace mucho.

27   Puedes visitarlo aquí: https://www.elmundo.es/tecnologia/2020/12/15/5fd84e64fc6c830f7e8b4627.html.

¿Sabías que...?

Me puse a investigar sobre el tema de la educación sexual y el acceso al porno más o menos regulado y encontré que Dinamarca fue el primer país en legalizar la pornografía en 1969. En el país danés la educación sexual integral es obligatoria en cada colegio. Los datos muestran que Dinamarca[28] tiene un nivel muy bajo de embarazo adolescente, aborto y enfermedades de transmisión sexual.

NECESITAMOS UNA EDUCACIÓN SEXUAL INTEGRAL, CRÍTICA Y COMUNITARIA

Últimamente escucho a mi alrededor a muchos profesionales de la educación que sitúan la causa de la violencia sexual existente solo en el porno. Y parece que ponen todas las energías en exigir que desaparezca cuando, como ya he comentado, parece algo bastante utópico.

Aunque varios estudios confirman que el consumo de porno masivo está correlacionado con una mayor probabilidad de llevar a cabo prácticas sexuales no consentidas por parte de los hombres[29] o con tener tendencia más pasiva y más tolerante hacia el abuso en el caso de mujeres,[30] también hablan[31] de la complejidad de poder analizar aisladamente la influencia del porno *mainstream* en una sociedad en la recibimos multitud de estímulos que promueven la **cultura**

28 «Sexuality Information, Education and Communication – Good practise in sexual and reproductive health and rights for young people», de The Safe Project, IPPF European Network y WHO Regional Office for Europe and Lund University, 2007.
29 Mikorski, R., y Szymanski, D. M. «Masculine norms, peer group, pornography, Facebook, and men's sexual objectification of women», *Psychology of Men & Masculinity*, 2017.
30 Fritz, N., y Paul, B. *From Orgasms to Spanking: A Content Analysis of the Agentic and Objectifying Sexual Scripts in Feminist, for Women, and Mainstream Pornography*, Sex Roles, 2017.
31 Ballester Brage, Lluís, y Rosón Varela, Carlos. Pornografía y educación afectivosexual, Octaedro, 2020.

de la violación hasta en los anuncios televisivos.[32] O incluso en las películas categorizadas como románticas tenemos muchos ejemplos (más sutiles, pero igual de dañinos) de cómo se crea un modelo hegemónico de sexualidad sexista, **etnocentrado**, **coitocéntrico**, falocéntrico y **capacitista** y que reproduce jerarquías de poder. Y donde, además, por supuesto, se perpetúan mitos del amor Disney que provocan graves secuelas para la salud. Te pongo un ejemplo que siempre analizo en clave de humor en las formaciones con adultos y adultas y que va sobre el primer encuentro sexual entre Anastasia y Grey, protagonistas de la película basada en la novela *Cincuenta sombras de Grey* (que, por cierto, se encuentra entre las más vendidas del mundo junto a la saga *Crepúsculo*). En el capítulo anterior ya te he hablado un poco de esto, pero te resitúo. Él: joven millonario con muchas sombras ligadas a traumas no superados de la infancia que provocan que se comporte teniendo que tener el poder y control siempre. Ella: joven estudiante precaria y virgen que en la vida pensó que alguien con tanto poder se obsesionara con ella. Así muy resumidamente, si analizamos lo que se visiona la primera vez que se acercan sus cuerpos es que, sin mediar ni una palabra y sin tener un ápice de expresividad, ves dos cuerpos blancos que cumplen el estándar vigente de ideal de belleza al 200%, y observas cómo, estando los dos de pie y él llevando todas las riendas, después de un besito ella se tumba, él aparta su mano y no le deja que haga nada ni que le toque, solo que se quede ahí tumbada para que él pueda introducir su pene en la vagina de ella (él sigue sin tener expresión emocional ninguna). Inmediatamente observamos cómo ella empieza a sentir mucho placer y a tener muchos orgasmos y él pues ahí con el empeño mete-saca mete-saca. Y cojo esta película por poner un ejemplo, pero os aseguro que he analizado a las que

---

32   Si nos ponemos las **gafas violetas** podemos encontrar muchos ejemplos. Hubo una campaña de Dolce&Gabbana en la que se veía a una mujer en el suelo siendo inmovilizada contra su voluntad con cuatro hombres mirando la escena y que fue retirada por petición del Instituto de la Mujer y la Asociación de Usuarios de Comunicación. Puedes verlo aquí: https://www.elperiodicodearagon .com/sociedad/2007/02/21/arrecian-criticas-dolce-gabbana-48049906.html.

han socializado en el amor a tres generaciones de mi familia y todas son iguales.

¿Y qué nos muestra todo esto? Pues que la violencia sexual no ha nacido con el acceso al porno *mainstream* o comercial, sino que es anterior a la era digital. Es un problema social y estructural que se da en todos los rincones del mundo y que tiene sus orígenes en la implantación de las sociedades patriarcales. Por tanto, debemos tener cuidado con focalizarnos en el porno como único causante de esta violencia, ya que esto será como señalar la culpa fuera y eximirnos como ciudadanía de nuestra responsabilidad en la prevención de la violencia sexual y la promoción de buenostratos.

La prevención de la violencia sexual nos apela a todas y cada una de las personas que formamos parte de esto que llamamos sociedad. Porque hablamos mucho de la sociedad como un ente que está ahí y en el que pasan cosas, pero la sociedad la conforman todas nuestras acciones. ¿Y cómo se hace esto de trabajar en la prevención de la violencia sexual? Como he comentado a lo largo del libro, esto no va solo de ponernos a hablar de consentimiento con nuestro hijo o hija de quince años. Sino de practicar desde que nacemos, una educación coeducativa fomentando siempre los buenostratos y la equidad entre los géneros.

En lo más concreto hay algunas cosas que podemos hacer, como favorecer la autonomía corporal[33] en las criaturas, no obligar a dar besitos aunque el niño o niña no lo deseen (no pedirlos tampoco), dejar de decir frases como «si ese niño te trata mal, en realidad es porque le gustas» y acompañar a las adolescencias para que aprendan a diferenciar la sexualidad de la violencia sexual. Porque, aunque compartan raíz léxica, la violencia sexual NO es sexualidad. La sexualidad tiene que ir ligada a deseo, consenso, comunicación, planificación y al placer de todas las partes implicadas. Y no puede ser que, como muestra el último *Informe Juventud España (IJE)*, el 54% de las personas entrevistadas (32% de hombres y 26% de mujeres) digan inspirarse mucho o bastante con el porno *mainstream* para sus

---

33 Este concepto aparece comentado en el capítulo sobre la violencia de género.

propios encuentros sexuales. Tenemos que dejar claro que ese tipo de porno no es sexualidad.

Y, por supuesto, la prevención de la violencia sexual pasa por una educación sexual de calidad, integral y comunitaria. Algo que no está sucediendo demasiado.

Me encantaría poder haberte dicho que los testimonios recogidos eran de las formaciones que realizo, como en el resto de los capítulos, pero los he tenido que recoger de entrevistas anónimas realizadas por *e-mail*. Porque, a pesar de tener un máster de Sexología, Terapia de Pareja y Género en el que me formé durante tres años, y mucha formación complementaria extra, a pesar de que tengamos un derecho sexual que forma parte de los derechos humanos que dice que «tenemos derecho a una educación sexual integral desde que nacemos», a pesar de que tenemos una Ley Orgánica de Salud Sexual y Reproductiva que nos dice que «el sistema educativo contemplará la formación en salud sexual y reproductiva, como parte del desarrollo integral de la personalidad y de la formación en valores, incluyendo un enfoque integral»... A pesar de todo ello, en el equipo llevamos desde 2015 realizando muy pocos talleres de educación sexual. Algo que se puede extrapolar y afirmar que, como muestran los barómetros europeos,[34] España suspende en educación sexual y ha habido un retroceso en el marco de los derechos sexuales y derechos reproductivos. Alarmante.

Cuanto más aumenta el consumo del porno *mainstream* en menores, más baja el número de talleres en los que se crean espacios seguros y se propicia información basada en el conocimiento científico, en los que se hable de autonomía, consentimiento, placer, emociones, comunicación, **inteligencia emocional**, diversidad, planificación, prevención de **ITS**, y en los que se cuestiona el modelo de sexualidad que reciben desde las películas pornográficas, pero también de youtubers, *realities*, películas románticas y series que ven a diario.

---

34 *Derechos Sexuales y Reproductivos para Todas, todas, ¡todas!*. Coordinadora Estatal de Organizaciones Feministas, 2017.

Es nuestro deber acompañar a la juventud y establecer una mirada crítica hacia toda esta (des)información que los rodea, favoreciendo así una educación sexual que vaya más allá de hablar exclusivamente de las infecciones de transmisión sexual o de embarazos no planificados. La mejor prevención de las violencias sexuales es una educación sexual comunitaria que involucre a todas las instituciones sociales y agentes educativos, una educación sexual integral basada en el placer que evite discursos asociados al terror sexual. «Pero, entonces, ¿el sexo es algo bueno?»,[35] me preguntó una vez un alumno en un taller. Me quedé muy impactada con esa pregunta, pero me dio grandes pistas de lo mal que lo estamos haciendo al copar el discurso sobre la sexualidad de miedos y violencias.

Termino el capítulo leyendo una noticia que me pone los pelos de punta: «La segunda semana de confinamiento en España, las descargas de pornografía infantil realizadas por población adulta aumentaron un 25% respecto al momento pre-COVID».[36] Esta noticia me conecta con el hecho de que los comentarios más embrutecidos, cargados de misoginia y violencia hacia las mujeres no los he escuchado en las aulas, sino que los he visto en los grupos de WhatsApp de mis amigos que rondan la cuarentena. Así que finalizo apelándote y preguntándote: y tú, ¿cómo vas a posicionarte cuando cerca de ti se estén teniendo actitudes, comentarios o comportamientos cargados de violencia sexual en el espacio *onlife*? ¿Actuarás o serás cómplice? Cambiar las cosas está en tu mano, está en nuestras manos.

35 Hice un *post* al respecto, puedes verlo aquí: https://www.instagram.com/p/CQgThveIJDc/.
36 Attanasio, Angelo. «Coronavirus: el dramático incremento del consumo de pornografía infantil en el confinamiento por el covid-19», *BBC News Mundo*, 25 de abril de 2020.

CAPÍTULO 9

TODOS, TODAS Y TODES

Seguro que alguna vez has escuchado a algún creador o a alguna creadora de contenido que comienza sus vídeos diciendo «¡Hola a *todeeeessss*!» y seguro, aunque fuera las primeras veces, te ha llamado la atención.

El caso es que este creador o creadora de contenido no se ha equivocado. No, no está haciendo el tonto. No, no se está cargando el lenguaje. No, no quiere llamar la atención. Quiere que las personas no binarias se sientan interpeladas en sus vídeos. Quiere incluir en su discurso a las mujeres y a los hombres, pero también a quienes se escapan de este binomio. Porque más allá del **binarismo de género** (mujer-hombre; femenino-masculino) hay todo un mundo cargado de diversidad y subjetividades. Este capítulo va sobre los no binarismos, pero también sobre las sexualidades, en plural. Porque a estas alturas del libro ya sabemos que hay tantas formas de vivir las sexualidades como personas, pero esto no es algo de lo que nos hayan hablado.

Desconozco el nivel que tienes sobre este tema, pero no te recomiendo que busques en Internet estos términos (a no ser que tengas claras las fuentes más fidedignas), porque, como ya sabemos, la desinformación en la red abunda. Para ayudarte he intentado abordar en este capítulo esta diversidad (infinita) de la forma más técnica y actualizada, a la par que comprensible, para cualquier lector o lectora. Vamos a ir de menos a más, comenzando por aclarar algunos conceptos básicos:

GÉNERO, MANDATOS Y SOCIALIZACIÓN

¿De qué hablamos cuando hablamos de género? El género es una construcción social y cultural que hace referencia a los atributos que se les asigna a las personas de forma diferencial según nacen con unos u otros genitales. Como ya he comentado en el capítulo sobre la violencia de género, en nuestra sociedad dualista, cuando nace un bebé o desde que está en el útero y en función de si se le asigna uno u otro sexo, se le van a atribuir automáticamente una serie de valores, actitudes, comportamientos y gustos en el proceso de **socialización diferencial de género**, asociando determinados roles según el género. Estos roles van cambiando a lo largo de la historia y según el contexto. Tradicionalmente, al «rol social masculino» se le han atribuido características como el poder, el liderazgo, la esfera pública, el trabajo remunerado, etc., frente al «rol social femenino» asociado a la esfera doméstica y a los cuidados no remunerados (a la casa, las criaturas y familiares dependientes). Con el acceso de la mujer a la educación, a la vida pública y al trabajo remunerado, así como la corresponsabilidad de los hombres en el trabajo de **cuidados**, estos roles se van reestructurando y adaptando a los nuevos tiempos. Que, como hemos hablado a lo largo del libro, lejos de caer en la trampa del **espejismo de la igualdad**, sabemos que aún queda mucho por hacer.

De estos roles se derivarían los mandatos de género, que harían referencia a lo que se espera de nosotras y nosotros según al sexo que nos hayan asignado al nacer. Por ejemplo, cualidades como la «prudencia», el «sacrificio» o la «dulzura» en general se esperan más del género femenino en contraposición a la «fuerza», la «valentía» y la «protección» que se esperarían del género masculino. Los estereotipos de género serían imágenes mentales simplificadas y fijas de lo que en un contexto sociocultural se espera de lo «femenino» y de lo «masculino».

Este imaginario lo van creando todos los agentes socializadores y culturales: la familia, el sistema educativo, los medios de comunicación, el entorno virtual, la música, las películas, las series, los youtubers... y también los refranes, los chistes y los dichos populares.

Pero la realidad es más compleja. Aunque estos roles, mandatos y estereotipos forman parte de nuestras experiencias, no nos definen. Porque, como vamos a ir desgranando a lo largo del capítulo, las personas estamos llenas de matices y subjetividades que van más allá de esta simbología social dominante binómica.

Visto en YouTube

«Dibujando el género» es un proyecto divulgativo elaborado por Gerard Coll-Planas y Maria Vidal que tiene como objetivo acercar las aportaciones de los estudios de género a público de todas las edades en formato de dibujos convertidos en pedagógicos vídeos[1] que recomiendo ver en solitario o en familia.

SEXO, IDENTIDAD Y EXPRESIÓN

¿Y qué pasa con el sexo? Cuando hablamos del sexo asignado al nacer hacemos referencia a las diferencias biológicas: los cromosomas, las gónadas, la morfología corporal y las hormonas sexuales. Me referiré a él en este apartado como «sexo registral» también, diferenciando el «sexo» como proceso de diferenciación del sexo registral o asignado al nacer. Nos han contado que existen solo dos sexos: hombre y mujer, pero esto no es del todo cierto. Ya que,

---

1 Puedes encontrar aquí los vídeos y la guía didáctica asociada a ellos en su web: http://www .dibgen.com/.

además de que la conceptualización de la idea de sexo ha evolucionado históricamente[2] y de que la intersexualidad es una realidad, las fronteras biológicas entre qué es ser mujer y hombre no son tan claras como se asume socialmente.

La **identidad de género** hace referencia a si te identificas o no con el sexo que te han asignado al nacer. Es la vivencia del género, la percepción subjetiva de la identidad. En nuestros sistema normativo de género, si eres una persona cis, tu identidad coincide con el género que te asignaron al nacer, y si eres trans, tu identidad de género no coincide con el sexo que te asignaron al nacer. Una persona se puede identificar con el pronombre ella, con él, con *elle*, o con varios.

La **expresión de género(s)** o expresión exterior se configura a través de la vivencia íntima del propio género. Es la forma en la que nos mostramos en relación con nuestro aspecto: vestimenta, uso o no de maquillaje, pintauñas, complementos, gustos comportamientos, gestualidad, etc. Esta expresión puede variar a lo largo de nuestro día a día o de nuestras vidas, y puede coincidir o no con el sexo que nos asignaron al nacer y/o con nuestra identidad de género.

A tener en cuenta

La(s) sexualidad(es) es la vivencia subjetiva, dentro de un contexto sociocultural concreto, del cuerpo sexuado. Es parte integral de la vida humana y eje del desarrollo. Se articula a través del potencial reproductivo de los seres humanos, de las relaciones afectivas y de la capacidad erótica, enmarcada siempre dentro de las relaciones de género. Personalmente me gusta siempre hablar de sexualidades, y no de sexualidad, para poner la mirada en que existen tantas formas de vivir y entender la sexualidad como personas, y todas serán válidas

---

2 Si te interesa este tema, te recomiendo, además de que te pases por la bibliografía, el libro: *La construcción del sexo. Cuerpo y género desde los griegos hasta Freud*, de Thomas Laqueur, y *Cuerpos Sexuados: la política de género y la construcción de la sexualidad*, de Anne Fausto-Sterling.

siempre y cuando nos respetemos a nosotres mismes y/o al resto de personas implicadas. «Si la sociedad nos está imponiendo una única manera de vivir la sexualidad, el hecho de reivindicar lo propio, el yo sexual, es muy importante. Sexualidad no es solo una, sexo no es sinónimo de relación heterosexual monógama para nada. "Sexo" es lo que tú decidas que es el sexo. Hay que crear sexo más allá de los bordes, los límites y la carretera que nos están marcando. Tú te puedes salir de ahí en cualquier momento y es totalmente respetable», comentaba una alumna de dieciocho años.

ORIENTACIÓN SEXOAFECTIVA

La **orientación sexoafectiva** es la capacidad, independientemente del sexo registral y de la expresión e identidad de género, de una persona para sentirse atraída romántica y/o sexualmente por personas de un género diferente al tuyo, del mismo o de más de un género. Según la orientación una persona podría ser heterosexual, gay, lesbiana, asexual y/o bisexual. La orientación sexoafectiva no es algo que podamos elegir o moldear a voluntad. Ni es algo que tenga que ver con modas. El otro día me decía un chico de diecisiete años a través de la mensajería privada de Instagram: «Cuando dije que era bi, muchos chicos me criticaban por ello, se reían de mí y me decían que tenía pluma. Además, me junto más con chicas y me miran mal por ello y me provoca bajadas de autoestima. Y encima no tengo una buena situación familiar con este tema, ya que lo respetan, pero no lo apoyan y a veces esta situación me supera...». Cuando te acercas a las realidades de las personas con disidencias sexogenéricas y atiendes a sus sufrimientos, seguro que ya no vuelves a decir eso de «es una moda...». Porque, como comentaba con una activista bisexual, si esto es una moda que se pueda elegir, os aseguro que nadie elegiría una moda tan cara, una moda que tiene tantos costes emocionales.

A tener en cuenta

En 1933 se instauró en España la Ley de Vagos y Maleantes, incluyendo en 1954 a los hombres homosexuales junto a los proxenetas. Esta ley se reemplazó en 1970 por la de peligrosidad social, donde ya se consideraba a las personas del colectivo como enfermas y se permitía el encarcelamiento para su «reeducación» y seguridad para el resto de las personas. No fue hasta 1978 cuando se abolió gracias a los activismos LGTBQIA+. Sin embargo, se encuentran historiales asociados a delitos homosexuales hasta bien entrados los años noventa.

Más que imaginarnos la orientación sexoafectiva como una línea continua en la que pudiéramos colocar nuestro deseo más cerca de la «heterosexualidad» o de la «homosexualidad», la escritora y activista bisexual Elisa Coll propone hablar de mapas: «El deseo para mí tiene forma de mapa, no de línea. Si nos imaginamos un mapa en el que cada zona se corresponde con formas de sentir el deseo en cuanto al género, no hay líneas que delimiten, más bien áreas. Yo puedo poner mi casita (identidad) por una zona del mapa, y aunque me mueva más por otras zonas (por ejemplo, teniendo atracción más fuerte hacia mujeres), mi casa sigue estando donde estaba». Y continúa: «La identidad sexoafectiva es el resultado de tantos factores, más allá de prácticas, más allá del deseo que no pueden limitarse a una zona del mapa. Las casas no están hechas solo de deseo: también de violencias, dudas, memoria, comunidad, posicionamiento político y, en definitiva, de todo lo que constituye nuestra identidad».[3]

El triángulo de AVEN[4] desarrollado por activistas asexuales también sirve para entender cómo las vivencias de las sexualidades forman parte de un espectro más amplio que el continuo entre he-

3 Coll, Elisa. *Resistencia Bisexual. Mapas para una disidencia habitable*, UHF, 2020.
4 AVEN son las iniciales de *Asexual Visibility and Education Network*. Si te interesa conocer la historia del triángulo AVEN y profundizar en su comprensión, te recomiendo el siguiente *post*: https://avenitas.wordpress.com/2021/08/13/la-historia-del-triangulo-aven/.

tero-homo, y que hay características, como la intensidad, la frecuencia, la duración y el condicionamiento, que conformarían la forma de sentir la atracción sexual y/o romántica (si es que se siente), entre otras. Una mujer asexual me decía: «Si nos imaginamos el triángulo de AVEN como un triángulo invertido blanco en la parte superior y cada vez más negro en la parte inferior y en el que hay varios continuos y escalas de grises, yo estaría abajo del todo, en la punta, en la zona más oscura. Soy asexual "de pata negra", como a mí me gusta decir. Pero soy **alorromántica**, y si puedo tener atracción romántica hacia personas de mi mismo género u otros, pero no atracción sexual, soy por lo tanto asexual **birromántica**». Estos testimonios realizados desde el activismo ponen en jaque y amplían lo que me enseñaron respecto al comportamiento sexual humano cuando estudiaba sexología: la escala Kinsey.[5] Una escala que diferenciaba en un continuo de siete grados el comportamiento «exclusivamente heterosexual» y «exclusivamente homosexual». Y es que, en el tema de la diversidad, los, las y les activistes nos han enseñado a les profesionales el camino a seguir.

NO BINARIES

Y aclarado todo esto, ¿a quién estamos incluyendo cuando hablamos con la «e»?

Pues a las personas no binarias. Según le psicólogue y activista no binarie Miguel Ángel Solier, a quien entrevistamos en el canal de YouTube Psico Woman:[6] «De forma muy simplificada podríamos decir que son las personas que no se identifican ni como hombres ni como mujeres. Dentro de las personas que no se identifican con la identidad que le asignaron al nacer o que fluyen en esa identidad, hablaríamos del paraguas trans. Dentro de este paraguas habría personas no binarias, mujeres trans, hombres trans, **agénero**, pan-

5 Kinsey, Alfred Charles; W. B. Pomery y C. E. Martin. *Sexual Behavior in the Human Male*, Indiana University Press, 1948.

6 Puedes ver el vídeo aquí: https://www.youtube.com/watch?v=wuXNvGul05A.

género, etc. No hay una trayectoria concreta. Hay un amplio espectro donde te puedes identificar». Y continúa: «En nuestra sociedad occidental nos hemos puesto de acuerdo en decir que solo hay dos géneros, pero la realidad es que la gente no se identifica con algo tan concreto, tan constreñido. Y esto también le pasa a la gente **cis**: pueden tener disconformidad con su cuerpo, con su expresión de género, con lo que les gusta o no de su identidad... no es algo específico a las personas trans».

Que ahora tengamos palabras para nombrar estas realidades no quiere decir que sean algo nuevo. Las identidades disidentes han existido siempre, solo que han estado silenciadas e invisibilizadas porque, entre otras cosas, podían meterte en la cárcel por ello. Eso sí, ahora que tenemos más libertad para ser y hablar, conozcamos los términos, apliquémoslos y respetémonos.

¿Sabías que...?

La construcción del género es algo social enmarcado en un contexto cultural. Por ejemplo, en la India existen las *hijras* o «tercer género». En 2014, el Tribunal Supremo de la India sentenció el reconocimiento al derecho humano de toda persona a «escoger su género», independientemente de sus órganos sexuales. Este hecho pone de manifiesto la diversidad cultural frente al **binarismo de género** (masculino o femenino) hermético en Occidente. Otros ejemplos serían *les muxes* de Oaxaca, los *xanith* de Omán, los *blakas* de Filipinas, los *wigunduguid* de Panamá, los *paleiros* de Timor, los *two spirits* del norte de América o las *burneshas* de Albania. No sé si, como yo, has tenido la suerte de estar en uno de estos lugares y de observar cómo, al pasar una persona que en Occidente provocaría comentarios y actitudes plumófobas, nadie se gira, nadie comenta y a nadie le extraña, porque forma parte de su construcción social de género. Te hace reflexionar mucho sobre la cárcel bicategórica masculino/femenino que hemos creado en nuestra cultura.

Parece que en los últimos años el uso que hagamos del lenguaje molesta mucho a ciertos sectores. Bueno, en realidad no creo que sea el uso del lenguaje en sí, ya que diría que no despuntamos por ser muy «erudites» en el buen uso de la sintaxis. Más bien parece que tenemos problemas con esto de despatriarcalizar nuestro lenguaje **androcéntrico**.

No me voy a detener en el punto del lenguaje inclusivo, porque, como he comentado al inicio, en este capítulo se trata de ir más allá y abordar las sexualidades (sí que te invito a que, si no estás familiarizade con este uso del lenguaje, te busques una buena guía),[7] pero sí quería plasmar lo que comentaba la tiktoker @fake buddy2.0 en respuesta al vídeo de una mujer que decía que el lenguaje inclusivo es una aberración: «Meter la "e" no es inclusivo. La inclusión es el braille o la lengua de signos. Lo que está diciendo esta persona son facilitadores. Un facilitador es un objeto o acción que permite que una persona o colectivo pueda participar en algo (quitar barreras, facilitar). Con base en esto, hay cuatro tipos de sociedad: exclusión, segregación, integración e inclusión social. Si todas las personas supiésemos lengua de signos, las personas sordas estarían incluidas en la sociedad. Si una persona se identifica con un pronombre diferente y tú no lo usas, la estarías excluyendo. Si usas sus pronombres, las estarías incluyendo en la sociedad. Por lo tanto, el uso de la "e" también es un facilitador». No sé tú, pero, aunque a veces me cueste, yo me decanto por ser facilitadora en el lenguaje de las personas no binarias, que suficiente tienen ya con toda la violencia que sufren en este sistema **cisheterosexista**. Además, ¿sabías que las personas trans que pueden usar su nombre elegido en lugares como el trabajo, la escuela, el hogar o con sus amistades, experimentan un 71% menos síntomas de depresión severa, un 34% menos pensamientos suicidas y

---

7 En este enlace encontrarás más de cien guías elaboradas en las últimas décadas sobre el uso del lenguaje no sexista: https://www.inmujeres.gob.es/servRecursos/formacion/GuiasLengNoSexista/docs/Guiaslenguajenosexista_.pdf. Si prefieres un libro actualizado, te recomiendo *Ni por favor ni por favora*, de María Martín Barranco.

un 65% menos de intento de suicidio que aquellos que no pueden usarlo en ningún contexto?[8]

A tener en cuenta

Todas estas categorías, (género, identidad, orientación sexo-afectiva y expresión) están diferenciadas entre sí y pueden tener tantos matices y formas de interrelacionarse como personas en el mundo. Al igual que no son estancas y pueden ir cambiando a lo largo de nuestra vida. Es decir, puede ser que seas un hombre **cis**, con una expresión de género femenina y gay, y esta identidad representarte siempre, o puede ser que a lo largo de los años te identifiques más como un hombre **cis** de **género fluido** y **bisexual**.

LGTBQIA+

Y después de zanjar el tema de la «e» vamos a revisar este «abecedario de letras», como a veces llama el profesorado en las formaciones al acrónimo LGTBQIA+. Siempre me encuentro con profesionales de la educación diciéndome cosas tipo: «¡Hay que ver lo que os gusta en vuestro colectivo una letrita, Isa!», «¿no podrían ser menos letras, que tengo que beber agua en medio para poder decirlas todas?», «pero esto de etiquetar... ¿no sería mejor pasar de las etiquetas?». Pero antes de hablar de las etiquetas vamos a revisar cómo llevas las disidencias sexogenéricas:

LGTBQIA+. Repito, **L–G–T–B–Q–I–A** +.

L (Lesbiana): mujer cuya atracción romántica o sexual se orienta hacia otras mujeres.

---

8   Russell, S. T.; Pollitt, A. M.; Li, G., y Grossman, A. H. «Chosen Name Use Is Linked to Reduced Depressive Symptoms, Suicidal Ideation, and Suicidal Behavior Among Transgender Youth», *J Adolesc Health*, 2018.

G (Gay): hombre cuya atracción romántica y/o sexual se orienta hacia otros hombres.

¿Sabías que...?

La madrugada del 28 de junio de 1969 en Nueva York tuvieron lugar unas redadas en un bar llamado Stonewall Inn, frecuentado por personas LGTBQIA+. Los disturbios provocaron por primera vez la movilización colectiva a favor de los derechos de este colectivo. Tras las movilizaciones se crearon organizaciones a favor de los derechos homosexuales, y el 28 de junio de 1970 tuvieron lugar las primeras marchas del Orgullo (vamos a dejar de decir orgullo gay, que el colectivo es muy amplio) en las ciudades de Nueva York y Los Ángeles. Aún seguimos reivindicando ese día bajo el lema de que nadie debe avergonzarse por cuestión de identidad/género/orientación sexoafectiva o características sexuales. Frente a la exclusión y vergüenza interiorizada que la sociedad **cisheteronormativa** pretende que vivamos, el 28 de junio se reivindica el derecho a existir y a no esconderse. Frente a la mercantilización, gentrificación, politización y *pinkwashing* que se ha vertido sobre este día desde determinados sectores, en 2017 se crea en Madrid el Orgullo Crítico como bloque alternativo que busca la no manipulación de los orígenes de las revueltas de Stonewall.

T (trans): término paraguas para referirse a personas cuya identidad sexual o de género es diferente a aquella con la que se le registró al nacer. Dentro de este paraguas podemos encontrar a personas transexuales, transgénero, **bigénero**, **género fluido**, género *queer*, no binarie, **agénero**... o de género no conforme como las identidades no binarias que he nombrado más arriba, que se quedan fuera de la cultura **colonialista** europea.

Un alumno de dieciséis años me decía: «Según como me vean, se pueden referir a mí como hombre o como mujer. Soy Sergi, como masculino, y Rebe, como femenino». Y así es como conocí el término «**bigénero**», que hace referencia a personas que se pueden identificar con los dos géneros a la vez, pudiendo ser estos el género masculino y femenino u otros géneros, como el género neutro y semifemenino.

El término «trans» con asterisco, «trans*», es una propuesta que surge de las personas jóvenes y extendida globalmente gracias a las redes y que trata de reconocer la importancia de la diversidad de las personas trans. Al colocar en el buscador una palabra con un asterisco, este nos lleva a todas las palabras que incorporan dicho prefijo, visibilizando la heterogeneidad de esta categoría. Este término supone alejarse de la normalización que asimila a todas las personas con las mismas necesidades y las mismas narrativas.

Hablamos de transicionar o transitar para hacer referencia al momento en que la persona empieza a movilizarse para expresar su identidad vivida, su identidad de género real. El tránsito puede ser social (utilizando determinada ropa, pidiendo que se dirijan a ti con tu nombre elegido y pronombres que te representan, usando *binder*, maquillaje...). Puede ser un tránsito registral en tu documentación y/o un tránsito clínico o farmacéutico asociado a la hormonación y cirugías. Esta experiencia será única en cada persona y no se trata de corregir «un cuerpo equivocado», como se ha señalado durante años, sino de transicionar, si así se desea, hacia quien eres.

El sociólogo y autor del libro *A la conquista del cuerpo equivocado*, Miquel Missé,[9] pone el foco de la cuestión trans en una sociedad normativa y bicategórica: «A las personas trans nos han dicho y hemos aprendido que nuestro cuerpo es un problema y que tenemos que ponerlo en juego y cambiarlo. Y, de alguna manera, todos esos discursos nos lo han robado, nos han robado la posibilidad de vivir el cuerpo de otra manera». Porque si viviéramos en una sociedad no binarista, que fuera más allá de la **cisnormatividad** y que entendiera que hay tantas sexualidades como personas y que todas son válidas, ¿existiría la transfobia?, ¿existirían las personas trans?

9 Missé, Miquel. *A la conquista del cuerpo equivocado*, Egales, 2018.

B (bisexual): atracción sexual y/o romántica hacia más de un género, no necesariamente al mismo tiempo, ni necesariamente de la misma manera ni de la misma intensidad.

Según Elisa Coll, la autora de *Resistencia bisexual*, no podemos comprender la bisexualidad sin hablar de **bifobia**, que sería la violencia que atraviesa a todas las personas bisexuales. Específicamente en este colectivo, el **monosexismo**, o la creencia discriminatoria de que solo existen dos orientaciones (homo–hetero), ha provocado un extra de invisibilidad que se muestra en las altas tasas de malestar psicológico de las personas bisexuales frente a otras orientaciones. Seguramente cuando se avance en la investigación de personas asexuales se encuentren muchas similitudes.

¿Sabías que...?

Hasta 2016, la definición que aparecía en la RAE (Real Academia Española) de «bisexualidad» era la siguiente: «Persona hermafrodita o alguien que alterna las prácticas homosexuales con las heterosexuales». Fue a raíz de una movilización que se realizó por redes por colectivos LGTBQIA+[10] cuando se cambió está definición totalmente incorrecta. Son muchos los ejemplos en los que, desde el colectivo LGTBQIA+, se ha hecho incidencia política para que las instituciones se actualizaran y para preservar los **derechos sexuales y reproductivos** de las personas del colectivo.

Q (*queer*): término anglosajón que hace referencia a personas que prefieren no identificarse en función de su sexo, género o sexualidad. El activismo queer surge en 1990 como respuesta de parte del colectivo LGBTQIA+ ante un movimiento de liberación sexual que estaba muy centrado en un hombre blanco, gay, de clase alta y sin pluma. El término busca reapropiarse y darle valor a lo raro,

---

10   La Asociación Arcópoli inició una campaña para recoger firmas a través de change.org.

friki o fuera de la norma. También lo podemos encontrar escrito como «cuir».

A tener en cuenta

Si llevas un rato hiperventilando, no te preocupes. En ocasiones, cuando empezamos a dinamitar determinadas creencias sociales que dábamos como inmutables, el cerebro necesita reorganizar algunas sinapsis neuronales y puedes sentir cierta agitación corporal. Sigue respirando, come algo con azúcar, que tu cerebro lo está pidiendo a gritos, y pásate si quieres por esta lista de reproducción[11] de vídeos que he preparado con documentales, cortos, vídeos de creadores de contenido LGTBQIA+, como Tigrillo, Koala Rabioso, Elsa Ruiz, Gabriel J. Martín, Miquel Missé...; vídeos educativos para todas las edades y vídeos realizados por profesionales de la educación y activistas, como Ignacio Pichardo o Lucas Platero, que seguro que te facilitan y amplían la comprensión sobre la diversidad.

I (intersexual): la intersexualidad no es una identidad. Las personas intersexuales nacen con variaciones en algunas de las características sexuales que no se ajustan a los estándares definidos socialmente para las hembras y los machos.

Algunas de las variaciones más frecuentes son el **SIA** (síndrome de insensibilidad a los andrógenos); la **HSC** (hiperplasia suprarrenal congénita); las **hipospadias**; el **síndrome de Klinefelter**, también conocido como XXY, o el **síndrome de Turner**, o Xo.

---

11 Puedes encontrarla aquí: https://www.youtube.com/watch?v=x5EA6_fvjUU&list=PLapT7p-s-vz5hQkiVgyzn2ZDRuWLaLZiE&index=1.

¿Sabías que...?

A nivel de cariotipo o de organización cromosómica, además de XX e XY podemos encontrar otras variabilidades, como XXY o X0. La película argentina *XXY* cuenta la experiencia de une adolescente intersexual de quince años con síndrome de Klinefelter. Al tener el cromosoma Y y por su apariencia genital, a las personas con este síndrome se le suele asignar el sexo masculino, pudiendo experimentar en la pubertad diferentes grados tanto de masculinización como de feminización.

Como comenta la sexóloga e investigadora Noemi Parra: «Todas estas variaciones ponen en cuestión la supuesta naturalidad del sexo asignado al nacer, ¿solo hay dos posibilidades? Ante la duda, ¿qué confirma el sexo? ¿Los cromosomas? ¿Los genitales?». Y continúa: «Lejos de cuestionar la norma, lo que se hace mediante la asignación sexual es reforzarla determinando un sexo y sometiendo el cuerpo a tratamientos e intervenciones quirúrgicas para adaptarlo a sus estándares normativos. Existe una escala médica que en activismo intersexual se denomina de forma irónica como "falómetro" en la que un clítoris aceptable tendrá entre 0,2 y 0,85 cm y un pene lo será a partir de los 2,5 cm; todo lo que tenga un tamaño fuera de este estándar se amputa».[12]

Dentro de la amplitud de posibilidades de la intersexualidad hay personas con características intersex que no se dan cuenta hasta la pubertad cuando aparecen los caracteres sexuales secundarios. Este fue el caso del psicólogo, escritor y divulgador Gabriel J. Martín, al cual entrevistamos desde el proyecto Psico Woman,[13] y que nos contó lo siguiente: «Cuando yo nací mis genitales estaban clínicamente lo que se denominan subvirilizados y mis genitales externos tenían una apariencia femenina. Interiormente tenía próstata y

---

12 Abaúnza Parra, Noemi. *Guía Sexualidades, cuerpos, Identidades y orientaciones*, Instituto Canario de Igualdad, 2018.
13 Puedes verlo aquí: https://www.youtube.com/watch?v=4YxF73gBXdY&t=350s.

vesículas seminales, pero externamente parecían unos genitales femeninos. Al llegar a la pubertad me desarrollé como un chico y fue un desconcierto absoluto, porque siempre me habían tratado como una niña. Empecé a recoger información y encontré el término pseudohermafroditismo, que era como se llamaba en la época. Fui al médico y a partir de ahí empecé a mostrarme como realmente me sentía, como un hombre. Desde pequeña había sentido que algo no encajaba con mi identidad, pero no podía entender qué era hasta ese momento».

En el caso de Gabriel, al igual que el de muchas personas LGTBQIA+, fue su propia búsqueda de información la que le ayudó a descubrir lo que le sucedía, e ir con esa información a su médico, ya que este no le había dado ninguna respuesta al respecto. Esto pone de manifiesto la necesidad de actualización del personal sanitario en estas temáticas.

A pesar de que nacen más personas con caracteres intersexuales que pelirrojas[14] en el mundo, la intersexualidad sigue siendo en general una gran desconocida. Las personas intersex siguen estando muy infrarrepresentadas en la sociedad y se siguen haciendo aberraciones médicas en cuerpos intersex. En 2017, Amnistía Internacional publicó un informe para garantizar los derechos de las personas menores de edad con variaciones de las características sexuales. El informe[15] se centra en la práctica de intervenciones quirúrgicas no urgentes, invasivas e irreversibles, y la administración de otros tratamientos médicos, haciendo hincapié en que estas intervenciones violan los derechos humanos, entre ellos los derechos del niño, incluidos el derecho a la integridad física y el derecho al más alto nivel posible de salud. El Comité de Derechos Humanos de la ONU recomienda abandonar estas prácticas mutiladoras, ya que van en contra de la integridad, la autonomía y la autodeterminación de las criaturas. Lo ideal sería no realizar ninguna intervención y que en

---

14   Te recomiendo el cuento de la psicóloga y activista intersex Camino Baró «Un secreto pelirrojo». Desde el IG del proyecto le hicimos una entrevista a Camino, puedes encontrarla aquí: https://www.instagram.com/tv/CQ6pbAnIki1/?hl=es.

15   *Ante todo no hacer daño*. Amnistía Internacional, 2017.

función de cómo se identificara en el futuro esa criatura se realizaran (o no) las modificaciones corporales deseadas.

A (asexual): persona que no siente atracción sexual hacia otras personas, aunque sea capaz de relacionarse románticamente. Existen múltiples formas de vivir el espectro asexual, existiendo personas que pueden tener libido y/o deseo, tener o no relaciones sexuales. La asexualidad se contrapone con la alosexualidad, que se caracterizaría por la atracción sexual hacia personas.

De los 140 vídeos que he subido hasta ahora al canal de YouTube, de ninguno he recibido tantos mensajes de agradecimiento y testimonios tan cargados de violencias sufridas como los realizados con Olivia Ávila,[16] activista asexual, lo que indica la cantidad de acefobia que sigue existiendo. Esta orientación sexoafectiva está aún muy invisibilizada y cargada de violencia. En nuestra sociedad hipersexualizada y sexocéntrica asociamos la falta de atracción a algo relacionado con una enfermedad o trauma. Ser asexual, al igual que las otras identidades y orientaciones, no es una decisión. Ni es algo que tenga una explicación fisiológica, hormonal ni psicológica.

Comparto algunos de los testimonios que recibí a raíz de subir los vídeos al canal:

«Realmente me ha llenado el corazón de alegría. En cada frase, era como "¡Exacto!... Eso es... Síííí, ¡¡eso es!!". Me ha costado mucho superar sentimientos de culpa en parejas... y de violencia cuando me hacían la ley del hielo... [¿Por qué la gente puede ser tan cruel?] Una culpa muy dura por algo que ni se crea ni se destruye, ni se elige y que hace que sientas un rechazo de ti misma como asexual.»

«Cada Navidad hago la carta a los Reyes Magos con mis primillos. Llevo años pidiendo que ojalá muchos profesionales se pusieran las pilas con la asexualidad, y con la diversidad en general. No sé cómo transmitirte lo importante que ha sido para mí que una psicóloga hablara de estos temas... Me da esperanzas.»

«Acabo de ver el vídeo y llevo toda la tarde llorando. El 26 de noviembre es un día importante para mí, pues soy grisasexual. Hace unos años fui a terapia

---

16 Puedes ver los vídeos aquí: https://www.youtube.com/watch?v=aOqBpmfPAn4.

de pareja por este tema, y todo parecía señalar que era yo la que tenía un proble-
ma de deseo. En mitad de la terapia me dejó porque no veía solución a lo nuestro,
por mi falta de iniciativa, no se me activaba "el supuesto-deseo" ni con la tera-
pia, y nunca se descubrió la causa. Cuando descubrí la asexualidad y la gri-
sasexualidad lo entendí todo, volví a terapia para trabajarme la ansiedad (debida
a la presión social sobre todo) y pude hablar por fin con una buena profesional
que me comprendiera.»

Dentro del triángulo de AVEN que he comentado anteriormente existe un abanico de posibilidades dentro del espectro de la
asexualidad. Entre los que se encontraría, por ejemplo, la demisexualidad o la grisasexualidad, que haría referencia a las personas
que sienten atracción sexual con menor intensidad y/o con menor
duración en el tiempo que una persona alosexual y/o solo por motivos contextuales.

«Descartes dijo, bien lo sabemos, "pienso, luego existo". Pues yo siempre he
pensado en las personas de manera diferente (respetuosa, cariñosa, amistosa,
romántica…), pero nunca de forma sexual. Pensaba, demasiado incluso, pero no
sabía por qué mi identidad asexual no existía. Supongo que Descartes no era
asexual. Y si lo era, quizás no lo supo nunca; no es fácil saberlo. No es fácil
pensar algo que ni siquiera se concibe como posibilidad […].»

En comparación con la cantidad de información de la que disponemos cuando hablamos de otras orientaciones, aún existen pocas investigaciones[17] sobre el malestar emocional que provoca la
acefobia en las personas asex, pero, como podemos imaginarnos, a
raíz de la invisibilización que sigue existiendo sobre la asexualidad
serían de las más altas del colectivo LGBA. Sigo viendo en redes y
en carteles que muchas veces no se pone la A en LGTBQI+, ¿somos
conscientes de todo lo que podemos hacer simplemente visibilizan-

---

17 Puedes encontrar todas las que se han realizado dentro del grupo de Facebook "Biblioteca
asexual": https://es-la.facebook.com/groups/bibloasex/.

do la A?, ¿quiénes somos para negar a nadie el derecho a la identidad, un derecho humano universal básico?

+ (se puede leer como plus o más): hace referencia al resto de las diversidades sexoafectivas e identidades que vienen englobadas por esas siglas, como serían, por ejemplo, la grisasexualidad o demisexualidad, comentada anteriormente dentro del espectro asexual, o las personas no binarias, dentro del paraguas trans. También hace alusión al aspecto no estanco de la(s) sexualidad(es), entendiendo la sexualidad humana como algo fluido y cambiante en relación con un contexto sociocultural. El «+» dejaría esa puerta abierta a la multiplicidad de posibilidades de habitar la(s) sexualidad(es).

ENTONCES, ¿SON NECESARIAS TANTAS ETIQUETAS?

Una vez aclarados estos conceptos, vamos a hablar de por qué tanto abecedario. Muchas veces me preguntan por redes: «¿Son realmente necesarias tantas letras?». Y siempre contesto de la misma manera: «Me encantaría que no existiera una "l", una "g", una "b"... porque querría decir que no existe la lesbofobia, homofobia, bifobia... Pero, por desgracia, seguimos viviendo en una sociedad en la que se sigue rechazando a una mujer por ser o parecer lesbiana, y las etiquetas, además de dar existencia, visibilizan esas violencias».

La plataforma de encuentros bolleros[18] surgió en Madrid de la constatación recurrente de la invisibilidad de las lesbianas[19] tanto dentro del colectivo LGTBQIA+ como en determinados espacios feministas: «Del hartazgo y el agotamiento que nos producía a algunas saber que las lesbianas seguimos siendo invisibles en dichos espacios y la certeza de que hay un olvido premeditado de nuestras existencias, genealogías, prácticas, debates y cuestionamientos, nació la plataforma». Desde el primer encuentro, en 2018, son muchas las actividades que han realizado y los espacios intergeneracionales que han creado, y diversos en los que se habla de deseo, de acción política, de antirracismo y **privilegio** blanco dentro del mundo lésbico y bibollero, espacios de creación artística..., desde los cuales se ha construido una red de cuidado y apoyo colectivo.

Por supuesto que eres libre de no querer etiquetarte, pero no por ello puedes juzgar a quien lo haga. Para muchas personas, la etiqueta ha sido un salvavidas en medio de una sociedad en la que se sentía muy perdide. En mi caso, la bifobia interiorizada que tenía me ha hecho «salir del armario» siendo bastante adulta (algo compartido por bastantes personas bisexuales de mi generación). Fue un artículo[20] de Elisa Coll sobre bifobia el que me hizo comprender(me) y conocer que muchas de las experiencias que vivía y pensaba que eran totalmente individuales eran estructurales y tenían que ver con una sociedad **monosexista** que invisibilizaba a las personas bisexuales. A mí la etiqueta de «bi» y conocer a personas bisexuales que compartían las mismas experiencias que yo me dio un

---

18 Puedes encontrarla en Facebook en: https://www.facebook.com/bolleras/.

19 Si quieres profundizar en esto, te recomiendo el documental *Lesbofobia. Un documental y diez respuestas*, producido por Creación Positiva y dirigido por Inés Tarradellas.

20 Puedes encontrar el artículo «Mujeres bisexuales, tierra de nadie» aquí: https://www.elsaltodiario.com/revolutionontheroad/mujeres-bisexuales-tierra-de-nadie.

lugar, una validación personal, me ayudó a desprenderme de culpa y a machacarme menos.

Una persona asex respondía de esta manera en uno de los *posts* de mi Instagram a un comentario sobre por qué eran necesarias tantas letras: «La "a" de "asexual" es más que una etiqueta: es una palabra, un sustantivo que te nombra y da existencia a tu orientación sexual, tu identidad y las violencias asociadas a la misma. Y ya sabemos que lo que no se nombra no existe. Ojalá yo hubiese visto la "a" por algún lado y haberme ahorrado millones de situaciones de malestar y de sentirme culpable y rota por dentro. Si te molesta la "a", perdona por querer existir».

Como ya he comentado cuando hablábamos de la asexualidad, creo que las vivencias de las personas asex como orientación aún muy invisibilizada socialmente, así como las bisexuales y lesbianas, ponen de manifiesto por qué las etiquetas son (aún) necesarias para muchas personas.

Desde el activismo surgieron otras propuestas más inclusivas que quizá hayas visto por redes, como utilizar las siglas **GODI** (géneros, orientaciones, diversas e intersexuales) o las siglas **GSRDI** (géneros, sexualidades, romanticismos, diversas e intersexuales), aunque tienen menor trayectoria. Personalmente, te invito a que digas LGTBQIA+, con todas las siglas: L-G-T-B-Q-I-A-+, seguro que a la cuarta vez que lo repitas ya se queda incorporado.

DIVERSIDAD Y JUVENTUD

¿Cómo vive la juventud actual el tema de la diversidad? Pues yo te diría que, en líneas generales, nos dan mil vueltas.

El informe INJUVE[21] muestra cómo el 25% de los jóvenes de la muestra, tanto hombres como mujeres, no se identifica al 100% con los géneros masculino o femenino (el 76% de los hombres se ubican

---

21 Simón, Pablo; Clavería, Silvia; García Albacete, Gema; López Ortega, Alberto, y Torre, Margarita. *Informe Juventud España*, 2021.

en la etiqueta de 100% masculino y el 73% de las mujeres como 100% femenina). El 16% se definieron como homosexuales o bisexuales, los hombres con más tendencia a definirse como homosexuales o heterosexuales y las mujeres como bisexuales. Muestran una mayor tolerancia a la diversidad que otras generaciones, por encima de 10 y 20 puntos porcentuales.

Si tuviera que plasmar en datos lo que llevo encontrándome en las aulas en los últimos años, te diría que las personas no heterosexuales o con una expresión de **género no binaria** que veo entre zoomers son mucho mayores que el 16%. Seguramente, el hecho de que me (bi)sibilice como bisexual provoque que el alumnado sienta un espacio seguro en el que expresarse sin miedo. «En los grupos de ciencias jugamos a adivinar quién es bi, y en los bachilleratos artísticos jugamos a encontrar al hetero», me comentaba una alumna de bachillerato haciendo referencia a la visibilidad de la diversidad en cada clase según la elección de estudios.

En las formaciones con familias suelen hacer alguna pregunta del tipo: «Pero ¿y cómo hago para que comprendan y acepten a X familiar que es lesbiana (por ejemplo)?». Y la mayoría de las veces lo que esconde esa pregunta es un miedo proyectado de nuestra propia dificultad de aceptar lo que va más allá de la **heteronormatividad**. Ni las criaturas ni les adolescentes suelen tener ninguna dificultad en aceptar la diversidad. Viven y se relacionan en diversidad y seguro que, como me ha pasado a mí, la naturalidad con la que viven la diversidad sexoafectiva, la expresión de género y la identidad puede enseñarte a que lo hagas tú también.

DISPUTANDO LAS FRONTERAS DEL GÉNERO

¿Qué pasa cuando nos saltamos los mandatos de género asociados a nuestro sexo registrado al nacer? Seguramente que haya personas que lo señalen utilizando determinadas palabras como insulto para así mantener el «orden social normativo». «Maricón», «mariquita», «nenaza», «bollera» o «marimacho» son algunas de las palabras utilizadas como insultos que más se escuchan en los centros educativos.

Cuando yo iba al instituto era bastante raro ver a un chico con ropa rosa, o había ciertos códigos según los cuales si un chico se ponía el pendiente en una y otra oreja quería decir que era gay o hetero (la bisexualidad no existía en nuestro imaginario). A hora la cosa va de uñas. Una alumna de 4.º de ESO me contaba: «Se ha puesto de moda pintarse las uñas en los chicos, el otro día vi cómo uno le decía a mi novio "¡Eh, no seas marica, de ese color no!", haciendo referencia a que si se las pintaba de negro estaba bien, pero si lo hacía de otro color quería decir que era gay. Me pareció una chorrada muy grande. La masculinidad frágil de ese chico le sacudió para decir tremenda tontería».

La *influencer* trans Jedet (@lajedet), antes de hacer la transición corporal a mujer, se identificaba como un hombre cis y tenía una expresión de género asociada a lo femenino: se ponía aros de pendiente, se pintaba los labios... En 2017 se hizo viral un vídeo grabado desde el móvil y de forma improvisada en el que denunciaba lo que le había ocurrido esa noche. Jedet comenta: «Volviendo a casa esta noche de cenar con una amiga he tenido que soportar varios comentarios, miradas..., como cada día de mi vida. Pero ha llegado un punto en el que un hombre me ha empezado a gritar y a perseguir. Me he puesto en alerta y he llamado a un amigo. Me pregunto: ¿por qué tengo que sentir miedo en mi ciudad por ser como soy? ¿Por qué por ser yo me expongo a que me peguen una paliza como ha pasado con tres chicos en Barcelona? ¿Por qué no se educa a personas que respeten a las otras personas? ¿Por qué no se educa a personas tolerantes, que no peguen lo que no entienden, insulten lo que no entienden, y odien lo que no entienden?, ¿Qué daño te estoy haciendo por ir maquillado? ¿Por qué no entiendes si soy un tío o una tía? ¡DÉJANOS EN PAZ!».

El tipo de violencia que sufrió Jedet se llama **intolerancia hacia la expresión de género** o **plumofobia**, y sería el rechazo o la discriminación hacia hombres que muestran una expresión de género femenina, que son «afeminados», sean homosexuales o no. Y viceversa hacia mujeres con una expresión poco femenina, sean lesbianas o no. Y es un tipo de violencia que está muy presente en nuestra sociedad.

En un *post*, Roy Galán[22] escribía a raíz del asesinato de un joven de veinticuatro años en nuestro país: «Parece ser que a mucha gente le cuesta entender qué supone ser alguien que es leída y hecha como la otredad, como un cuerpo susceptible de ser señalado, increpado, extirpado y aniquilado para conformar una unicidad. Impedir que seamos para que otros puedan ser. Esto le pasa a la gente a la que se le "nota" lo que es, porque ese "notarse" es un peligro, un latido visible, el no poder esconderte y estar a expensas de que otro pueda usarte para confirmarse. Le pasa a las personas con pluma, a las personas trans, se pasa a las prostitutas y a las personas migrantes. Si un hombre asesina de tres disparos en Murcia a Younes Bilal diciendo que "no quiero moros aquí", lo que está haciendo es defender un lugar en el mundo que cree suyo. Si trece hombres asesinan a Samuel a patadas llamándole mar★★★, lo que hacen es reforzar su masculinidad. Si te matan gritándote algo, es porque creen que pueden matarte por ser ese algo. Porque hemos construido una creencia en la que la diversidad es una amenaza en lugar de una brillante fortuna [...]».

Ni la intolerancia hacia la expresión de género ni la diversofobia la han aprendido de sus referentes en redes. Son violencias estructurales que se reproducen sistemáticamente y que en muchas ocasiones se han construido a través de denigrar todo aquello que se escapa de lo que me han dicho que es ser un hombre o una mujer. Como ya hemos comentado en otro capítulo, el perfil del responsable de delitos de odio en nuestro país es en un 83% un hombre cis. Por eso urge el resignificar qué es ser hombre. Porque muchas veces enseñamos a los niños cómo la masculinidad es algo que se crea en oposición o por encima a lo de «las cosas de niñas» (aprendiendo por ende que «lo de las niñas» es peor, vale menos) y teniendo que demostrar todo lo que no son, aunque a veces para ello tengan que ejercer vio-

---

22   En muchos de los libros y textos de Roy se habla de esta temática. Este fragmento está sacado de https://www.instagram.com/p/CQ_LlvsBSOi/?hl=es.

lencia. Impidiéndoles elegir qué quieren ser. Impidiéndoles explorar. Impidiéndoles, por lo tanto, ser. Por eso, ver cada vez a más intérpretes jóvenes que se declaran LGTBQIA+, a cantantes con expresiones poco normativas o el entrar cada año en aulas donde la diversidad inunda la clase y se diluyen cada vez más las cárceles estancas de la «masculinidad» y la «feminidad» patriarcal me da mucha esperanza.

DIVERSOFOBIA

«Siento que ha habido un avance general, pero, por otro lado, siguen estando esos mismos patrones y esa misma homofobia que es prácticamente hegemónica y que vas arrastrando desde hace años y años y años», me comentaba una alumna de 2.º de bachillerato. Y esa alumna tenía razón, ya que, que haya más apertura no quiere decir que no exista **LGTBQIA+-fobia** en nuestra sociedad. Algunos de los datos más actuales muestran cómo:[23]

- Aumentan los delitos de odio por cuestión de identidad/género/orientación sexoafectiva en un 8,6% en el último año. Solo se denuncian 2 de cada 10. Las cifras ocultas de las violencias hacia el colectivo LGTBQIA+ están entre un 60-80%. En muchos casos se sufre en silencio y soledad.
- El lugar en que se viven las violencias suelen ser en un 37% en la calle, un 20% en la casa o entorno cercano, un 15% en Internet, un 13% en servicios públicos y un 15% en lugar de trabajo o centro educativo.
- Un 7% del alumnado declara haber presenciado agresiones físicas LGBTQIA+-fóbicas (patadas, golpes, etc.) en su centro educativo.
- El 80% de los menores no heterosexuales mantienen su orientación en secreto por miedo.

23   *Informe de delitos de odio e incidentes discriminatorios al colectivo LGTBI.* FELGTB, 2018. *LGBT-FOBIA en las aulas. ¿Educamos en la diversidad afectivo-sexual?*, COGAM, 2015.

- Un 55% de los menores del colectivo (que lo reconocen) han sufrido acoso en las aulas.
- Si nos centramos en menores trans, las cifras aumentan: el 58% ha sufrido acoso escolar, el 28% tuvo que cambiar de centro educativo por transfobia, al 53% en sus centros educativos no se referían a elles por su nombre, y en el 58%, a pesar de haber informado de las medidas pertinentes que tenía que tomar el centro educativo por ley, este no puso en marcha ningún dispositivo.
- El 60% del alumnado de secundaria ha sido testigo de las agresiones verbales LGBTQIA+-fóbicas como «maricón» o «bollera» en las aulas.
- Más del 60% de las víctimas de LGTBQIA+-fobia en el entorno escolar indican que sus profesores/as no actúan lo suficiente ante las agresiones por cuestión de identidad/género/orientación sexoafectiva.
- En un estudio[24] que se realizó a 73 menores trans, ante la pregunta «¿Se te nombra en la comunicación oral según tu nombre elegido?», el 27% respondieron «nunca» y el 26% «rara vez». Frente la pregunta «¿Se respetaba tu nombre elegido en documentos?», el 39% respondieron «nunca» y el 27% «rara vez». El 58% habían sufrido transfobia, y en la mitad de los casos el centro educativo no había hecho nada para apoyarlos.
- Entre un 60 y un 70% de las víctimas en entorno escolar (dependiendo del tipo de agresión) considera en algún grado que su familia no aceptaría que fuese LGTBQIA+. Esta situación provoca, junto con la desprotección por parte del profesorado, una grave situación de desamparo de les menores víctimas de agresiones LGBTQIA+-fóbicas.
- La ideación y conducta suicida es de 3 a 5 veces mayor que en la población general. El 43% de las personas LGTBQIA+ han

24 Puedes ver el artículo «Llámame por mi nombre: el reto del cambio de género en el aula» aquí: https://elpais.com/educacion/2021-04-27/cambiar-de-identidad-de-genero-en-el-aula.html.

tenido ideaciones suicidas, el 35% lo han planificado, el 17% lo ha intentado y solo el 5% nunca lo ha pensado.

A tener en cuenta

Según la UNESCO, «el **bullying escolar homofóbico** es un problema universal y ocurre en todos los países, independientemente de creencias o culturas. Del mismo modo que la discriminación basada en la raza, el sexo, la etnia, la discapacidad o la religión es inaceptable, también lo es la **discriminación** motivada por la orientación sexual e identidad de género (supuesta o real). Todo el estudiantado tiene el mismo derecho a una educación de calidad en un ambiente escolar seguro». En España, la mayor parte de los delitos de odio se deben a la orientación sexoafectiva o identidad de género, de forma más recurrente que otras características personales.

En las LGTBQIA+-fobia a menores, al contrario que en otros tipos de acoso, se da el **continuo de la diversofobia**, que consiste en el rechazo continuado que surge en todos los momentos y espacios de socialización de sus vidas cotidianas (centros educativos, calle, medios de comunicación, grupos de amistades, familia, asociaciones deportivas, etc.). También puede tener el grupo de iguales el llamado contagio del estigma, que consiste en que las personas que apoyan a las víctimas de acoso por LGTBQIA+- fobia van a sufrir ellas mismas ese acoso. Al no querer que te identifiquen con esa persona por miedo a que piensen que también eres del colectivo, se puede producir aún más aislamiento y exclusión de las víctimas por cuestión de identidad/género/orientación o sus características sexuales.

En general, como he comentado, les menores que sufren acoso no suelen denunciar por vergüenza o miedo a represalias. Pero si el motivo es por cuestión de ser o parecer del colectivo

LGTBQIA+, y especialmente si la familia desconoce la orientación o identidad del menor, suelen sufrir este acoso sumides en un doble silencio, que provoca aún mayores tasas de malestar psicológico.

CÓMO ABRAZAR LA DIVERSIDAD

¿Y qué podemos hacer nosotras, nosotros y nosotres como agentes educativos? Además de actualizarnos con lo comentado hasta ahora, aquí van algunas pautas importantes:

- Estar en continua formación y cuestionamiento de todo lo que considerábamos «natural e inmutable». Seguro que la persona zoomer que tienes cerca te puede recomendar a youtubers, instagramers y tiktokers que crean contenido sobre estas temáticas. Por mi parte, además de los recursos comentados a lo largo del libro, te he preparado en la bibliografía un listado muy amplio con libros, videografía, webs..., para que sigas profundizando.
- Nombrar, señalar y denunciar (en el espacio *onlife*) la LGTB-QIA+-fobia. Como ya hemos comentado en otros capítulos, todas las personas somos responsables de dejar de normalizar las violencias por cuestión de género, características sexuales, identidad, expresión y orientación sexoafectiva. Pero también por cuestión de raza, etnia, diversidad corporal, **diversidad funcional** o discapacidad, situación económica o **neurodiversidad**. Comentarios como «¡eso es de niños!» o «¡eso es de niñas!», «¡qué marimacho!», «¡menudo maricón!»... no son baladíes.
- Pregunta a la otra persona cómo quieres que te dirijas a ella y qué pronombre usa. Más allá de lo que ponga en tu listado de clase, más allá de si lees a esa persona como hombre o como mujer, más allá de si tienes que esforzarte un poquito. El nombre es nuestra identidad, es todo. Recuerda que los estudios

muestran el descenso en ideación suicida cuando te tratan según lo que eres.

- Utiliza un lenguaje que incluya a todas las personas. Si te pone nerviose o no estás entrenade a hablar con la «e», permítete el ir incluyéndolo en algunas palabras en que te sea más fácil mientras le pillas el truquillo.[25]

- Crea espacios donde le menor pueda sentirse libre. Si no pueden ser dentro del hogar por diferentes motivos, búscalos fuera.

- Cuestiona el cisheterosexismo que habita en ti. Es decir, el conjunto de pensamientos que establecen una jerarquía de valor entre las personas cis y las personas trans, personas hetero/no hetero y masculino frente a lo femenino, otorgando una valoración superior y una consideración «natural» a las personas cis frente a las realidades trans e intersexuales, por ejemplo. ¿Alguna vez has reflexionado sobre tus **privilegios**? Pásate por el último capítulo del libro, que te explico cómo hacerlo.

- Ese zoomer LGTBQIA+ que tienes cerca, ¿tiene referentes?, ¿forma parte de algún colectivo? Los referentes son claves para llevar mejor el estigma y los prejuicios interiorizados por formar parte de una minoría social. En la actualidad, YouTube, Instagram y TikTok están llenos de disidentes sexuales que crean contenido y que pueden hacer mucho bien. Además, existen asociaciones LGTBQIA+ por toda la geografía que facilitan grupos, actividades y acompañamiento psicológico. Encontrarás un listado en la bibliografía.

- Sé un referente positivo. Aunque no formes parte del colectivo (si lo eres, ya sabes que visibilizarte puede ayudar a muches menores), puedes poner atención en señalar que eres una persona con la que se puede hablar de estos temas. Si, por ejemplo, eres profe, puedes llevar una chapa, pulsera, pegatina... o aludir a esta temática en tus exposiciones. Yo, por ejemplo, siempre

---

25 En este vídeo encontrarás algunas pautas de cómo hacerlo: https://www.youtube.com/watch ?v=zHQVIsY3Wvs&t=26s.

llevo mi portátil con una pegatina con los colores de la bandera arcoíris donde pone «Yo abrazo la diversidad».

• Si eres docente o formas parte de una comunidad educativa, puedes hacer mucho para la prevención, la detección y la intervención en acoso LGTBQIA+. Hay dos guías que recomiendo encarecidamente: *Abrazar la diversidad*[26] y *Somos diversidad*.[27]

A tener en cuenta

Aprender a vivir la diversidad es aprender a vivir en sociedad y prevenir discriminaciones y abusos que generan sufrimiento, desigualdad y conflictos. Las situaciones en que se producen insultos, burlas, violencia o exclusión constituyen, pues, una oportunidad educativa para trabajar la diversidad y la convivencia. En este contexto, la escuela y los centros educativos constituyen un espacio especialmente vulnerable. No solo porque en ellos pasan la mayor parte del día les niñes, adolescentes y jóvenes, sino porque son unos de los espacios referenciales en los que se aprende lo que es adecuado y lo que tiene cabida en nuestra sociedad o no. «Maestra, paso más tiempo despierto en el colegio que en contacto con mi familia», me decía un alumno de 2.º de la ESO con curiosidad. Yo nunca me había parado a pensar que esa seguramente era la realidad de muches zoomers y alphas, y me sirvió para, una vez más, constatar la importancia de crear entornos educativos seguros para **todes**.

• Respeta la intimidad y la confidencialidad de esa persona y no presiones a nadie a «desarmarizarse».

---

26   VV. AA. *Abrazar la diversidad. Propuesta para una educación libre de acoso homófobo y tránsfobo*, Instituto de la Mujer para la Igualdad de Oportunidades, 2015.
27   VV. AA. *Somos Diversidad*, Ministerio de Derechos Sociales y Agenda 2030 y Ministerio de Igualdad, 2020.

- ¿Qué hacer si tu hijo, hija o hije te dice que es LGTBQIA+ y te asaltan miles de miedos y preguntas? Hay muchos familiares que ya han pasado por eso y han elaborado materiales en los que te responden a muchas de esas preguntas y te explican en qué consiste el proceso de aceptación por el que se pasa en ocasiones. En la bibliografía te dejo algunas de las guías que existen dirigidas a familias.

- Si lo necesitas, busca espacios especializados donde te puedan acompañar y asesorar como padre, madre o tutor si te sientes un poco desbordade con tu situación familiar. Muches menores LGTBQIA+ han comentado cómo ha supuesto un punto de inflexión en su proceso personal el que sus padres acudieran a espacios de apoyo.

- Puedes buscar espacios también para elles. Por ejemplo, en el caso de las personas adolescentes trans, Noemi Parra explica la importancia de «articular espacios de socialización y cuidados en el marco de la diversidad sexual y de género, especialmente en la adolescencia. Espacios seguros donde poder crecer colectivamente, reconocerse, expresar dificultades y compartir estrategias de resiliencia, establecer vínculos de amistad, etc. Esta es una acción contra el aislamiento y la vulnerabilidad que facilita el proceso de construcción de la propia identidad a través del reconocimiento mutuo y la capacidad de decidir y actuar».[28]

¿Sabías que...?

Las llamadas de personas trans a la línea Arcoíris de la FELGTB (Federación Estatal de Lesbianas, Gais, Trans y Bisexuales) aumentaron más de un 250% durante el confinamiento. Durante el periodo de tiempo del 16/3/2020 al 29/05/2020 también se incrementaron las consultas del conjunto de la población LGTBQIA+, con un aumento del 136%. Las llamadas se realizaron sobre el acceso a recursos de

---

28 Parra, Noemi. *Historias de afectos. Acompañar la adolescencia trans*, Bellaterra, 2021.

ayudas, atención psicológica, asesoramiento jurídico, asesoramiento ante manifestaciones de odio y asesoramiento en conflictos familiares. Esto pone de manifiesto la mayor vulnerabilidad a la que se han visto expuestas las personas del colectivo durante la pandemia.

QUÉ DEMANDAN LES ZOOMERS

Si tuviera que decir en pocas palabras lo que nos piden les centenials respecto a esta temática, lo tengo bien claro: que nos pongamos las pilas. He participado en multitud de congresos en los que se reflexionaba sobre qué necesitaba la juventud actual de la población de más edad. Y en los que paradójicamente no habían invitado a participar a ninguna persona joven. Así que lo que me sale decirte es que, si tienes a algún posmilenial cerca, le preguntes qué opina sobre estos temas, qué referentes LGTBQIA+ tiene, cómo se acompañan estos temas en su escuela y qué cosas echa en falta que hagamos las personas más mayores.

Estos son algunos de los testimonios que recogimos en un vídeo improvisado lanzando diferentes preguntas a un grupo de zoomers de diecisiete y dieciocho años:[29]

«En el instituto siempre nos hablan del bullying escolar, pero no del lgtb-fóbico. Y aunque a veces estemos hablando de chistes, los chistes también pueden ser un discurso de odio, sobre todo cuando es hacia el débil».

«Yo solo pido que me pregunten cómo quiero que se dirijan a mí. Porque si no, me están tratando siempre como ellos quieren, y no es lo que soy. No soy lo que pone en sus papeles. No solamente eres hombre o mujer, eres lo que te sientes, y nunca nos hablan en la escuela de estos temas.»

«Yo les diría a los padres que nos escuchen. Ellos hablan desde su perspectiva y no nos escuchan. Y nosotros sabemos más que nadie lo que necesitamos. Nos dicen que no tenemos ni idea y que no podemos opinar en el ámbito se-

---

29 Puedes verlo aquí: https://www.youtube.com/watch?v=MoFOqb2Jsd8.

xual… no nos arreglan nada y al final lo estamos aprendiendo todo por nuestra cuenta.»

«A la gente adulta le diría que antes de pensar que nosotros estamos desinformados, deben informarse ellos también, porque, en ocasiones, ellos están más perdidos que nosotras.»

«Vivimos en una sociedad que sigue siendo muy represora a nivel sexual por mucho que nos vendan que no lo es, y esto genera una enorme cantidad de dolor y perdemos un montón de placer y de posibilidades.»

No te voy a engañar, Cris (la cámara) y yo nos quedamos totalmente perplejas al escucharlos. Empezaron a criticar los talleres de educación sexual **cisheteronormativos** que habían recibido, situaciones en las que el profesorado (voy a pensar que sin mala intención) les había explicado conceptos de la sexualidad totalmente erróneos y que reproducían estereotipos. ¡Ni en Biología les explicaban correctamente las partes de los genitales! Recuerdo a una mujer joven de dieciocho años que dijo a cámara muy seria: «Me parece muy fuerte que me haya enterado tan tarde de cómo es realmente un clítoris». Yo recuerdo que tragué saliva y pensé en que yo lo había aprendido a los treinta.

Y fue muy interesante cómo nos contaron el modo en el que suplían esa laguna informativa de calidad: se juntaban en asambleas[30] y se iban preparando por parejas diferentes temáticas que les interesaban y luego formaban a través de dinámicas al resto del grupo. O vendían galletas veganas y postales con lemas feministas para recaudar dinero para comprar libros que estuvieran en la biblioteca del centro educativo.

Recuerdo que la misma mujer que habló sobre el clítoris también dijo: «Las personas jóvenes necesitamos que se nos escuche más, tener espacios en los que poder crear nuestra propia manera de vivir y convivir, pero creo que lo estamos haciendo de todas maneras con o sin el apoyo de los adultos, ya estamos cambiando el mundo».

---

30 Puedes conocer estas asambleas aquí: https://www.youtube.com/channel/UC8NIFq _b5VSCYvlk32_oo9A.

Qué menos que ponernos las pilas y apoyar, teniendo además en cuenta el mundo que les estamos dejando, ¿no te parece?

DERECHO A EXISTIR

Si has llegado hasta aquí, enhorabuena. Te aseguro que comprender y abrazar la diversidad te va a llevar a que aceptes mucho más la tuya propia y, por ende, a que te respetes y valores más.

Con todo lo comentado y performado en este capítulo, podemos decir que el género, el sexo y la heterosexualidad como norma son categorías culturales y, como tales, se construyen en contextos históricos y sociales concretos. Más allá de ser categorías estancas e inamovibles, están llenas de colores, escala de grises y matices. Tantos matices como personas en el mundo.

La generación Z ya no se esconde tanto. Vive en un contexto histórico cultural en el que, aunque queda camino por recorrer, se ha avanzado mucho. Y les zoomers vienen a decirte a la cara con sus pelos y uñas de colores que abandones tu masculinidad frágil que te hace mucho daño, te piden que te refieras a elles con X pronombre o pronombres, te corrigen cuando haces un comentario diversofóbico o te dicen sin pestañear que son asexuales, birromántiques y *gender queer*. Algo que igual hasta tú también eres, pero ni sabías cómo nombrarlo, o que al escucharlo te provoque un tic nervioso en el ojo. Pero espero que a partir de ahora te comprometas, si no lo hacías ya, a hacer un esfuerzo por comprenderles (pásate por el glosario si sigues con dudas), y, sobre todo, a no juzgarles y a no dar por hecho la cisheterosexualidad. Como escribe Roy Galán: «No podemos pedirles a las personas que sean heroínas y que tengan coraje y que sean valientes para demostrar lo que sienten. Lo que tenemos que enseñar a las personas es a no dar jamás por supuesta la heterosexualidad de nadie. Negarnos a que nos impongan la "normalidad" como forma única de ordenar el mundo».[31] El 80% de les menores han escuchado su orien-

31   Puedes leer el *post* completo aquí: https://www.instagram.com/p/CS4EtLstwOX/.

tación como insulto antes de llegar a la ESO.[32] Lo han escuchado a través de chistes, comentarios y otras violencias realizadas por personas adultas. Depende de ti, de mí, y de todo el mundo dejar de normalizar ciertas expresiones cargadas de LGTBQIA+-fobia y construir una sociedad que no le tenga miedo a lo diferente. Porque, además, todes somos diferentes. Solo que nos educaron con una mentira muy grande: si intentábamos ser más «normales» (más delgades, más listes, más heteros, más **neurotípiques**...), nos iban a querer más. Y, seguramente, a tu edad ya hayas descubierto que esto es mentira y que, en realidad, cuanto más nos permitimos ser como somos, más nos van y nos vamos a querer. Pero cuando tenías quince años quizá esta certeza no la tenías.

Y para aprender a permitirnos ser deben permitir que seamos. Nos tienen que devolver con la mirada que somos válides, que somos merecedores de recibir cariño. La autoestima es algo que se construye en colectivo. Así que, por lo tanto, nuestra responsabilidad es crear una sociedad para que todas las existencias sean validadas. Y espero y confío que este libro colabore en ello. Porque, como dice Roy: «La diversidad del mundo no es materia extraterrestre, es asunto de la humanidad. Esto será con todas las personas juntas o no será».

Y si aún te han quedado dudas de cómo hacerlo, aquí tienes algunas de las claves que se comentan en la guía *Abrazar la diversidad*:[33]

1. ¡SACUDE TUS PREJUICIOS!

- No presupongas la heterosexualidad, la identidad cis, las características sexuales normativas ni el género de las personas que te rodean: probablemente hay en tu entorno alguna persona lesbiana, gay, bisexual, intersex, asexual o trans.

---

32 Puedes ver *Acoso en las aulas a los menores LGTB: «A los cinco años ya se llaman maricón o marimacho»* aquí: https://www.rtve.es/noticias/20170623/acoso-menores-lgtb-aulas-5-anos-ya-se-llaman-maricon-marimacho/1569420.shtml.
33 He realizado pequeñas adaptaciones al texto original para incluir a personas con características sexuales diversas y asexuales.

- Hay muchos modos de ser heterosexual, homosexual, asexual, intersexual, bisexual o trans. Respétalos.
- No centres tu atención y relación con personas LGBTQIA+ exclusivamente en su orientación sexual, identidad o su forma de expresar el género: existen muchas más facetas de su personalidad que no se deben ver eclipsadas.
- Todas las personas hemos sido educadas en el sexismo y la homofobia: reconoce los prejuicios, los mitos y las falsas creencias que hay sobre las personas LGBTQIA+ en ti y a tu alrededor.
- La homofobia y la transfobia afectan a todas las personas, también a las personas heterosexuales que no cumplen con las normas de género y sexuales hegemónicas.

2. ¡CUIDA TU LENGUAJE!

- La discriminación entre hombres y mujeres y por orientación sexual comienza también en las prácticas lingüísticas: utiliza un lenguaje inclusivo y no sexista para que toda persona que te escuche se sienta reconocida de forma positiva en tu discurso. El lenguaje es rico y diverso, y esta puede ser una excelente oportunidad para conocer las posibilidades que ofrece.
- Evita el lenguaje homófobo y tránsfobo. Expresiones como «maricón», «bollera», «travelo» o «marimacho» no son inofensivas: aunque no tengan intención de hacer daño, son expresiones que resultan hirientes para muchas de las personas que te escuchan y no deben permitirse en ningún caso.
- Evita hablar siempre desde el punto de vista masculino (**androcentrismo**) y tratar al resto de las personas como si todas fueran heterosexuales (heterosexismo).
- Respeta el deseo de cada persona de ser tratada con el género con el que se identifica.

3. ¡LA DIVERSIDAD ES POSITIVA!

- ¡Desdramatiza! La diversidad sexual, familiar y de identidad de género constituye una excelente oportunidad educativa para construir otra escuela posible en la que todas las personas encuentren reconocimiento y respeto. La diferencia nos permite aprender de lo distinto.
- Evita referirte a los demás, sus actitudes o emociones con palabras como «normal» y «natural»: normal y natural es la diversidad humana.
- No definas a las personas por su diferencia: más allá de la orientación sexual, el género, el color de piel, el peso, la estatura, las capacidades corporales o la nacionalidad, todas las personas tenemos en común que somos seres humanos.
- Cuestiona los estereotipos y reflexiona sobre los conceptos y las realidades que asocias con la homosexualidad, la asexualidad o la bisexualidad: amor, respeto, diversidad, libertad, igualdad.
- Evita las etiquetas bicategóricas: nos encasillan y limitan. El ser humano colorea la sexualidad y el género de formas tan diversas y fluidas a lo largo de su propia vida que desborda los binarismos y las matrices cerradas.
- Incorpora una concepción de familia horizontal y vertical amplia y diversa, en consonancia con la rica diversidad de estructuras familiares presentes en los centros educativos.
- Valora positivamente y anima las expresiones de afecto y amor entre todas las personas, sea cual sea su género.

4. ¡RESPETA!

- El respeto a la diversidad sexual, familiar y de identidad de género es tarea de toda la comunidad educativa, no solo de las personas LGBTQIA+.
- Respeta la intimidad: tenemos derecho a hablar de nuestra afectividad y nuestros deseos, pero también a no hacerlo.

- Respeta la confidencialidad: tenemos derecho a decidir cuándo y con quién compartimos nuestra afectividad y nuestros deseos.
- Presta atención: en ocasiones hay preguntas que pueden incomodar o resultar irrespetuosas, más allá de la buena voluntad que las motive.
- No saques a nadie del armario sin su consentimiento: respeta los tiempos y procesos de cada persona.

5. ¡IMPLÍCATE!

- Frente a comentarios y actitudes que no respetan la diversidad, intervén siempre. Pero no prohíbas o censures sin más: escucha, intenta entender, hacer entender, cuestiona y debate. Señala con asertividad las actitudes sexistas y LGTBQIA+-fóbicas y muestra las consecuencias que tienen en las personas y en la sociedad.
- Hablar sobre homosexualidad, asexualidad, intersexualidad, bisexualidad o transexualidad no implica ser homosexual, asexual, bisexual, intersex o trans.
- Sé un referente de la diversidad: si eres una persona LGBTQIA+, plantéate la posibilidad de hacerlo visible. Si no eres LGBTQIA+, crea un clima favorable para que cualquier persona pueda hablar libremente de sus opciones sexuales y de su identidad de género como probablemente lo haces tú.
- Habla en tu entorno sobre estos temas y utiliza referencias a la diversidad comprensibles para todas las personas.
- Pon en marcha y apoya iniciativas por el respeto a la diversidad sexual, familiar y de identidad de género. ¿Sabías que muchos centros educativos cuentan con asambleas LGTBQIA+?

6. ¡FÓRMATE Y TRANSFÓRMATE!

- Identifica los recursos disponibles para trabajar el respeto a la diversidad sexual, familiar y de identidad de género, así como las instituciones y asociaciones que los ofrecen y te pueden ayudar. Comparte esta información.
- Habla con personas de la comunidad LGBTQIA+ y conoce de primera mano su realidad: tener referentes personales permite cuestionar prejuicios y estereotipos. Ten una actitud de generosidad y cariño ante realidades que pueden ser nuevas para ti.
- Acércate y participa en las celebraciones LGBTQIA+.
- Busca, lee, reflexiona, mira, escucha, propón y participa: conocer y abrazar la diversidad transforma vidas.

CAPÍTULO 10

ESTE NO ES SOLO UN GLOSARIO

Y ahora que hemos llegado al último capítulo, imagino que ya te habrás dado cuenta de que la concreción no es mi fuerte, por lo que mucha de la información que ha aparecido en las entrevistas se ha tenido que quedar fuera del libro. Asimismo, he tenido que dejarme en el tintero cierta terminología que considero que bien podría aparecer en un libro de estas características. Y por supuesto, como he ido haciendo en todos los capítulos, en este último también me gustaría seguir invitándote a que te cuestiones muchas de las creencias que nos han venido dadas como verdades absolutas por parte de nuestra sociedad y cultura predominante.

Así que, como reza el título del capítulo: este no es solo un glosario. Y, como en el resto de los capítulos, vamos a comenzar con un test. «¿Otro test más hasta en el glosario?», te preguntarás. Pues sí, y lo hago por dos motivos:

1. A pesar de que siempre he renegado de los test como herramientas de clasificación y de medición, les he pillado el truquillo y me divierte proponerlos.

2. Como te he comentado, este capítulo es mucho más que un glosario, y qué mejor manera de animarte a adentrarte en él

que empezando por despertar tu curiosidad, y espero que alguna sonrisilla también.

Vamos allá. Empieza el test #TODALOCA:

1. Si colectivamente nos ponemos a hacer suposiciones acerca de que Rosalía y Rauw Alejandro vuelven a estar juntos, a esta acción la llamaríamos:
    a) cotillear
    b) *shippear*
    c) yo paso de la heteronorma, ¿Rosalía no estaba con Hunter Schafer de la serie *Euphoria*?

2. Los **challenges**:
    a) tienen que ver con cosas absurdas como tirarte encima de la cabeza un preservativo lleno de agua y ver si se rompe o no.
    b) pueden ser acciones colaborativas en las que se recaudan fondos con fines sociales y/o pueden tener una función de mejorar el mundo.
    c) ambas respuestas son verdaderas.

3. La **plumofobia** o **intolerancia hacia la expresión de género**:
    a) sería una actitud de rechazo hacia personas que no cumplen con los mandatos de género asociados a la masculinidad y feminidad tradicionales.
    b) detrás de una persona con actitudes y comportamientos plumófobos puede haber mucha envidia, porque en realidad la persona a la que agreden les refleja algo que les gustaría hacer pero no se atreven.
    c) ambas respuestas son verdaderas.

4. El *follow/unfollow*:
   a) hace referencia a cuando seguimos o dejamos de seguir a alguien en redes sociales.
   b) puede ser una estrategia para que otra persona vea que le has seguido y así la sigas, tu ganes más *followers* o seguidores/as, y luego le dejes de seguir.
   c) Ambas respuestas son verdaderas.

5. Respecto a la **youtuber** Psico Woman:
   a) tienes que seguirla porque está #TodaLoca y en su canal encontrarás mucha información dirigida a zoomers y no tan zoomers.
   b) realiza *streamings* desde la plataforma **Twitch** y está enganchada a Twitter.
   c) es una *gamer* enganchada al *LOL*.

Respuestas correctas: 1 b) y quién sabe si c)..., 2 c), 3 c), 4 c), 5 a)

Estoy segura de que a estas alturas del libro ya eres un experto o una experta en el mundo posmilenial y que el test te ha ido fenomenal. También imagino que ya has aprendido a sumergirte en su mundo con una actitud menos prejuiciosa y libre de adultismos y que ahora puedes observar, con una mirada más limpia, qué anhelan, cómo se relacionan, qué les define, a qué aspiran y qué reivindican.

Espero que el libro te haya invitado a aproximarte a ese o esa zoomer que tienes cerca, y que estés en disposición de aprender de la generación Z, a sumarte a sus causas (que también son las tuyas) y a tender puentes intergeneracionales. Y seguro que te has quedado con algunas preguntas sobre algunos términos que han aparecido a lo largo del libro y con ganas de seguir aprendiendo. Así que... ¡aquí te los dejo!

24/7: hace referencia a 24 horas al día, 7 días a la semana.
Adultismo o **adultocentrismo**: creencia generalizada y nor-

malizada dentro de la sociedad por la cual las personas adultas son superiores a las más jóvenes. Pudiéndose otorgar por ello el derecho a faltarles al respeto, a tratarlos como objetos y/o a promover medidas políticas, económicas y educativas centradas en el bienestar propio, sin tener en cuenta los sentimientos y las opiniones de la gente de menor edad.

Alorromántica: persona que experimenta atracción romántica, es decir, que se enamora de otra/s persona/s concreta/s. Una persona arromántica es aquella que no se siente atraída románticamente por ninguna persona. Dentro del alorromanticismo podemos encontrar a personas homorrománticas, birrománticas o heterorrománticas.

Amatonormatividad: la filósofa Elizabeth Brake la define como la asunción de que una relación amorosa central y exclusiva es normal para los seres humanos, que es una meta compartida universalmente, y que tal relación es normativa, en el sentido de que debe ser deseada por encima de otros tipos de relaciones.

Androcentrismo: visión del mundo y de las cosas desde un punto de vista en el que los hombres son el centro y la medida de todas ellas, invisibilizando todo lo demás, sobre todo las aportaciones de las mujeres a la sociedad.

¿Sabías que...?

Te invito a que hagas este acertijo con un grupo de personas. A ver quién lo adivina antes. El acertijo dice lo siguiente: «Un padre y su hijo viajan en coche y tienen un accidente grave. El padre muere y al hijo se lo llevan al hospital porque necesita una compleja operación de emergencia, para la que llaman a una eminencia médica. Pero cuando entra en el quirófano dice: "No puedo operarlo, es mi hijo". ¿Cómo se explica esto?».

En mi familia lo lanzó mi madre un día que estábamos de sobremesa. En mi casa somos de picarnos con todas estas cosas intelectuales y se hizo un gran silencio acompañado de caras de concentración, que se vieron interrumpidas a raíz de una vocecilla que provenía de mi sobrina Leyre y que, sin ningún tipo de titubeo, dijo rápidamente «porque es la madre». En ese momento Leyre, mi sobrina, tenía catorce años. Fue una anécdota que me sirve para explicar tres cosas:

- cómo el androcentrismo provoca que estemos cargados y cargadas de prejuicios machistas y que tengamos ciertos sesgos cognitivos y no caigamos en que la eminencia puede ser una mujer (o en que el niño tenga dos padres).
- la posibilidad y la necesidad de reeducar nuestro cerebro.
- que mi sobrina Leyre es la mejor.

Antigitanismo: manifestación racista hacia las personas gitanas.

Antisemitismo: prejuicio, odio o discriminación sistemática hacia las personas judías.

Aporofobia: término acuñado por la filósofa Adela Cortina[1] y que hace referencia al odio o rechazo hacia la pobreza y las personas pobres. Este concepto puede interseccionar con el racismo, la xenofobia, el machismo y la islamofobia.

Asexual: persona que no experimenta atracción sexual hacia ninguna persona. Existen múltiples formas de vivir el espectro asexual, y que no sientan atracción no implica que no puedan tener deseo. Como ya sabemos, una cosa es la atracción sexual y otra la atracción romántica. Por ello, una persona asexual puede ser heterorromántica, homorromántica, birromántica o arromántica.

Bifobia: discriminación a personas bisexuales. Producto de una sociedad binarista, que encasilla a las personas en dos extremos excluyentes (heterosexual u homosexual), por lo que es más fácil aceptar que a una persona le gusten las personas del género contrario o de su propio género que el hecho de que le gusten las personas de cualquier género. Las personas bisexuales sufren mayores tasas de desconocimiento y rechazo que las personas homosexuales.

1 Cortina, Adela. *Aporofobia, el rechazo al pobre: Un desafío para la democracia*, Paidós, 2017.

Bifobia interiorizada: la bifobia (o lesbofobia, homofobia, transfobia, cuirfobia, intersexualfobia y acefobia interiorizada) hace referencia a la incorporación que una persona LGTBQIA+ hace del estigma asociado a su propia orientación sexoafectiva y/o identidad de género, interiorizando sentimientos negativos hacia ella misma y otras personas de la comunidad, lo que provoca un gran malestar psicológico.

Bigénero: género no binario en el que la persona se puede definir o encontrar dentro de los dos géneros femenino y masculino, aunque también puede encontrarse entre género neutro y semifemenino, masculino y neutro, etc. Una persona bigénero, por ejemplo, se podría identificar a sí misma como mujer y como hombre a la vez.

Binarismo de género: sistema de opresión basado en la creencia de que en nuestro marco sociocultural actual solo existen dos géneros: masculino y femenino. También se le puede llamar dualismo de género.

Binder: prenda de ropa interior que sirve para comprimir el pecho y que se vea más plano.

Birromántica: persona que puede sentir atracción romántica hacia personas de su mismo género u otros.

Bisexual: persona cuya atracción romántica y/o sexual se orienta hacia personas con un género diferente o semejante al suyo. No necesariamente al mismo tiempo, de la misma manera o en el mismo grado.

Boomer: personas nacidas entre 1949-1968 en pleno *boom* de natalidad. En el capítulo 2 puedes conocer más sobre esta generación. «Ok *boomer*» es un término que se popularizó como respuesta a comentarios adultistas realizados por una persona de más edad.

Breakdown o **mental breakdown:** es un momento de angustia mental profundo en el malestar emocional que te impide seguir con tu vida normal, y levantarte de la cama puede ser toda una odisea.

Brecha digital de género: concepto empleado para visibilizar la desigualdad de género en el mundo *online*. Podríamos hablar de la existencia de tres brechas digitales. La primera hablaría del acceso desigual a los recursos. En segundo lugar, encontramos el uso, que se basa en las personas que saben o no usar las plataformas digitales y los medios tecnológicos relacionados con Internet. Y, en tercer lugar, se sitúa la calidad de uso, un factor estrictamente cualitativo.

Buentrato/bientratarse: términos acuñados por la psicóloga feminista Fina Sanz. Fina habla de la inexistencia de estos conceptos en oposición al maltrato. Reivindica la creación y la «llevada a cabo y al cuerpo» la práctica de estos conceptos: «buentrato/bientrato», en oposición a valores que se promocionan en nuestra sociedad patriarcal. Las relaciones en la cultura patriarcal se basan en el poder y el maltrato. Propone un modelo de convivencia desde y para el buentrato, que ha de crearse en un espacio personal, relacional y colectivo. Para ello, debemos abandonar creencias antiguas, valores y comportamientos que reproducen (de forma consciente o inconsciente) el maltrato. Por contra, hemos de crear nuevos valores, otras formas de percibirnos y de relacionarnos que favorezcan el desarrollo personal y unas relaciones humanas, sociales y con la naturaleza desde el respeto a la diferencia, la cooperación y la solidaridad, la armonía y la paz.

Bullies: se traduce como «matón» o «matona». Hace referencia a quien ejerce el *bullying*.

Bullying o acoso: comportamientos reiterados de intimidación y exclusión a partir de un desequilibrio de poder en las relaciones interpersonales y que se caracteriza por ser intencional, sin mediar provocación, constante y personalizado. El *bullying* o matonaje escolar LGBTQIA+-fóbico haría referencia al acoso a personas que son o parecen LGBTQIA+. La mayor parte de los delitos de odio que tienen lugar en nuestro país se deben a la orientación sexual, expresión y/o identidad de género, de forma mucho más recurrente que otras características personales como la raza o la etnicidad.

Capacitismo: creencia de que algunas capacidades son intrínsecamente más valiosas y que quienes las poseen son mejores que el resto, que existen unos cuerpos capacitados y otros no (unos tienen discapacidad o diversidad funcional y otros carecen de ella, siendo esta una división nítida). El neurocapacitismo es un subtipo de capacitismo que sufren las personas neurodivergentes. Puede llamarse también «cuerdismo», aunque en muchas ocasiones el cuerdismo se define como discriminación hacia las personas con desajustes psicológicos.

Challenge: término de origen inglés que es utilizado en redes sociales para definir una tendencia viral en la que se invita al resto de la gente a realizar un reto. Los *challenges* comenzaron en 2014 con el #icebucketchallenge y tenían la idea solidaria de recaudar dinero. Te iban nominando para realizarlo y se creaba una cadena de apoyo económico para la asociación contra la esclerosis lateral amiotrófica (ELA). Actualmente los *challenges* se han extendido por todas las redes sociales y no tienen por qué ir asociados a algo solidario, realizándose en la mayoría de las ocasiones por diversión. Algunas plataformas como YouTube han comenzado a retirar vídeos de *challenges* al considerarlos peligrosos. Ya sabemos que todo en las redes va muy rápido y retos como el #MannequinChallenge o el #HarlemShake que, personalmente, tan buenos ratos me han hecho pasar en las aulas, parecen cosas de hace un siglo. En enero de 2020, y a raíz del programa *La Isla de las Tentaciones*, el reto de «¡Estefaníaaaaaaaaa!» o grabarte corriendo por la calle gritando ese nombre batió récords en redes.

Ciberresponsables o **ciberayudantes:** en los centros se están desarrollando nuevas estrategias grupales de detección y protección entre iguales; entre otras, programas anticiberacoso. Son equipos de alumnado con un perfil de mediadores y mediadoras y con un denominador común: ser usuarias de redes sociales. Estos equipos son formados en técnicas similares al alumnado ayudante: en resolución pacífica de conflictos, en educación emocional y habilidades sociales, entrenamiento en dilema moral, en acoso escolar y violencias de género.

Ciberfeminismo: término que surge de la unión de los conceptos «ciberespacio» y «feminismo», empleado para ilustrar la filosofía feminista contemporánea centrada en el ciberespacio, en Internet y en las tecnologías. Fue acuñado a principio de los noventa gracias a la influencia de la obra de Donna Haraway *Manifiesto cyborg* (1987), de la teórica cultural Sadie Plant, del colectivo de artistas australianas VNS Matrix, de las teorías feministas de las tecnologías y de la tercera ola feminista.

Cis o **cisgénero:** es lo contrario a «trans». Una persona cis es la que siente que el sexo de asignación al nacer coincide con su identidad. La «coincidencia» debe ser entendida dentro de la normatividad de género en la que el pene se corresponde con el hombre y la masculinidad, y la vagina con la mujer y la feminidad.

Cisheteronormatividad: norma sociocultural que marca y visibiliza a las personas cis y heterosexuales por encima del resto de orientaciones e identidades.

Cisexismo: conjunto de pensamientos o actos que establecen una jerarquía de valor entre las personas cis y las personas trans, otorgando una valoración superior y una consideración «natural» a las personas cis frente a las realidades trans e intersexuales.

Clasismo: el clasismo individual haría referencia al prejuicio y/o discriminación en el que las personas que componen una clase social discriminan a otras al considerarlas inferiores. El clasismo estructural se caracteriza por institucionalizar la estratificación social de forma pasiva, como a través de la realización de determinadas políticas desde los organismos públicos.

Coeducación: método educativo que parte del principio de igualdad de derechos y oportunidades entre géneros y la no discriminación por razón de género. Coeducar significa, entre otras muchas cosas, no establecer relaciones de dominio que supediten un género frente a otro.

Coitocentrismo: tendencia generalizada a considerar que si la práctica de las relaciones sexuales no culmina en penetración vaginal, no es satisfactoria ni completa, considerando el coito vaginal como la práctica más importante.

Colonialidad: la colonialidad favorece la representación de las personas no blancas de forma sesgada reproduciendo los modelos jerárquicos que se establecieron durante el colonialismo, cargando la imagen de las personas no blancas de prejuicios y estereotipos. La fetichización, la anulación, el etnocentrismo y la invisibilización formarían parte de la colonialidad.

Continuo de la LGTBQIA+-fobia: este concepto hace referencia al rechazo en todos los momentos y espacios de sociabilidad de sus vidas cotidianas que sufren las víctimas LGTBQIA+-fobia: en los centros educativos, en la calle, en los medios de comunicación, en las actividades extraescolares, en los grupos de amigos, en la familia, etc.

Cosificación: forma de violencia simbólica en la que a las mujeres se las trata o representa como un objeto o cosa.

Cringe: expresión que se utiliza cuando algo te da vergüenza o grima. Por ejemplo «me da *cringe* esa persona...».

Crush: amor imposible o platónico. Término muy utilizado en las redes sociales y que se ha instaurado y expandido en la juventud de una forma muy fuerte. Si es tu supermegaflechazo dirías que es tu *biggest crush*.

Cuidados: todas aquellas actividades que nos permiten mantener nuestro bienestar cotidiano entendiendo el bienestar de las personas como un estado biopsicoemocionalsocial. Así, los cuidados harían referencia a las tareas vinculadas al trabajo doméstico, al mantenimiento de la salud y a todas aquellas dirigidas a cubrir necesidades emocionales.

---

2   Puedes verlo aquí: https://www.youtube.com/watch?v=7HXWxNdDnJo.

Cultura de la violación: término acuñado por el movimiento feminista de los años setenta que hace referencia al nivel de tolerancia social a las agresiones sexuales. Una forma de entenderlas en la que el dominio, el control y la necesidad masculina se imponen a todo lo demás. La trivialización de los abusos sexuales, la cosificación de la mujer y de sujetos feminizados, la culpabilización de la víctima, la negación de la violación y la impunidad son ramificaciones de la misma violencia. Esta cultura se sustenta en una estructura social patriarcal.

Cultura de la pederastia: con este concepto haríamos referencia a la suma de la cultura de la violación con la pedofilia. Algunos ejemplos serían la representación de las vulvas en el porno *mainstream* como las vulvas de niñas prepúberes, la hipersexualización de las niñas en la publicidad o que la actriz de *Stranger Things*, Millie Bobby Brown, apareciera con solo trece años en la lista de actrices más sexis.

Diversidad funcional: este término busca sustituir la terminología negativa como «minusválido o minusválida» o «discapacitado o discapacitada». Considerando que dentro de la sociedad existen personas con capacidades diversas, diferentes entre sí, entenderíamos que existe una diversidad funcional, como una diversidad cultural o sexual. Hay personas que prefieren el término «persona con discapacidad».

Disforia de género: diagnóstico psiquiátrico asignado a las personas que sienten una disforia (disgusto, malestar) significativa o distrés debido a la discordancia entre su identidad de género y su sexo asignado (por criterios biológicos) al nacer, con el que no se identifican ni sienten como propio. El problema es que esta categoría se utiliza como sinónimo de «trans*», como definitorio de la persona, en vez de señalar que la vivencia de malestar no es algo propio de lo trans, sino una consecuencia de la transfobia. No es una enfermedad mental ni tienen por qué sentirlas todas las personas trans. De hecho, muchas personas trans manifiestan más bien sentir «euforia de género».

Doxing o ***doxxing*:** práctica en Internet de *stalkeo* o investigación y publicación de información privada sobre una persona o una organización. El objetivo suele ser el de intimidar, humillar o amenazar.

DSyDR o **DSDR:** siglas de derechos sexuales y reproductivos. Los DSDR forman parte de los derechos humanos y hacen referencia a la capacidad para ejercer libremente nuestra vida sexual y reproductiva. Esto es, el derecho a decidir sobre nuestros propios cuerpos: el derecho a decidir cuántos hijos e hijas queremos tener (o no) y cómo, a mantener relaciones afectivosexuales libres de violencia e imposiciones o al reconocimiento de las diversidades sexuales. Los DSDR están recogidos en varias declaraciones y acuerdos internacionales. La Conferencia Internacional de Población y Desarrollo (Cairo, 1994) y la IV Conferencia Mundial de la Mujer (Pekín, 1995) fueron espacios en los que el movimiento feminista consiguió un gran avance en el reconocimiento internacional de los DSDR como derechos humanos y su incidencia directa en la situación de las mujeres y las desigualdades de género.

Edadismo: discriminación por cuestión de edad. También podemos encontrar el término de «gerontofobia» o «viejismo»[3] para referirnos específicamente a la discriminación que sufren por vejez. El término «*ageism*» (edadismo) lo acuñó el psiquiatra y gerontólogo Robert N. Butler en 1969.

¿Sabías que...?

En nuestra cultura occidental, en la que las personas mayores no cotizan y por ello parece que, a pesar de que han vivido muchas experiencias y están llenas de sabiduría, no son seres valiosos o tan válidos, están muy normalizados los comportamientos y actitudes viejistas. Un ejemplo sería el «*elder speak*» o, lo que es lo mismo, hablar a las personas mayores con diminutivos o frases más simples

---

3 En el libro *La vejez, una mirada gerontológica actual*, el argentino Leopoldo Salvarezza tradujo el neologismo *ageism* como «viejismo». Según él, el viejismo es una conducta social compleja con dimensiones históricas, culturales, sociales, psicológicas e ideológicas, y es usada para evaluar, consciente o inconscientemente, el estatus social de las personas viejas.

infantilizándolas. Según varios estudios,[4] minimizar el uso del *elder-speaking* reduce los mensajes basados en estereotipos de que las personas viejas son incompetentes y dependientes, promoviendo así una comunicación que promueva y refuerce las habilidades cognitivas y funcionales y una mejor relación intergeneracional.

Enebefobia: forma específica de transfobia basada en el binarismo de género y caracterizada por el rechazo o la ridiculización hacia las personas de géneros no binarios y/o agénero.

Espejismo de la igualdad: término acuñado por la filósofa Amelia Valcárcel que hace referencia a la situación social en la que no se reconocen las actuales desigualdades y confunde la igualdad formal con la igualdad real. El espejismo[5] refleja que aún se precisa de actuaciones igualitarias que diagnostiquen y actúen sobre persistentes elementos de discriminación.

Etnocentrismo: tendencia que se basa en considerar la propia cultura como criterio único para valorar el resto de culturas, considerándola superior y juzgando a las otras. Es causado por las creencias arraigadas de las culturas imperialistas que invaden otros pueblos e imponen su cultura. El eurocentrismo sería un ejemplo de etnocentrismo y sostendría que en Europa hay un solo conjunto de creencias y valores socioculturales (cuando hay muchos, en diferentes territorios, realidades y contextos), y que constituyen patrones o modelos universales superiores a otras culturas, colocando a Europa como protagonista de la civilización humana y analizando cualquier fenómeno desde la óptica europea.

Expresión de género: expresión de la propia personalidad que cada persona siente en cuanto al género propio con independencia de si se corresponde o no con lo socialmente aceptado para su género asociado al nacer.

4   Williams, K.; Kemper, S., y Hummert; M. L. «Enhancing communication with older adults: overcoming elderspeak», *J Psychosoc Nurs Ment Health Serv*, 2005.

5   Algunas autoras, como Marcela Lagarde, se refieren a fenómenos similares con el término «velo de la ignorancia», del que John Rawls ya habló en 1971 en su obra *Teoría de la Justicia*.

Facts: crítica exagerada y en clave de humor sobre una frase poco afortunada que ha dicho algún personaje público o sobre algún acontecimiento relevante. Este término se usa sobre todo en Twitter.

Falso consentimiento: hace referencia a cuando una relación no es deseada y en la que la víctima está sufriendo violencia sexual camuflada por el modelo de sexualidad imperante en nuestra sociedad heteropatriarcal. Por eso es importante hacer hincapié en que las relaciones sexuales tienen que ser deseadas en todo momento.

Fantasía: se utiliza para decir que algo nos gusta mucho, que es una maravilla. Por ejemplo: «Sería una fantasía que Rosalía y Kylie[6] estuvieran liadas».

Fat-shaming: unión de los términos *«fat»* (gordo o gorda) y *«shaming»* (avergonzar). Ilustra la práctica de humillar a una mujer por no responder y ajustarse a los cánones de belleza que establece la norma heteropatriarcal social.

Feminicidio o **femicidio:** asesinato de mujeres por cuestión de género.[7] Es una forma de violencia de género que estaría en la parte más visible del iceberg de las violencias machistas.

Feminismos: movimientos sociales y políticos que se inician formalmente a finales del siglo XVIII y que suponen la toma de conciencia de las mujeres como colectivo humano contra la opresión, la dominación, y la explotación de que han sido y son objeto por parte del colectivo de varones en el seno del patriarcado bajo sus distintas fases históricas del modelo de producción, lo cual las mueve a la acción para la liberación de su sexo con todas las transformaciones de la sociedad que aquella requiera (Victoria Sau, 2000).[8] Hablo de feminismos, y no de feminismo, porque hay numerosas corrientes que han ido surgiendo y se siguen construyendo a lo largo de todo el mundo, que dan lugar a una enorme diversidad conceptual a la práctica feminista. Los debates del movimiento feminista internacional y estatal han evolucionado y se han diversificado ante la necesidad de

6 Me refiero a Kylie Jenner, conocida empresaria y diseñadora de la familia Kardashian.

7 En la web feminicidio.net encontrarás el listado de feminicidios en España.

8 Sau, Victoria. *Reflexiones feministas para principios de siglo.* Cuadernos inacabados n.º 34, *Diccionario Ideológico Feminista* (vol. 1.), Icaria, 2000.

atender a las distintas realidades de las mujeres y otras colectividades, teniendo en cuenta para ello no solo las relaciones de género, sino también la clase, la etnia, el racismo, la lesbofobia, los efectos de la colonización y descolonización, las migraciones transnacionales, la diversidad funcional o discapacidad, etc.

¿Sabías que...?

La periodista Nerea Pérez de las Heras, autora del libro *Feminismo para torpes*, en clave de humor y a través de escenas cotidianas, desglosa todos los aspectos derivados del sistema patriarcal y relata la evolución de la lucha feminista. La también periodista Nuria Varela, autora de *Feminismo para principiantes*, repasa el origen y la evolución del feminismo en los últimos 300 años.

Gafas violetas: también llamadas «gafas de género, lilas o gafas moradas». «Ponerse las gafas violetas» es una metáfora utilizada por la escritora Gemma Lienas en su libro *El diario violeta de Carlota*,[9] muy recomendado para población adolescente, que consiste en observar el mundo con una mirada crítica desde el punto de vista del género para ver las desigualdades entre hombres y mujeres. Esta nueva mirada se consigue cuestionando los valores androcéntricos implícitos en nuestro sistema cisheteropatriarcal.

Gamer: persona que juega habitualmente a videojuegos y a la que le fascina todo ese mundo. El youtuber español más influyente y pionero es *gamer*: El Rubius. Rubén Doblas comenzó a subir vídeos a YouTube grabando cómo jugaba a videojuegos metiendo sus toques de humor en 2006. Actualmente tiene 39,8 millones de suscriptores y suscriptoras. Sus vídeos y directos han batido récords de visitas a nivel mundial. En la actualidad, uno de los *gamers* que más

---

9 Lienas, Gemma. *El diario violeta de Carlota*, Destino, 2013.

repercusión está teniendo en España es Ibai Llanos, que crea su contenido en la plataforma Twitch.

Visto en redes

Como hemos comentado en el capítulo 6, muchas mujeres *gamers* llevan años visibilizado la cibermisoginia que se da en el mundo de juegos *online* y cómo la brecha digital de género les afecta en su práctica y cuando compiten a nivel oficial. Te recomiendo que eches un vistazo a:

- «Querida yo...» A través de un vídeo[10] que comienza de esta manera, Marina Amores dedica una carta a su yo adolescente en el que habla de cómo ha pasado de ser la friki incomprendida a dedicarse a su pasión, los videojuegos.
- Se han realizado experimentos en los que chicos *gamers* jugaban en línea con *nick name* (pseudónimo en redes) de chicas durante una semana, y han recogido todas las violencias que han recibido.[11]
- En esta lista de reproducción[12] encontrarás a la activista Anita Sarkeesian, que en la serie de capítulos *Tropes vs. Women* de YouTube analiza el carácter machista, cosificador y sexual que los videojuegos tienen respecto a las mujeres.
- En el blog A FREGAR,[13] creado por Aura, se recogen testimonios de sexismo aplastante que han vivido algunas *gamers* en los juegos *online*.

Genderqueer, **género** *queer* o **género cuir:** persona de género no binario.

---

10 Puedes encontrarlo aquí: https://www.youtube.com/watch?v=vBgpSez7vZkgenderqu&t=14s.

11 Puedes encontrarlo aquí: https://www.xataka.com/videojuegos/una-semana-jugando-online -siendo-mujer.

12 Puedes verlo aquí: https://www.youtube.com/watch?v=X6p5AZp7r_Q.

13 Puedes verlo aquí: https://a-fregar.tumblr.com/.

#GeneraciónEncontrada: etiqueta creada por la youtuber Psico Woman en diversas publicaciones y vídeos para visibilizar las aptitudes y potencialidades que tiene la juventud actual como agentes claves de transformación social.

Género fluido: término no binario que hace referencia a la persona que va fluyendo entre dos o más géneros.

Género neutro o **agénero:** persona que no se identifica ni como hombre ni como mujer. Melo Moreno, youtuber con mucha trayectoria, publicó en 2018 un vídeo[14] en el que explicaba cómo era su experiencia como persona de género neutro.

Género no binario: el binarismo es un sistema de pensamiento que considera que la realidad humana es reducible a dos categorías excluyentes: hombre/mujer, masculino/femenino, homosexual/heterosexual como conceptos excluyentes y complementarios. Cuando hablamos de no binarismos hacemos referencia a todo lo rechazado e invisibilizado por este sistema binarista, aceptando así la diversidad de vivencias, realidades, sexualidades, cuerpos y experiencias. Géneros no binarios podrían ser: agénero, bigénero, género fluido...

Geolocalización: sistema de localización que permite conocer la posición geográfica, las coordenadas o la ubicación de un artefacto tecnológico o de una persona. Cualquier teléfono inteligente se puede localizar, ya que cuenta con varios sistemas de localización: el GPS (sistema de posicionamiento global), el GSM (sistema global para comunicaciones móviles) y las redes wifi, que mandan una señal llamada MAC.

GIF: siglas de Graphics Interchange Format, un formato de intercambio de imágenes de pocos segundos que se visualiza como un vídeo animado.

GODI: siglas de géneros, orientaciones, diversas e intersexuales. Estas siglas pretenden ampliar el término LGBT para visibilizar formas de expresar y sentir la(s) sexualidad(es) que se quedan fuera de las siglas LGBT. También puedes encontrar GSRDI (explicado

---

14 Puedes verlo aquí: https://www.youtube.com/watch?v=zH4a4GRCJY4.

más abajo) o DOSGC: disidencias de orientaciones sexuales, género y cuerpo.

Gordofobia: odio y rechazo a las personas gordas, especialmente si son mujeres. Desde ciertos movimientos sociales vinculados con el feminismo se ha decidido empezar a luchar contra la gordofobia reapropiándose del término *gorda* y quitándole los aspectos negativos socialmente construidos asociados a este término. Magda Piñeyro escribió en 2016 *Stop gordofobia*. Desde entonces, se ha escrito y se ha reivindicado mucho desde el activismo gordx. En las redes de @stopgordofobia[15] encontrarás un espacio de reflexión y creación de comunidad sobre esta temática. En 2020 comienzan a realizarse las «Jornadas contra la gordofobia y violencia estética» en Canarias, que ya van por su segunda edición. La cultura de la gordofobia nos deja datos muy impactantes, como que el 80% de las mujeres prefieren ser atropelladas por un camión, tener cáncer o morirse que ser gordas. El 90% de las criaturas entre doce y catorce años prefieren quedarse huérfanos o huérfanas o estar en silla de ruedas que ser gordos y gordas. El 50% de las niñas de seis y ocho años no están contentas con su cuerpo. Como ya hemos comentado en el capítulo 5, no se trata de algo individual, sino de algo cultural, estructural y que urge cambiar. Toda esta cultura cargada de violencia estética, especialmente para las mujeres, provoca que los TA (trastornos alimentarios) sean los trastornos mentales con mayor mortalidad en la adolescencia.

¿Sabías que...?

El 6 de mayo es el Día Internacional Sin Dietas. Este día fue impulsado por la feminista Mary Evans Young, quien en el año 1992 decide emprender una lucha en contra de las empresas e industrias encargadas de promocionar el consumo de productos dietéticos y para denunciar el malestar físico y psicológico que provoca la cultura de las dietas. ¿Sabías que las dietas...?

15   En Instagram la cuenta es @stopgordofobiaoficial.

- Solo tienen un 5% de probabilidad de éxito a largo plazo (el 95% de las personas que pierden peso con dieta lo recuperan y el 65% terminan ganando más peso).
- Pueden causar adicción.
- Pueden arruinar nuestra relación con la comida.
- Son el principal detonante de un trastorno alimentario.
- Provocan debilidad, mal humor, dolor de cabeza, efecto rebote, cambios en el metabolismo y pensamientos obsesivos con la comida.
- Incrementan la insatisfacción corporal, la ansiedad y la sensación de culpabilidad.
- Los niños y las niñas empiezan a recurrir a dietas desde los ocho años. En Estados Unidos, el 80% de las niñas mayores de diez años ha estado por lo menos una vez a dieta con la finalidad de perder peso.

¿Sabías que por cada cien niños y niñas de entre once y quince años que hacen dieta, cinco presentarán un TA, cinco no tendrán ningún impacto y noventa tendrán una vida de insatisfacción corporal pasando de dieta en dieta?[16]

Grindr, Wapa, Tinder, Badoo, Ok Cupid: son *apps* de citas. Grindr y Wapa estarían enfocadas específicamente a personas gais, bisexuales y lesbianas.

GSRDI: géneros, sexualidades, relaciones diversas e intersexuales. Estas siglas pretenden ampliar el término LGBT para visibilizar formas de expresar y sentir la(s) sexualidad(es) que se quedan fuera de las siglas LGBT.

Gucci: verás esta palabra en expresiones tipo «está *to gucci*», sería el actual «está muy guay o esto mola». La expresión surge de la canción de *reggaeton* «Ta To Gucci» y hace referencia a la marca de lujo Gucci.

---

16 Estos datos los he extraído de diferentes investigaciones que se llevan realizando desde los años noventa y que he conocido gracias a algunas especialistas en nutrición como son Raquel Lobatón, los profesionales de la salud con enfoque HAES (@somoshaes o @nutrilogicas) o Ilana Borovoy.

Happycracia: título del ensayo del psicólogo Edgar Cabanas y la socióloga Eva Illouz[17] que hace referencia a la «obligatoriedad de ser feliz» y que está relacionado con el sistema capitalista actual. También podemos encontrar el término «Mr. Wonderfulismo».

Happy slapping: grabación de una agresión física, verbal o sexual y su difusión *online* mediante las tecnologías digitales.

Haters: personas que muestran sistemáticamente actitudes negativas u hostiles ante cualquier asunto. La palabra *hater*, como tal, se puede traducir como «odiador u odiadora».

Heteronormatividad: sistema de creencias y comportamientos en los que se considera la heterosexualidad como la única orientación del deseo natural, normal y válida.

Heterosexualidad obligatoria: término popularizado en 1980 por Adrienne Rich[18] que hace referencia a la asunción de la heterosexualidad por una sociedad heteronormativa. Así, las personas adoptarían la heterosexualidad independientemente de sus preferencias sexuales personales, ya que es dada como la inclinación «natural» y «normativa».

Heteropatriarcado: sistema sociopolítico en el que el género masculino y la heterosexualidad tienen supremacía sobre otros géneros y sobre otras orientaciones sexuales. Se trata de un término que enfatiza que la discriminación ejercida tanto sobre las mujeres como sobre las personas LGBTQIA+ tiene el mismo principio social machista.

Hiperconectividad: la hiperconexión o hiperconectividad hace referencia a la posibilidad que nos dan las TRIC de vivir en continua conexión.

Hiperplasia suprarrenal congénita (HSC): hay personas con cariotipo XX que muestran características intersexuales en sus genitales. En algunos casos la hiperplasia también afecta al metabolismo, por lo que requiere control médico (definición extraída de la guía *Sexualidad. Cuerpos, identidades y orientaciones*).

---

17 Illouz, Eva, y Cabanas, Edgar. *Happycracia: Cómo la ciencia y la industria de la felicidad controlan nuestras vidas,* Paidós, 2019.

18 Rich, Adrianne. *Heterosexualidad obligatoria y existencia lesbiana,* Signs, 1980.

Hipospadias: hay personas que presentan características inter-sexuales en sus genitales. Destaca que el meato urinario no se lo-caliza al final del glande del pene, sino en algún punto entre este y el perineo. Definición extraída de la guía *Sexualidad. Cuerpos, identi-dades y orientaciones.*

Hombre trans: hombre a quien al nacer se le asignó el género femenino en atención al binomio estadísticamente más frecuente, vulva/mujer.

Identidad de género: hace referencia a si una persona se iden-tifica o no con el sexo que le asignaron al nacer en función de unos genitales.

Inteligencia emocional: tipo de inteligencia, ideada por Da-niel Goleman en 1995,[19] que establece cinco características de la inteli-gencia emocional: el autoconocimiento emocional o autoconciencia emocional, el autocontrol emocional o autorregulación, la automo-tivación, el reconocimiento de emociones en los demás o empatía y las relaciones interpersonales o habilidades sociales.

¿Sabías que...?

La definición de «inteligencia» hace referencia a la capacidad de solucionar problemas o elaborar bienes valiosos. Ateniéndonos a esta definición, seguramente una de las inteligencias que más nos ayudará a conseguir esta finalidad sería la inteligencia emocional. En general, en el sistema educativo solo se evalúan dos de las mu-chas inteligencias que existen (la lingüística y logicomatemática), haciendo creer que si no eres bueno o buena en ellas, no eres inte-ligente. Existen tantas inteligencias como personas en el mundo, pero hay algunas que se han ido definiendo en las últimas décadas y que tenemos que dar a conocer a los y las posmilenials y alphas para evitar la estigmatización y el malestar. Algunas de estas inteli-gencias son (además de las comentadas): la naturalista, la interper-

19   Goleman, Daniel. *Inteligencia emocional*, Kairós, 1996.

sonal, la intrapersonal, la colaborativa, la creativa, la musical, la espacial, la corporal y cinestésica o la existencial. Todas las personas destacamos especialmente en tres de ellas, y pararnos a pensar cuáles son (si no lo hemos hecho ya) puede ser un ejercicio de autoconocimiento muy importante.

Interseccionalidad: herramienta para el análisis que nos permite entender situaciones de opresión, de privilegio y de derechos humanos en todas las partes del mundo. En palabras de Platero,[20] el término «interseccionalidad» se utiliza para señalar cómo diferentes fuentes estructurales de desigualdad (como la clase social, el género, la sexualidad, la diversidad funcional, la etnia, la nacionalidad, la edad, etc.) mantienen relaciones recíprocas. Es un enfoque teórico que subraya que el género, la etnia, la clase o la orientación sexual, como otras categorías sociales, lejos de ser «naturales» o «biológicas», son construidas y están interrelacionadas. Para aplicarla, tenemos que valorar toda la diversidad de los hombres y las mujeres jóvenes, así como revisar nuestros privilegios frente a ellos y ellas y atender a las discriminaciones múltiples que pueden sufrir. Aunque, por ejemplo, todas las mujeres, de alguna u otra manera, sufren discriminación por cuestión de género, existen otros factores como la diversidad funcional y/o discapacidad, la etnia, la clase socioeconómica, la religión, el estatus como migrante, refugiada o desplazada, la cultura, los cuerpos no hegemónicos o expresiones de género diversas.

Intolerancia hacia la expresión de género o **plumofobia:** se da contra aquellas personas que, independientemente de su orientación sexoafectiva, expresan su género de una forma que no es conforme a los roles y expectativas que corresponden a su identidad como hombres o mujeres. De este modo, por ejemplo, los hombres que no son percibidos como suficientemente masculinos sufrirán el insulto homófobo, al igual que las mujeres que no sigan los mandatos de la feminidad hegemónicos.

20   Platero, Lucas. *Intersecciones: cuerpos y sexualidades en la encrucijada*, Bellaterra, 2012.

Islamofobia: prejuicio, odio o miedo hacia el islam o las personas musulmanas.

Issue: se utiliza para describir que una situación es compleja y se traduce como «problema». *«Daddy issues»* hace referencia a las mujeres que tienen elecciones románticas que están relacionadas con la figura paterna.

ITS: siglas de infección de transmisión sexual. También se puede usar ITG (infección de transmisión genital), término con el que se incide en que el riesgo está en la interacción con los genitales, no en la interacción sexual. Usando la denominación ITG ampliamos el modelo genital asociado a la sexualidad: se puede tener perfectamente un encuentro sexual sin que haya contacto genital.

Jerarquización de género: la construcción social de las jerarquías de género hace referencia a la forma en la que aprendemos en nuestro sistema patriarcal, la supremacía de lo asociado a lo «masculino» frente a lo «femenino». Marina Subirats i Martori[21] habla de cómo esta jerarquía se instaura desde los tres años o antes en las criaturas.

¿Sabías que...?

Según el estudio *Gender stereotypes about intelectual ability emerge early and influence chindren's interests,*[22] desde que tienen seis años, las niñas identifican la inteligencia como algo que tiene que ver con los niños. Aún siendo ellas las que sacan mejores notas, no hacen una atribución interna y no lo asocian a ser listas, sino a ser más trabajadoras. Más adelante, en la adolescencia, encontramos como solo el 57% de las mujeres jóvenes muestran una actitud positiva hacia ellas mismas frente al 72% de los hombres jóvenes.

---

21 Subirats, Marina. *Coeducación, apuesta por la libertad,* Octaedro, 2017.
22 Bian, L.; Leslie, S. J., y Cimpian, A. «Gender stereotypes about intellectual ability emerge early and influence children's interests», *Science,* 2017.

LGTBQIA+-fobia: intolerancia, invisibilización, discriminación y/o rechazo a una persona por cuestión de orientación sexual, características sexuales, identidad o expresión de género. Las letras harían referencia a L (lesbiana), G (gay), T (trans), B (bisexual), Q (queer o cuir), I (intersexual), A (asexual) y + (todo lo que no viene incluido en las letras anteriores). Por ejemplo, la lesbofobia haría referencia al rechazo u odio a una mujer por ser o parecer lesbiana. Respecto a la asexualfobia también la podemos encontrar escrita en su versión abreviada: acefobia.

La LGTBQIA+-fobia se puede expresar de las siguientes formas:

1. Cognitiva: basada en pensamientos y elaboraciones teóricas: pensar que la transexualidad, la bisexualidad, el lesbianismo, etc., son antinaturales, creer que es un pecado, opinar que las personas LGBTQIA+ no deberían tener los mismos derechos, etc.
2. Afectiva: sentimientos de rechazo, asco, temor, etc.
3. Conductual: expresar el rechazo en forma de comportamientos de exclusión y rechazo activos.
4. Liberal: pensar que el espacio público debe de ser exclusivamente heterosexual y que la afectividad entre personas del mismo sexo se debe de mantener en el espacio íntimo o privado, considerando estas muestras de afecto ante los demás como una provocación o una falta de respeto.
5. Institucional: el rechazo y la discriminación de las personas LGBTQIA+ que forma parte de las normas y el funcionamiento cotidiano de las instituciones (estados, políticas públicas, centros educativos, hospitales, empresas, etc.). (Adaptación de Borillo, 2009; Pichardo, 2011; citado en IMIO, 2015.)

Living: expresión que se utiliza para recalcar que algo te encanta o te tiene emocionado o emocionada. Por ejemplo: «Estoy *living* con el nuevo tema de Eddi Circa».[23]

---

23 Eddi Circa es una cantautora de Madrid que me encanta.

LOL: acrónimo en inglés que se traduce por reírse fuertemente en voz alta (*Laughing Out Loud*). También hace referencia al videojuego *League of Legends*.

Mansplaining: neologismo anglófono basado en la composición de las palabras *varón* y *explicar*, que hace referencia a cuando los hombres explican algo a las mujeres de forma paternalista o condescendiente.[24]

Masculinidad hegemónica: este concepto, que se empieza a utilizar a partir de 1985,[25] surge de la socióloga Raewyn Connell y hace referencia a un modelo de comportamiento masculino que conlleva una posición dominante de los hombres y una subordinación de mujeres y sujetos feminizados, lo que origina una situación de desigualdad. Este modelo estaría caracterizado, entre otros aspectos, por rechazar todo lo relacionado con lo «femenino» y fomentar el riesgo, la valentía, la dureza emocional y la agresividad como sinónimos de la masculinidad.

Meme: imagen, dibujo o vídeo que suele distorsionar la realidad con el objetivo de incentivar el sentido del humor. Estos contenidos pueden tener una gran difusión gracias a la transmisión que se hace de ellos en las redes sociales. Los memes también resumen pensamientos, construyen formas de explicarnos el mundo y pueden ser una herramienta de creación de pensamiento crítico y de transformación social. Hay una creadora de memes que me gusta mucho en Instagram y que visibiliza a través de ellos aspectos de la salud mental, que es @culomala.

Micromachismos: término acuñado en 1991 por el psicoterapeuta Luis Bonino[26] que hace referencia a las violencias más invisibilizadas y normalizadas en nuestra sociedad. Son comportamientos y actitudes perfectamente legitimados por el entorno social que

---

24 Si te interesa este tema, te recomiendo el libro *Los hombres me explican cosas*, de Rebecca Solnit.

25 Connell, Raewyn W. «Masculinity, Violence and War», en *Masculinity*, Paul Patton y Ross Poole (eds.), Sídney, Intervention, 1985.

26 Bonino, Luis. «Varones y abuso doméstico», en P. Sanromán (coord.), *Salud mental y ley*, Madrid, AEN, 1991.

enmascaran modelos de relación sexistas y la aceptación de privilegios de género que implican la normalización y la aceptación de relaciones desiguales y discriminatorias entre hombres y mujeres. Son el caldo de cultivo de las violencias que podemos detectar más claramente, como los feminicidios.

Monosexismo: matriz de pensamiento excluyente en la que solo se encuentran dos orientaciones sexoafectivas válidas: la homosexualidad y la heterosexualidad.

Mood: hace referencia al estado de ánimo en el que nos encontramos. Por ejemplo, podemos compartir en una historia en Instagram una imagen de una persona con cinco tazas de café y poner al lado «*mood*», haciendo referencia al sueño que tenemos.

Mujer trans: mujer a quien al nacer se le asignó el género masculino en atención al binomio estadísticamente más frecuente, testículos y pene/hombre.

Neurodiversidad: una persona neurodiversa sería lo contrario a una persona neurotípica. Este término trata de combatir el estigma asociado a las personas cuyos cerebros funcionan de forma diferente a la mayoría. Las personas neurodivergentes poseerían rasgos neurológicos poco comunes, especialmente en el sistema nervioso central o cerebral.

¿Sabías que...?

El concepto de «neurodiversidad» surge desde personas pertenecientes al espectro autista con el objetivo de visibilizar la diversidad que existen en los cerebros de cada persona. El término lo acuñó en los años noventa Judy Singer,[27] oponiéndose a la patologización de las personas que se encontraban dentro del espectro autista y de la idea de la discapacidad. Al igual que con la conceptualización de la diversidad funcional, la neurodiversidad, más que verla como una

27 Singer, Judy. *Odd people in: the birth of community amongst people on the autistic spectrum: a personal exploration of a new social movement based on neurological diversity*, University of Technology, Sídney, 1998.

enfermedad que hay que curar, la idea sería aceptar las diversas formas de funcionamiento cerebral y adaptar la sociedad para que todas las personas puedan favorecer su capacidad de agencia y autonomía personal. Las dinámicas de opresión y poder que surgen en torno a la neurodiversidad son similares a las que surgen en torno a otras opresiones como el género, la raza o la heteronorma.

Neuromarketing: según el economista Ale Smidts, consiste en las técnicas de investigación de los mecanismos cerebrales en la mente (el subconsciente del consumidor) para descubrir cómo las marcas podían mejorar sus estrategias de *marketing*.

Nickname o nick: hace referencia a los alias o apodos que utilizamos en la red. Por ejemplo, el nombre que elegimos para interactuar en un videojuego.

Nude: quiere decir «desnudo o desnuda». Cuando se piden *nudes* con frases como *«send nudes»* o «mándame un nude» se hace referencia a que se manden fotos con poca ropa.

Objetivización: la objetivización y cosificación hacen referencia a cuando se trata a las mujeres como un «objeto» o «cosa». Son una manifestación de la violencia machista que muchas veces nos cuesta identificar como tal por la normalización social que hemos hecho. El reducir a una persona a un objeto produce la deshumanización y favorece el ejercicio de la violencia y poder sobre ella.

Orientación sexoafectiva: la orientación sexual es la capacidad, independientemente de la identidad y la expresión de género, de una persona para sentirse atraída romántica y/o sexualmente por personas de un género diferente al suyo, del mismo o de más de un género.

Out: «estar *out*» hace referencia a esta fuera de moda, fuera de onda... «Estar *in*» haría referencia a lo contrario.

Patriarcado: sistema de organización social en el que los puestos clave de poder (político, económico, religioso y militar) se encuentran, exclusiva o mayoritariamente, en manos de varones.

Phishing: estafa cuya finalidad es obtener datos privados de los usuarios para acceder a sus cuentas bancarias. La verificación en dos pasos comentada en el capítulo 4 previene del robo de claves y contraseñas.

Pinkwashing: quiere decir lavado de imagen rosa y hace referencia, dentro del contexto LGTBQIA+, a la estrategia de, por ejemplo, ciertas instituciones, para mejorar su reputación en el marco de los derechos del colectivo LGTBQIA+ cuando en realidad son diversofóbicas. Además, podemos encontrar otros «lavados de cara», como el *purplewashing* o instrumentalización de la lucha feminista, el *greenwashing* que hacen empresas para parecer más «eco» o el *cripwashing*. El *cripwashing* viene de *crip*, que significa «tullido» o «tullida», y *washing*, que quiere decir «lavado». Hace referencia a la utilización de la discapacidad como lavado de cara para sacar algún beneficio sin favorecer la inclusión real.

Plot twist: giro de la trama inesperado. Por ejemplo: «Estaba viendo el último capítulo de la serie *Genera+ion* y hubo un *plot twist* brutal, pero no te lo cuento que te hago *spoiler*». Un poco más adelante te explico lo que es *spoiler*, por si desconoces el término.

Porno *mainstream*, comercial o **masivo:** porno de fácil acceso en Internet. Suele ser violentamente misógino e irreal y ofrece una interpretación errónea sobre lo que es el sexo en realidad.

Pornrevenge, pornografía no consentida o **pornovenganza:** tipo de ciberviolencia sexual que consiste en el registro, almacenamiento o difusión de fotos, vídeos o datos personales de una persona de carácter íntimo sin su consentimiento. En el libro he preferido utilizar otra terminología más adecuada con el acto delictivo que supone tener o enviar contenido sexualizado de otra persona sin su permiso.

POV: *pont of view*. Aparte de lo comentado en el capítulo del porno, se utiliza mucho en TikTok para contextualizar un vídeo.

Privilegio: ventaja que tiene una persona o un grupo social en función de su género, orientación sexoafectiva, diversidad funcional, raza, etnia, serología, neurodiversidad, identidad, expresión de género, edad, clase social, etc., y que le permiten un mayor acceso a los recursos (materiales, simbólicos, sociales...).

¿Sabías que...?

¿Alguna vez te has parado a pensar en las desigualdades, pero también en los privilegios, que habitan en ti? ¿Alguna vez has tomado conciencia del uso que haces de los privilegios y del poder que tienes? Cuando acompañamos a menores, por ejemplo, además del adultismo interseccionarán otras ventajas frente a ellos y ellas. Para tener un acompañamiento de calidad, debemos tomar conciencia del lugar de poder que ocupamos. Aquí te dejo algunas preguntas que invitan a reflexionar sobre ello:

1. ¿Tienes DNI?
2. ¿Puedes elegir con quién mantener una vinculación amorosa?
3. ¿Eres una persona blanca?
4. ¿Has nacido en una familia con recursos económicos?
5. ¿Tiene derecho a una asistencia sanitaria pública?
6. ¿Puedes moverte sin necesidad de una silla de ruedas?
7. ¿Tu alrededor conoce tu orientación sexoafectiva?
8. ¿Tienes trabajo?
9. Si tienes trabajo, ¿dedicas menos del 50% de tu sueldo a la vivienda?
10. ¿Caminas sin miedo por la calle de noche?
11. ¿Puedes vivir tu identidad y expresión de género u orientación sexoafectiva sin miedo a que te agredan?
12. ¿Se dirigen a ti como deseas que se dirijan a ti? (hago alusión a la identidad de género)
13. ¿Eres una persona neurotípica?
14. ¿Tienes un cuerpo valorado como válido socialmente?
15. ¿Puedes relacionarte con otras personas sin que te fetichicen o cosifiquen?
16. ¿Puedes tomar tus propias decisiones sobre la gestión de tu planificación sexual?
17. ¿Eres una persona cis?
18. ¿Crees que tu etnia o práctica religiosa no te va a provocar que recibas ningún tipo de discriminación?

19. ¿Tienes estudios universitarios?
20. ¿Vives en un barrio céntrico? ¿Puedes vivir sin miedo a que una subida abrupta de tu alquiler provoque que te tengas que mudar y que no puedas vivir como y donde desees?

Recuerda que la interseccionalidad (ya definida en este glosario) «plantea que no debemos entender la combinación de identidades como una suma que incrementa la propia carga, sino como una que produce experiencias sustantivamente diferentes. En otras palabras, el objetivo no es mostrar cómo un grupo está más victimizado o privilegiado que otro, sino descubrir diferencias y similitudes significativas para poder superar las discriminaciones y establecer las condiciones necesarias para que todo el mundo pueda disfrutar sus derechos humanos».[28]

Queer o **cuir**: término anglosajón que significa «raro», «torcido» y se ha usado de forma despectiva contra las personas LGTBQIA+ (similar a como en el contexto español se utilizaba la palabra «invertido»). La comunidad LGTBQIA+ se lo ha reapropiado con orgullo de ser quien se es. Actualmente se utiliza de manera positiva para expresar que se forma parte del colectivo «soy cuir» o «colectivo cuir». También se utiliza para hacer referencia a personas que prefieren no identificarse en función de sus características sexuales, género o sexualidades.[29]

Racismo: forma de pensar en la que por cuestión de raza, color, idioma, religión, nacionalidad y/o el origen nacional o étnico se justifica la superioridad o el desprecio, el odio y el rechazo a una persona o grupo de personas.

Random: quiere decir fortuito o aleatorio. Podemos utilizar este anglicismo en expresiones del tipo: «Hoy me puse ropa muy *random*, la primera que pillé».

---

28   AWID. *Interseccionalidad: una herramienta para la justicia de género y la justicia económica. Derechos de las mujeres y cambio económico*, 2004.
29   Si quieres profundizar en este concepto, te recomiendo el vídeo que hizo Koala Rabioso para el canal colaborativo de YouTube «Spanish Queens»: https://www.youtube.com/watch?v=EsTq EsTs7FQ&t=251s.

Real: se usa para enfatizar algo que queremos expresar y se suele utilizar en mayúsculas. Por ejemplo (utilizo otra palabra ya comentada para practicar un poco): «REAL que las cucarachas me dan muchísimo *cringe*».

Salseo: cotilleo. Por ejemplo (pongo tres términos del glosario que así se interiorizan mejor): «REAL que me encantan los salseos, y tengo uno de algo que pasó la semana pasada ¡¡que os va a dejar *living*...!!».

Semigénero o **demigénero:** identidad en la que la persona tiene un género, pero no se identifica totalmente con el mismo.

Serofobia: fobia hacia una persona seropositiva (portadora del VIH). Serían el prejuicio, el miedo, el rechazo, el estigma y la discriminación, basados en el miedo irracional hacia las personas que tienen VIH. Aprovecho que hablamos de este tema para recordar que hay muchas personas que conviven con el VIH con una carga viral indetectable y que no pueden transmitir el VIH en sus intercambios sexuales.[30]

Sexismo: el sexismo es una ideología que facilita la subordinación de un grupo (mujeres) a otro (hombres). Y para lograrlo vale tanto una imagen positiva del otro grupo como negativa. Cuando un grupo domina a otro suele generar una ideología que le facilite la dominación; en el caso del género, esa ideología es el sexismo.

Sexismo ambivalente: los psicólogos sociales Peter Glick y Susan Fiske conceptualizan en 1996 la teoría del sexismo ambivalente según la cual en el sexismo habría dos componentes claramente diferenciados, aunque relacionados entre sí: el sexismo hostil y el sexismo benévolo o benevolente. La dimensión hostil refleja una clara visión negativa de las mujeres, especialmente hacia aquellas que ocupan roles no tradicionales y son percibidas como amenazadoras para la superioridad o el dominio de los hombres. Aunque actualmente

---

30. Puedes encontrar mucha información sobre indetectable = intransmisible en las organizaciones AntiSida de nuestro país. Aquí te dejo la circular del Ministerio de Sanidad: https://www.mscbs.gob.es/ciudadanos/enfLesiones/enfTransmisibles/sida/docs/PapelIndetectabilidadCargaViralTransmisionSexualVIH15Jun18.pdf.

este tipo de sexismo ha ido disminuyendo a raíz de los avances por la equidad entre mujeres y hombres y es ilegal en muchos países, el sexismo sigue perpetuándose, aunque tildándose de tintes más benevolentes. La segunda dimensión de este tipo de ideología de género, el sexismo benévolo, está más normalizado en nuestra sociedad y por eso es especialmente peligroso, y se define como «un conjunto de actitudes interrelacionadas hacia las mujeres que son sexistas en cuanto las considera de forma estereotipada y limitada a ciertos roles (madre, esposa), pero que tiene un tono afectivo (para el perceptor) y tiende a suscitar en él conductas consideradas prosociales (ayuda) o de búsqueda de intimidad (revelación de uno mismo)».[31]

¿Sabías que...?

Es importante que detectemos el sexismo benévolo que perdura en nosotros y nosotras para desarmar todas esas creencias y actitudes que, aunque de forma más sutil, reproducen sexismo. Podemos observar tres dimensiones del sexismo benevolente:

1. El paternalismo protector. Afirmaciones como la de que en caso de una catástrofe las mujeres deben ser rescatadas antes que los hombres. O la idea de que las mujeres deben ser queridas y protegidas por los hombres, así como la creencia de que los hombres deberían estar dispuestos a sacrificar su propio bienestar con el fin de proveer seguridad económica a las mujeres formarían parte de esta dimensión. El paternalismo protector hace referencia a la asunción de que las mujeres son más frágiles y necesitan una presencia masculina que le propicie protección y de la cual dependan.

2. La intimidad heterosexual sería la creencia de que el encuentro heterosexual es el espacio ideal en el que el hombre puede desarrollar una complementariedad psicológica

---

31 Glick, Peter, y Fiske, Susan. T. «The Ambivalent Sexism Inventory: differentiating hostile and benevolent sexism», *Journal of Personality and Social Psychology*, 2016.

con la mujer. Creencias como la imposibilidad de sentirnos completos y completas sin tener el amor de un hombre o de una mujer, sin tener una pareja del otro género o que todo hombre debe tener una mujer a quien amar formarían parte de esta dimensión.

3. La diferenciación complementaria de género se refiere a las creencias de que existen ciertos rasgos que caracterizan exclusivamente a las mujeres, como la emoción, la entrega... y que estos complementan a los hombres. Caracterizarían esta dimensión ideas como que las mujeres se caracterizan por una pureza que pocos hombres poseen. Que las mujeres tienen una mayor sensibilidad moral o que las mujeres, en comparación con los hombres, tienden a tener un sentido más refinado de la cultura y el buen gusto.

Sexpreading: envío por medios digitales de fotos, vídeos o texto de carácter sexual sin el consentimiento de la persona que aparece. Concepto creado por la Associació Candela y EdPAC (Educació per a l'Acció Crítica) de Barcelona para poner la atención en quien realiza la agresión y para evitar, como ocurre en ocasiones, la culpabilización de la víctima.

Shippeo: ilusión de unir dos personas o personajes en un romance. La palabra viene del inglés *relationship* («relación»), que se reduciría a *to ship*, o la traducción a la española: *shippear*. Este término refiere a la búsqueda de posibles parejas amorosas dentro de una serie, película, de Instagram, entre famosos y famosas, etc. Un *shippeo* bastante extendido entre los y las zoomers sería, por ejemplo, el conocido como «Larry Stylinson», que afirmaría la relación entre Harry Styles y Louis Tomlinson, cantantes de One Direction.

Síndrome de Klinefelter: personas cuyo cariotipo tiene un cromosoma más, nombrándose como XXY. Al tener el cromosoma Y, y por su apariencia genital, se asignan como hombres. En la pubertad sus cuerpos pueden experimentar varios grados tanto de masculinización como de feminización (definición extraída de la guía *Sexualidad. Cuerpos, identidades y orientaciones*).

Síndrome de insensibilidad a los andrógenos (SIA): personas con cariotipo XY cuyas gónadas embrionarias (que son testículos) producen andrógenos que no son absorbidos por los tejidos de su cuerpo. Esto hace que se desarrollen (incluidos los genitales) con características sexuales hembriles, quedando en el interior de su cuerpo los testículos (definición extraída de la guía *Sexualidad. Cuerpos, identidades y orientaciones*).

Síndrome de Turner o monosomía X: hay personas con un solo cromosoma, el X, cuyo cariotipo se representa como Xo, debido a lo cual no se desarrollan los ovarios ni otros caracteres sexuales secundarios (definición extraída de la guía *Sexualidad. Cuerpos, identidades y orientaciones*).

Smartphone: móvil que incorpora tecnología inteligente avanzada de transmisión de voz y datos y que funciona como un ordenador, aumentando las funciones del móvil convencional.

Socialización diferencial de género: forma en la que vamos adquiriendo (aún desde antes de nacer, desde el momento en el que se conoce nuestro sexo registral) identidades diferenciadas de género que conllevan estilos cognitivos, actitudinales y conductuales, así como normas estereotipadas de la conducta asignada a cada género. Todo ello se hace de forma consciente e inconsciente a través de los agentes socializadores: familia, sistema educativo, entorno virtual, música, etc.

Spoiler: «hacer *spoiler*» es destripar o dar a conocer una parte importante de la trama de un libro, serie, película, etc.

Sticker: los *stickers* serían una especie de pegatinas virtuales que podemos utilizar en aplicaciones como WhatsApp o Instagram para comunicarnos y expresar estados anímicos. Son más elaborados que los emojis (emoticonos normales, de los del WhatsApp, por ejemplo).

Slut-shaming: concepto anglosajón que surge de la unión de los términos *slut* («puta») y *shaming* («avergonzar»). Se trata de la práctica de tildar de puta y humillar a una mujer por sus comportamientos o deseos sexuales.

Sugar daddy: hace referencia a hombres adultos que buscan a mujeres jóvenes (*sugar babies*) a las que pedir acompañamiento, intimidad sexual y/o romántica a cambio de regalos caros o darles dinero. Este tipo de transacción se sostiene sobre el mayor poder adquisitivo de los hombres y la mayor precariedad y vulnerabilidad de las mujeres jóvenes en una sociedad patriarcal.

Telaraña de la violencia de género: la escritora Catherine Kirkwood, en su libro *Cómo separarse de su pareja abusadora*,[33] habla de cómo la violencia ejercida en el marco de la pareja o expareja es como una araña que teje su telaraña a tu alrededor y que te impide ver con claridad. Y va creciendo y creciendo conformándose por multitud de hilos prácticamente invisibles que te atrapan. Algunos de estos «hilos» serían el hilo de la intimidación, el hilo de la cosificación, de la degradación, de la intimidación, el hilo de la sobrecarga de responsabilidades, de la privación, el de la distorsión de la realidad subjetiva o el hilo de las estrategias defensivas. Si, como hemos hablado en el capítulo de la violencia de género, sumamos el ciclo de la violencia a la sensación de estar atrapada en hilos que oprimen, seguidos de momentos de «luna

---

32 Puedes encontrarlo aquí: https://www.donestech.net/files/kitviolencies2019_cast.pdf.
33 Kirkwood, Catherine. *Cómo separarse de su pareja abusadora*, Granica, 1999.

de miel» en los que todo es maravilloso, se puede comprender mejor la desestabilización psicológica y el estado de indefensión que produce este tipo de violencia. La metáfora de la telaraña se utiliza para visibilizar la complejidad de este tipo de violencia instrumental.[34]

Tilt o **tilteado:** hace referencia a que un jugador está saturado, frustrado o enfadado en una partida y no consigue avanzar en el juego. Este término tiene su origen en el póquer y actualmente se utiliza en la cultura *gamer*.

Timeline, **bio** o *feed*: espacio que una red social le dedica a los contenidos publicados y que se quedan permanentemente, no como en las historias de Instagram donde el contenido dura 24 horas, a no ser que lo ancles a una «historia destacada». El *feed* marcaría la línea del tiempo de cada una de las redes sociales donde se pueden ver las publicaciones de forma cronológica.

Todes: complemento frente a «todos» o «todas» que incluye a las personas de género no binario. Pásate por el capítulo 9 del libro, que te lo explico en profundidad.

Trend o **trending:** contenidos, retos, temas de interés, artículos de moda... que son tendencia.

Trigger o **trigger warnings:** temas que nos detonan emocionalmente o para referirnos a advertencias de contenido sensible. Por ejemplo, cuando publico un *post* en Instagram con contenido que puede retraumatizar a determinadas personas suelo avisar poniendo: «Aviso de Contenido» o «*Trigger Warning*» (o emoji de señal de atención) seguido de la temática del *post*. Por ejemplo: «*trigger warning:* abuso sexual infantil».

TRIC: siglas de tecnologías de la relación, información y comunicación.

Troll o **trol:** en la red sería una persona que bajo el anonimato busca atacar o molestar a través de mensajes ofensivos.

Tuenti: red social fundada en España en 2006 y que arrasó entre la juventud alrededor de 2008-2012. Se convirtió en la red social

---

34 La actriz y superviviente de violencia de género Pamela Palenciano tiene un vídeo en el que explica en primera persona cómo se pone en práctica esta telaraña: https://www.youtube.com/watch?v=ig1pqSmSiDY.

más usada en nuestro país previo al auge de Facebook, Twitter e Instagram. En 2010 la vendieron, y a partir de 2012 empezó a desaparecer. Hablar hoy en día de Tuenti sería como hablar de la época romana. Algo que pasó hace mucho y que está muy *out* o fuera de onda.

Tumblr: red social de estilo *microblogging* que permite compartir imágenes, textos, vídeos y enlaces.

Twitch: plataforma propiedad de Amazon que permite realizar transmisiones en vivo. En ella predominan las retransmisiones de videojuegos en *streaming*.

Unfollow: dejar de seguir a alguien en redes sociales. El *follow/unfollow* se refiere a seguir y dejar de seguir a un perfil en redes, y se puede realizar como llamada de atención para que te siga, ganar un *follow* o seguidor y luego dejarle de seguir. Dentro del «salseo» o el cotilleo en redes se vigila mucho los *follow* y *unfollow* entre parejas o exparejas para hipotetizar si siguen juntas o no.

Violencia estructural: situaciones en las que se produce un daño en las necesidades humanas básicas (supervivencia, bienestar, identidad o libertad) como resultado de los procesos de estratificación social, es decir, sin necesidad de formas de violencia directa. La violencia estructural hacia las mujeres serían las barreras intangibles e invisibles que impiden el acceso de las mujeres a los derechos básicos. Esta violencia deriva del lugar que las mujeres ocupan en el orden económico, social y de poder hegemónicos en nuestra sociedad patriarcal: estructura de la propiedad y de los salarios desiguales, feminización de la pobreza, el poder sesgado a favor de los hombres, la división sexual del trabajo, etc.

Violencia simbólica: concepto acuñado por Pierre Bourdieu en la década de los setenta que se utiliza para describir una relación social en que la persona que domina ejerce un modo de violencia indirecta y no físicamente directa en contra de las personas dominadas, las cuales no la evidencian y/o son inconscientes de dichas prácticas en su contra, por lo cual son «cómplices de la dominación a la que están sometidos o sometidas». Esta violencia está interiorizada y naturalizada hasta el punto de que creemos que las cosas «siempre fueron así» y, por lo tanto, nuestros valores y lugares dentro de la sociedad serían no solo incuestionables, sino también inmutables. La utilización del cuerpo de las mujeres (cosificación) como reclamo publicitario sería una violencia simbólica muy utilizada en los medios de comunicación.

Wringe: no quiere decir nada. Me he inventado esta palabra para vacilarte en el test del capítulo 4... XD ;)

XD: emoticono que sirve para visibilizar una carita que se ríe a carcajadas. Por ejemplo, si recibiéramos un WhatsApp que dijera «El otro día me lo pasé muy bien... XD». Se podría traducir por algo así como «El otro día me lo pase muy bien... je, je, je».

Xenofobia: prejuicio, odio, miedo o rechazo dirigido hacia personas de otros países o culturas.

Yass: expresión de júbilo que sería algo así como un «¡Síííi!». También se puede utilizar «*Yay*» o «*slay*». La expresión «*Yassss queen*» sería algo así como dar un aplauso o decir «¡bravo!» a una persona que es cercana y consideras que es una campeona.

Youtuber: persona que publica vídeos de creación propia mediante el servicio de videos *online* de la plataforma YouTube. Hay muchos y muchas tipos de youtubers: *gameplays* o *gamers* (suben vídeos grabándose mientras juegan a videojuegos), *vloggers* (vídeo *bloggers*), de belleza, de comedia, *unboxings* (desempaquetan productos delante de la cámara), de bromas, *challenges*, entrevistas, de *covers* (versiones propias de canciones famosas)... Te recomiendo especialmente a la youtuber autora de este libro, la Psico Woman. XD.

AGRADECIMIENTOS

A pesar de que desde pequeña he encontrado en los libros un gran refugio, escribir un libro nunca ha estado entre mis planes, nunca ha sido una meta por alcanzar por varios motivos.

Escribir un libro se me hacía un poco dogmático para alguien como yo, que me dedico a crear espacios formativos en los que el diálogo bidireccional es clave.

Escribir un libro siendo una persona sin formación específica en el arte de la escritura y que cuestiona la normalización del intrusismo laboral actual me parecía extraño.

Sabía que escribir un libro me pondría al borde de un abismo, con mi síndrome de la impostora bien cerquita repasando cada una de las más de 100.000 palabras que tienen esas páginas. Intentando acercar estas temáticas tan complejas de la forma más accesible, inclusiva y actualizada, y sudando para aceptar en cada una de estas palabras la idea de que fuera posible. No lo es. Es imposible atender a cada una de las subjetividades que acompaña a cada lector o lectora. Así que pido disculpas por las exclusiones que mis palabras puedan provocar en algunas páginas y porque hablo de temas que están en constante construcción, e igual lo que he escrito ya está obsoleto cuando me leas.

Y, por último escribir un libro me iba a tener pegada a una pantalla. Y soy ciberactivista porque soy una entregada a estos temas que me movilizan y de los que hablo en el libro, pero no soy de pantallas. Soy de calle, de barrio y de aulas.

Así que, como ya te imaginarás, esto no ha sido un camino nada fácil. N-A-D-A fácil. Por suerte, ha sido posible gracias al apoyo de muchas personas:

Roy, Cris, Ruipe, Noemi, Susana, Carol, Cristina, Elisa, Ana Roma, Patri, Sis&Bro, Olivia (esa *coach* improvisada que surgió como un faro en medio de un naufragio), Itziar y Sio, gracias por vuestro cariño, aportes, paciencia, *tuppers* y presencia.

Alicia y Carlos, a pesar de no entender la necesidad que tenía de pasar tantas horas de mi vida delante de un ordenador, me habéis cuidado incondicionalmente. Y ha sido precioso dejarme cuidar por vosotros.

Mari, directamente a ti te debo un apartamento en Almuñécar... Gracias por estar 24/7.

Tusti y David, confiasteis en mí sin casi conocerme hace ya muchos años y me permitisteis pasar por muchas muchas aulas, transmitiendo amor y respeto hacia el trabajo grupal con jóvenes... Gracias.

Salir de mi piso con la cara, el cuerpo y los pelos descompuestos y sentir el calor de mi barrio, sus establecimientos y sus gentes es algo que no tiene precio. Gracias, Realejo.

En este libro ha participado de forma más o menos directa la voz de las personas de las que aprendo cada día desde 2005. La generación Z, la #GeneraciónEncontrada. Esto va por vosotres. Gracias por enseñarme tanto.

Gracias a todes les zoomers que han participado con sus testimonios y a los y las ciberactivistas que respondisteis a mis entrevistas sin dudarlo. Gracias a todas las personas (especialmente a les posmilenials) a las que acompaño en consulta. Conocer vuestra psique y honrarla me hace tener una perspectiva mucho más amable y esperanzadora de la humanidad.

Conocí a Gemma (Gemma Altell, la autora del prólogo) al inicio del proyecto Psico Woman. Cuando nadie me hacía ni caso, me topé por Facebook con un artículo[1] en el que una psicóloga de Barcelona hablaba de que había conocido por casualidad un canal de una youtuber que hablaba de sexo, empoderamiento... Se lo puso a sus hijas adolescentes y estas se engancharon al instante. Así Gemma se dio cuenta de que, si queríamos llegar a la juventud, utilizar sus herramientas y códigos, debíamos aproximarnos a ella sin prejuicios. Ese reconocimiento significó mucho para mí, estaba claro que tenías que ser tú la que escribiera el prólogo de este libro. Gracias, Gemma, por no dudarlo ni un momento.

Gracias a todas las personas que lleváis años animándome a que escribiera un libro. Gracias a las que creéis en mí y me lo hacéis saber. Gracias a las que me paráis por la calle y me agradecéis lo que hago o me mandáis esos DM tan llenos de cariño o respondéis a mis historias cuando no puedo más mandándome corazones... Habéis sido una brisa que me abrazaba a ratitos en el abismo.

Gracias.

Entre mis sueños nunca ha estado el escribir un libro. Mi sueño siempre ha sido generar espacios seguros en los que se propicia el diálogo, la reflexión y la (de)construcción conjunta. Espero que este libro propulse estos diálogos y que nos encontremos en algunos de ellos.

Si quieres que hablemos, me puedes encontrar en la calle, el barrio, las aulas, los teatros y a través de las pantallas en:

lapsicowoman@gmail.com
www.lapsicowoman.blogspot.com
@lapsicowoman
www.psicowoman.com

---

1   Altell Albajes, Gemma. «Adolescencia y feminismo: entendiendo sus códigos», *ElDiario.es*, 4 de julio de 2016.

PARA AMPLIAR INFORMACIÓN

LIBROS

Altable, Charo. *Otras maneras de amar. Otro amor es posible*, Octaedro, 2018.

Angel, Katherine. *El buen Sexo Mañana. Mujer y deseo en la era del consentimiento*, Alpha Decay, 2021.

Ballester Brage, Lluís, y Rosón Varela, Carlos. *Pornografía y educación afectivosexual*, Octaedro, 2020.

Ballesteros, Juan Carlos; Rubio, Anna; Sanmartín, Anna, y Tudela, Patricia. *Barómetro Juventud y Género 2019*, Madrid: Centro Reina Sofía sobre Adolescencia y Juventud, Fad, 2019.

Barjola, Nerea. *Microfísica sexista del poder. El caso Alcàsser y la construcción del terror sexual*, Virus, 2018.

Berbel, Anna. *Arte Mapache. Relatos cotidianos imperfectos*. Fanzine autoeditado, 2019.

Bertomeu, Gusi. «Nativos digitales: una nueva generación que persiste en los sesgos de género», *Revista Estudios de Juventud*, 2011.

Bertrán, Julia. *Amar y timar*, Bridge, 2017.

Bruschi Piñeyro, Magdalena. *Arte Mapache. 10 gritos contra la gordofobia*, Vergara, 2019.

Bruschi Piñeyro, Magdalena. *Stop Gordofobia y las panzas subversivas*, Zambra, 2016.

Butler, Judith. *Deshacer el género*, Paidós, 2006.

Butler, Judith. *El género en disputa: el feminismo y la subversión de la identidad*, Paidós, 2017.

Castro Córdoba, Ernesto. *El trap. Filosofía millennial para la crisis en España*, Errata Naturae, 2019.

Chesler, Phyllis. *Mujeres y locura*, Continta me tienes, 2019.

Coll, Elisa. *Mitos del amor romántico: causas, consecuencias y alternativas*. Fanzine autoeditado, 2019.

Coll, Elisa. *Resistencia bisexual. Mapas para una disidencia habitable*, UHF, 2020.

Coria, Clara. *El amor no es como nos lo contaron... Ni como lo inventamos*, Oniro, 2011.

Cuddles, Kimchi. *Poliamor*, Continta me tienes, 2017.

De las Heras, Roma; Gallén, Carla, y Atance, Belo. *Anarquía relacional, una novela gráfica*. Continta me tienes. [Escribiéndose e ilustrándose actualmente, igual cuando me leas ya ha salido a la venta.]

Easton, Dossie, y W. Hardy, Janet. *Ética promiscua*, Melusina, 2018.

EdPAC/Candela. *Per què li diuen sexting quan parlen de sexpreading?*, 2020.

Elogia. *Estudio de redes sociales 2020*, IAB Spain, 2020.

Federici, Silvia. *Calibán y la bruja: mujeres, cuerpo y acumulación originaria*, Traficantes de sueños, 2010.

Fisher, Fox, y Fisher, Owl. *Guía de supervivencia para adolescentes Trans*, Bellaterra, 2019.

Foucault, Michel. *Historia de la Sexualidad I. La voluntad de saber*, Siglo XXI, 2019.

Frankl, Viktor E. *El hombre en busca del sentido*, Herder, 2015.

Freud, Anna. *El yo y los mecanismos de defensa*, Paidós, 1985.

Galán, Roy. *Los Amores*, Nube de Tinta, 2021.

Galán, Roy. *Fuerte*, Alfaguara, 2020.

Galán, Roy. *Haz que no parezca amor*, Nube de Tinta, 2019.

García Casuso, Saida, y Aventín Ballarín, Natalia. *Guía de Acompañamiento respetuoso, Identidades Trans*, EUFORIA, 2019.

Garrido-Macías, M.; Villanueva-Moya, L.; Alonso-Ferres, M.; Sánchez-Hernández, M. D.; Badenes-Sastre, M.; Beltrán-Morillas, A. M.; Herrera,

A.; Expósito, F., y Herrera, M. C. «Sexting during confinement in Spain: prevalence, motivations and predictor variables», *Studies in Psychology*, 2021.

Goldsman, Florencia, y Natansohn, Graciela. *Violencia contra las mujeres en red, vigilancia y el derecho a la privacidad*, 2016.

Goldsman, Florencia. «Preocuparse y ocuparse: Cuidados digitales ante un Internet cada vez más violento», *Píkara Magazine*, 2020.

Grupo educación COGAM. *LGBT-fobia en las aulas. ¿Educamos en la diversidad afectivo-sexual*, COGAM, 2015.

Halberstam, Jack. *Masculinidad femenina*, Egales, 2008.

Haraway, Donna. *Manifiesto Cyborg*, Kaotica, 1983.

Herrea Gómez, Coral. *Guía de recursos para profesionales que trabajan con adolescentes varones las masculinidades no violentas*, Instituto Canario de Igualdad, 2020.

Herrera, Coral. *Hombres que ya no hacen sufrir por amor*, Catarata, 2019.

Herrera, Coral. *Mujeres que ya no sufren por amor*, Catarata, 2018.

Hybridas; Komons. *Las violencias machistas en línea hacia las activistas*, Calala fondo de mujeres, 2020.

Kirkwood, Catherine. *Cómo separarse de su pareja abusadora*, Granica, 1999.

Labriola, Kathy. *El libro de los celos*, Melusina, 2017.

Lagarde, Marcela. *Claves feministas para el amor*, Batalla de ideas, 2015.

Latorre, Laura. *Polifonía Amorosa*, Bellaterra, 2017.

Lauretis, Teresa. *Technologies of gender. Essays on theory, film and fiction*, Macmillan Press, 1989.

Linares Bahillo, Estibaliz. *El iceberg digital machista: análisis, prevención e intervención de las realidades machistas digitales que se reproducen en la natividad de la CAE*, Instituto Vasco de la Mujer, 2019.

Lizarraga, Cristina. «Quítame la culpa», *Píkara Magazine*, 2020.

López Daniel. *Sobre el derecho de los hermafroditas*, Melusina, 2015.

Martín, Nadia. *La imposición de la belleza* (documental), 2019.

Miller, Amarna. *Vírgenes, esposas, amantes y putas*, Martínez Roca, 2021.

Missé, Miquel, y Coll-Planas, Gerard. *El género desordenado: críticas en torno a la patologización de la transexualidad*, Egales, 2013.

Missé, Miquel. *A la conquista del cuerpo equivocado*, Traficantes, 2018.

Missé, Miquel. *Transexualidades. Otras miradas posibles*, Egales, 2013.

Neff, Kristin. *Sé amable contigo mismo. El arte de la compasión hacia uno mismo*, Paidós, 2020.

Núñez Gómez, Patricia; Ortega Mohedano, Félix; Monguí Monsalve, Mónica, y Paul Larrañaga, Kepa. *El uso de dispositivos móviles y Apps por los niños y niñas en España post-confinamiento*, SIC-SPAIN, 2020.

Occimorons. *Esas cosas que nos pesan*, Bruguera, 2021.

Palenciano, Pamela. *Si es amor, no duele*, #BlackBirds, 2017.

Parra, Noemí. *Historias de afectos. Acompañar la adolescencia trans*, Bellaterra, 2021.

Parreñas Celine, Miller Mireille. *Porno feminista. Las políticas de producir placer*, UHF. 2016.

Paz, Juan Ignacio. *Relaciones y parejas saludables: Cómo disfrutar del sexo y del amor*, Junta de Andalucía, Consejería de Salud, 2010.

Plaqueta y Andonella. *Amiga, date cuenta*, Zenith, 2020.

Platero, Lucas. *Intersecciones: cuerpos y sexualidades en la encrucijada*, Bellaterra, 2012.

Platero, Lucas. *Transexualidades. Acompañamiento, factores de salud y recursos educativos*, Bellaterra, 2014.

Preciado, Paul B. *Manifiesto Contrasexual*, Ópera prima, 2014.

Renee Taylor, Sonya. *El cuerpo no es una disculpa: el poder del autoamor radical*, UHF, 2020.

Requena Aguilar, Ana. *Feminismo vibrante: si no hay placer, no es nuestra revolución*, Roca, 2020.

Riviere, Josetxu; Pons, Alba; Leal, Daniel Antonio; Portilla, Edu; Bergara, Ander; Vázquez, Norma, y Otxotorena, Mikel. *Masculinidades: Materiales para la formación y el debate*, Consejería de Igualdad del Cabildo de Gran Canaria, 2017.

S. Vance, Carole. *Placer y Peligro. Explorando la sexualidad femenina*, Talasa ediciones, 1989.

Saiz, Eva. «Aburrimiento, incertidumbre y clausura: cóctel perfecto para la adicción al juego "online"», Sociedad, *El País*, 2020.

Sanmartín, Anna; Tudela, Patricia; Ballesteros, Juan Carlos, y Rubio, Ana. *Barómetro Juventud y Género 2019. Violencia y acoso.* Centro Reina Sofía sobre Adolescencia y Juventud, Fad, 2019

Sanz, Fina. *Los vínculos amorosos*, Kairós, 1995.

Segato, Rita. *La guerra contra las mujeres*, Traficantes de sueños, 2016.

Serra, Laia. *On line gender based violence*, 2018.

Serra Sánchez, Clara; Garaizabal, Cristina, y Macaya, Laura. *Alianzas rebeldes*, Bellaterra, 2021.

Sigma Dos. *Discursos de odio sexistas en redes sociales y entornos digitales*, Madrid, Centro Reina Sofía sobre Adolescencia y Juventud, Fad, 2021.

Silverberg, Cory, y Smyth, Fiona. *Sexo es una palabra divertida*, Bellaterra, 2019.

Simón, Pablo; Clavería, Silvia; García Albacete, Gema; López Ortega, Alberto, y Torre, Margarita. *Informe Juventud España*, 2021.

Sobrino-Bazaga, Adriana, y Rabito-Alcón, María. «Gender differences existing in the general population in relation to body dissatisfaction associated with the ideal of beauty: a systematic review», *Estudios de Psicología*, 2018.

Stewart, Chris. *Entre limones. Historia de un optimista*, Almuzara, 2006.

Subdirección General de Sensibilización, Prevención y Estudios de la Violencia de Género (Delegación del Gobierno contra la Violencia de Género). *Macroencuesta de violencia contra la mujer*, Ministerio de Igualdad, 2020.

UNESCO. *Behind the numbers: ending school violence and bullying.* (trad. cast.: *Detrás de las estadísticas: terminando con la violencia escolar y el bullying*), United Nations Educational, Scientific and Cultural Organization, 2019.

Valls, Carme. *Mujeres invisibles para la medicina*, Capitán Swing, 2020.

Vasallo, Brigitte. *Pensamiento monógamo, terror poliamoroso*, La oveja roja, 2018.

VV. AA. *(H)amor*, Continta me tienes, 2015-2020.

Weeks, Jeffrey. *El malestar de la sexualidad*, Talasa, 1993.

Williams, Alex. «Meet Alpha, the next-next Generation», *The New York Times*, 2015.

Wolf, Naomi. *El mito de la belleza*, Continta me tienes, 2020.

Zafra, Remedios. *Un cuarto propio conectado. (Ciber)espacio y (auto)gestión del yo*, Fórcola, 2010.

RECURSOS

A priori. Programa de prevención de adicciones en la familia: http://www.zaragoza.es/contenidos/sectores/adicciones/apriori-web.pdf.

Agencia Española de Protección de Datos: 901 233 144 /whatsapp (616 172 204) / canaljoven@aepd.es.

Clickeando. Programa de prevención del uso problemático de Internet y redes sociales: http://www.codajic.org/sites/www.codajic.org/files/Programa-prevencion-uso-problematico-Internet-redes-sociales-Clickeando-Web(1).pdf.

Delegación del Gobierno para la Violencia de Género. *El ciberacoso como forma de ejercer la violencia de género en la juventud: Un riesgo en la sociedad de la información y el conocimiento*. Ministerio de Sanidad, Servicios Sociales e Igualdad, 2014.

Información sobre las adicciones comportamentales sin sustancia: https://www.euskadi.eus/informacion/adicciones-comportamentales-sin-sustancia/web01-a3adicom/es/.

Informe sobre adicciones comportamentales: https://pnsd.sanidad.gob.es/eu/profesionales/sistemasInformacion/sistemaInformacion/pdf/2019_Informe_adicciones_comportamentales_2.pdf.

Línea de Ayuda en Ciberseguridad (Instituto Nacional de Ciberseguridad): 017/ https://www.incibe.es/linea-de-ayuda-en-ciberseguridad.

Lista de reproducción: *Masculinidades no Hegemónicas | Psico Woman*. Puedes encontrarla aquí: https://www.youtube.com/watch?v=NR2C6JwLXSE&list=PLapT7p-s-vz4dPnJEpAYi6GjI9R6BRiGu.

¿Qué te juegas? Programa de prevención escolar de abuso del juego de apuestas: quetejuegas.org.

Verificadores de noticias: Maldito Bulo https://maldita.es/malditobulo/1 y Newtral https://www.newtral.es/.

GUÍAS DE INTERÉS

AMPGYL. *Guía de la asociación de madres y padres de gais, lesbianas, bisexuales y transexuales*. AMPGYL, 2019.

Calvo González, Soraya. *Sexting Positivo*, Conseyu de la Mocedá del Principáu d'Asturies, 2015.

De la Peña Palacios, Eva. *Despatriarcando masculinidades*, Consejería de Educación, Universidades Cultura y Deportes del Gobierno de Canarias, 2020.

Duque, Isabel. *Guía Didáctica: Conectar sin que nos raye*, CMIM Andújar, 2020.

Estébanez, Ianire. *La ciberviolencia hacia las adolescentes en las redes sociales*, Instituto Andaluz de la Mujer, 2018. Guía básica de la IA (Inteligencia Artificial) https://atozofai.withgoogle.com/intl/es/.

Familias por la diversidad. *Guía para padres y madres. Qué hacer cuando un hijo o una hija nos dice que: "mamá, papá, soy gay"; "papá, mamá, soy lesbiana"*. Familias por la diversidad.

Fernández Fernández, Diego; Gómez Beltrán, Iván. Guía: *Nuevos Espacios de Seducción*, Conseyu de la Mocedá del Principáu d'Asturies, 2019.

Fernández Zurbarán, Paola. *Guía para profesionales ante chicas jóvenes que sufren violencia de género: saber mirar, saber acoger, saber acompañar*, Instituto Andaluz de la Mujer, 2018.

Guía clínica específica sobre la juventud y el juego *online* para profesionales: https://fejar.org/wp-content/uploads/2019/04/Guia-JOVENES18_WEBC.pdf.

Guía de Instagram para familias: https://eses.facebook.com/help/instagram/154475974694511/?helpref=hc_fnav&bc[0]=Ayuda%20de%20Instagram&bc[1]=Centro%20de%20privacidad%20y%20seguridad.

Guía de prevención con perspectiva de género sobre los usos problemáticos de las TIC en niñas, niños y adolescentes: https://www.observatorio delainfancia.es/ficherosoia/documentos/7379_d_Guia-TIC-CentroLas13 Rosas.pdf.

Guía de Tik Tok para familias: https://www.tiktok.com/safety/resources/for -parents?lang=es&appLaunch=web.

Guía juventud y juegos de azar. Una visión general del juego en los jóvenes: http://www.injuve.es/sites/default/files/adjuntos/2019/06/juventud_y _juegos_de_azar.pdf.

Martín, Nadia. *Guía Didáctica: Violencia estética e imposición del ideal de belleza*, Gobierno de Canarias, 2021.

Parra Abaúnza, Noemi. *Sexualidad. Cuerpos, identidades y orientaciones*, Instituto Canario de Igualdad, 2018.

Paz Rodríguez, Juan Ignacio; Fernández Zurbarán, Paola. *Guía para padre y madres con hijas adolescentes que sufren violencia de género*, Instituto Andaluz de la Mujer, 2014.

Rodríguez Suárez, María. Guía: *La construcción del imaginario sexual en las personas jóvenes, la pornografía como escuela*, Conseyu de la Mocedá del Principáu d'Asturies, 2020.

Varon, Joana; Felizie, Natasha. *Safer Nudes-Guía Sensual de Seguridad Digital*, Codin Rights.

Vergés Bosch, Núria / DonesTech. *Redes sociales en perspectiva de género: Guía para conocer y contrarrestar las violencias de género on-line*, 2017.

VV. AA. *Guía Somos Diversidad*, Ministerio de Derechos Sociales y Agenda 2030 y Ministerio de Igualdad, 2020.

Yanes Bathencourt, Zaida. *Te acompaño: Guía de intervención con menores que sufren o han sufrido una situación de violencia de género*, Instituto Canario de Igualdad, 2020.

También podéis consultar en mi página web este recopilatorio de guías y recursos que se han publicado en los últimos años: https://lapsicowoman. blogspot.com/2025/01/recursos-para-seguir-profundizando.html

WEBS DE INTERÉS

#PuedesPararlo Agencia Española de Protección de Datos: https://www.aepd.es/canalprioritario/

Pornografía no consentida: https://acoso.online/es/

Donestech: https://www.donestech.net/

Colectiva Luchadoras: www.luchadoras.mx

Autodefensa Online: www.autodefensa.online

Ciberseguras: https://ciberseguras.org/

Red Levadura: https://redlevadura.net/

No More Haters: https://nomorehaters.es/

Candela: https://candela.cat/recursos/

Tabú: http://tabu.cat/

Mi novio me controla: http://minoviomecontrola.com

Adolescencias y cuerpos: www.adolescenciasycuerpos.org

Brújula intersexual: www.brujulaintersexual.org

More Than Two: https://www.morethantwo.com/polyglossary.html

Asexuality: https://es.asexuality.org/

SERIES DE INTERÉS

Generation (Zelda Barnz y Daniel Barnz, 2021)

Skam (Julie Adem, 2018)

Sex Education (Laurie Nunn, 2019)

Betty (Crystal Moselle, 2020)

Heartstopper (Alice Oseman, 2022)

Everything Now (Ripley Parker, 2023)

Los rompecorazones (Hannah Carrol, 2022)

We Are Lady Parts (Nida Manzoor, 2021)

¿DÓNDE ACUDIR? VIOLENCIA DE GÉNERO

- Teléfono nacional de atención a la violencia de género: 016
- Teléfono para personas con discapacidad auditiva y/o del habla: 900 116 016
- Si eres menor puedes llamar al 900 202 010 (ANAR)
- El 016 solo es un número de información y asesoramiento. Si la persona que llama se encuentra en una situación de emergencia, debe llamar al número específico de emergencias: 112. En caso de escuchar o presenciar un acto de violencia puedes llamar también al 012
- WhatsApp 600 00 016
- 016-online@igualdad.gob.es
- https://violenciagenero.igualdad.gob.es/
- En este post de Instagram encontrarás muchos recursos gratuitos en torno a la salud a los que pueden acudir los jóvenes y sus allegados: https://www.instagram.com/p/CpVW38Rsd4A/?img_index=1

LISTAS DE REPRODUCCIÓN

Reflexiones sobre el Amor. Lista de reproducción de vídeos creada en el canal de Youtube Psico Woman: https://www.youtube.com/watch?v=BmP5LSBsCJM&list=PLapT7p-s-vz6SAn_4Jygt2_xMwRcrfn5A

Playlist sobre relaciones consensuadas y deseadas:
https://www.youtube.com/watch?v=qhKoCFQ3Yog&list=PLapT7p-s-vz5efHQvgGUtxj5yUwtmrEfo

Playlist sobre prevención de la violencia sexual: https://www.youtube.com/watch?v=Aw41THK7X4w&list=PLapT7p-s-vz57IH7GtvSuK5taP5PxYgLU

Playlist Viva la Diversidad: https://www.youtube.com/watch?v=MxhKeOseu0c&list=PLapT7p-s-vz6j--Oofh6_6ll9olow9mDU

Playlist sobre No Binarismos: https://www.youtube.com/watch?v=x5EA6_fvjUU&list=PLapT7p-s-vz5hQkiVgyzn2ZDRuWLaLZiE

Playlist sobre la #GeneraciónEncontrada: https://www.youtube.com/watch?v=pj4Fa6wltLg&list=PLapT7p-s-vz70fvhTZ7pvBIzmBSghSX4p

Playlist sobre buen uso de las TRIC: https://www.youtube.com/watch?v=tWHbE5cLpds&list=PLapT7p-s-vz51dcs1EXEV_Qh_1lvKfvLi

Las mariposas me confunden: Nuevas narrativas y prácticas sobre el discurso amoroso. *Podcast* con diversa autoría: https://soundcloud.com/katakrak54/sets/las-mariposas-me-confunden

¿DÓNDE PUEDO ENCONTRAR ASOCIACIONES Y ENTIDADES QUE TRABAJAN LA DIVERSIDAD SEXUAL, FAMILIAR Y DE IDENTIDAD DE GÉNERO?

- Asociación de Gais y Lesbianas con hijos o hijas - GALEHI: www.galehi.org
- Asociación de Madres y Padres de Gais, Lesbianas, Bisexuales y Transexuales - AMPGYL: www.ampgyl.org
- Chrysallis, Asociación de Familias de Menores Transexuales - chrysallis.org.es
- Colegas: www.colegaweb.org
- Federación Estatal de Lesbianas, Gais, Transexuales y Bisexuales - FELGTB: www.felgtb.org
- FLG Associació de Famílies de Mares i Pares Lesbianes, Gais, Bisexuals i Trans: www.familieslg.org
- Fundación Triángulo: www.fundaciontriangulo.org
- Galesh - Asociación de Familias Homoparentales: www.galesh.es
- Asociación Andaluza de Madres y Padres con Hijas e Hijos homosexuales, Bisexuales y Transgénero: http://www.familiasporladiversidad.es/
- Federación Andaluza LGBT: https://andalucialgbt.com/

EJEMPLO DE CONTRATO PARA UNA NAVEGACIÓN SEGURA

En 2005, la abogada Parry Aftab, experta en privacidad y seguridad cibernética, redactó un contrato para que madres, padres y tutores hicieran con sus criaturas para acordar una serie de pautas para una navegación segura. Lo cito textualmente como pide la autora, pero quiero recalcar la importancia de hacerlo vuestro. La idea de hacer pactos tiene que ver con la participación activa de cada una de las partes. Lógicamente, «los y las de arriba» marcaréis ciertas «líneas rojas» o límites incuestionables. Cuantos menos sean los puntos inamovibles y más claro queden expresados, mejor. Cuanto más activamente participen las criaturas en la comprensión y el consenso de las pautas acordadas, mejor.

Lógicamente, este «contrato» tendrá que adecuarse a las circunstancias propias de cada hogar y a la edad y estilo del menor. Por último, no soy muy partidaria de empezar los acuerdos desde la negación «no rellenaré, no me meteré, no compraré...»; intentad hacer las frases vuestras recordando que muchas veces menos es más (quizá sea más interesante que haya pocos puntos, pero que se entiendan claramente y se establezca un diálogo respecto a la importancia de ellos). Este documento tiene simplemente el objetivo de inspirar y propiciar una conversación sobre los cuidados digitales. Una vez acordado, podéis escribir o representar de alguna manera los acuerdos, firmarlo y dejarlo en un lugar visible de la casa.

«Quiero utilizar el ordenador e Internet, pero manteniéndome a salvo. Sé que hay ciertas normas sobre lo que debo hacer en Internet. Prometo cumplir estas normas y mis padres prometen que me ayudarán a cumplirlas.

1. No daré a nadie en Internet mis datos personales, ni los de mis amigos ni los de mi familia.
2. Entiendo que hay algunas personas en la Red que fingen ser otras distintas. A veces fingen ser niños, cuando en realidad son personas mayores. Hablaré con mis padres de la gente que conozco en Internet y los avisaré si recibo mensajes de esas personas.
3. No compraré ni encargaré nada por Internet sin pedir permiso a mis padres, y tampoco daré ningún dato de nuestras tarjetas de crédito.
4. No rellenaré ningún formulario en Internet que me pida datos sobre mí mismo o sobre mi familia, sin el permiso previo de mis padres.
5. No me meteré en peleas ni disputas en Internet. Si alguien intenta empezar una discusión conmigo, no le responderé y se lo diré a mis padres.

6. Si veo algo que no me gusta, o que sé que no les gustaría a mis padres que yo viese, le daré al botón de ir hacia atrás o me desconectaré.

7. Si veo que la gente hace o dice cosas a otros chicos en Internet, que sé que no les deberían decir o hacer, se lo comunicaré a mis padres.

8. No tendré secretos con mis padres acerca de lo que hago en Internet.

9. Si alguien me envía fotos o mensajes de correo utilizando un lenguaje inapropiado, se lo diré a mis padres.

10. Si alguien me pide que haga algo que se supone que no debo hacer, lo pondré en conocimiento de mis padres.

11. No llamaré en persona a nadie que haya conocido por Internet, a no ser que mis padres digan que no hay problema.

12. Nunca me encontraré en persona con nadie que haya conocido por Internet, a no ser que mis padres me acompañen.

13. Nunca le enviaré nada a alguien que haya conocido por Internet, a no ser que mis padres digan que no hay problema.

14. Si alguien que he conocido en Internet me envía alguna cosa, se lo diré a mis padres.

15. Nunca utilizaré cosas que haya encontrado en Internet fingiendo que son mías.

16. No diré cosas malas acerca de nadie en Internet y actuaré con educación según las normas de etiqueta.

17. No diré palabrotas ni usaré lenguaje malsonante en Internet.

18. Sé que mis padres quieren asegurarse de que estoy seguro en Internet, así que les haré caso cuando me pidan que no haga algo.

19. Ayudaré a mis padres para que aprendan más cosas sobre ordenadores y sobre Internet.

20. Utilizaré el ordenador con seguridad y comprobaré siempre si hay virus, *adware* o *spyware*.

21. No publicaré mi número de teléfono en los mensajes de "Ahora estoy ausente", y consultaré con alguna persona adulta de confianza antes de publicar datos personales míos en una web.

22. Pararé, no contestaré y daré aviso si me topo con algún ciberabusón o con alguien que trate de insinuárseme en Internet.

23. Contaré hasta 10 antes de reaccionar ante algo que me enfade o me moleste en Internet.

24. Seguiré la norma PiensaAntesDePinchar. (Sé que puedo aprender más sobre esto en WiredKids.org, InternetSuperHeroes.org y Stop-Cyberbullying.org.)

25. Aprenderé a ser un buen ciudadano de la Red y a controlar la tecnología, en lugar de dejar que la tecnología me controle a mí.

26. Aunque haya estado en contacto con alguien durante días, semanas e incluso meses, sigue siendo una persona encontrada a través de Internet y, por tanto, seguiré teniendo muy presentes en especial los puntos 11, 12 y 13 de este contrato.

27. Si me piden que borre e-mails, ficheros o cualquier cosa que me hayan enviado por Internet, no lo haré y se lo diré a mis padres.

28. Si alguien en Internet me dice que no hace falta o que sería peor contarle algo a mis padres, debo contárselo sin dudarlo en ese mismo momento.

29. Prometo cumplir estas normas (firmado por el/la menor).

30. Prometo ayudar a mi hijo, hija o tutelado a seguir estas normas y no reaccionar de forma exagerada si me cuenta cosas malas del ciberespacio (firmado por el padre, la madre, tutor o tutora)».

www.booket.com

www.planetadelibros.com